Ferdinand von Bulgarien

Hans Roger Madol

Ferdinand von Bulgarien
Der Traum von Byzanz

Aspekt Verlag

Ferdinand von Bulgarien, der traum von Byzanz
Damaligen Ausgabe: Universitas Deutsches Verlags-Aktiengesellschaft (Berlin, 1931)

© 2016 Uitgeverij Aspekt / Aspekt-verlag, Niederlande
Amersfoortsestraat 27, 3769 AD Soesterberg, Nederland
info@uitgeverijaspekt.nl - http://www.uitgeverijaspekt.nl

Cover-design: Mark Heuveling

ISBN: 9789463380980

VORWORT

Selbst Anhänger einer Idee entschiedener, für den Frieden arbeitender Demokratie, die sich gerade heute kaum durch eine Parteizugehörigkeit demonstrieren läßt, ist sich der Verfasser durchaus bewußt, welcher schwierigen, vielleicht undankbaren Aufgabe er sich mit der Vorlage dieser Arbeit unterzieht. Die gegen den hier Porträtierten gerichteten Angriffe der letzten Zeit haben den Verfasser weder zu einer billigen Retuschierung veranlassen können, noch vermocht, den Mut einer Ueberzeugung, die sich auf das Studium von Dokumenten stützt, zu erschüttern.

Eine aktenmäßige Darstellung der Lebensgeschichte Ferdinands war längst ein Bedürfnis geworden, nachdem sich, trotz der bisher so fragmentarischen Kenntnis von seinen Lebensschicksalen, in den Kreisen kühl Urteilender die Ueberzeugung Bahn gebrochen hat, daß dem so viel gelästerten ehemaligen Zaren vielfach Unrecht geschehen ist und nachdem seiner historischen Rolle mit der Zeit mehr Gerechtigkeit wird.

Diese Arbeit soll weder eine Verteidigung noch eine Heldenlegende sein. Der Absicht des Verfassers entsprach es nur, ein sachliches Dokumentenwerk zu liefern über einen von menschlichen Schwächen keineswegs freien, in vielen Hinsichten überragenden Menschen, der, wie man auch zu ihm stehen mag, in den Ereignissen unserer Zeit eine weltgeschichtliche Rolle gespielt hat. Pazifist und Diplomat aus ureigenster Veranlagung, hat er seinem diplomatischen Genie unerhörte Erfolge für Bulgarien zu verdanken; die elementaren Bewegungen haben ihn dennoch immer wieder in den Krieg gerissen, der zuletzt für ihn und Bulgarien so verhängnisvoll enden sollte.

Bedeutende Persönlichkeiten unter den Monarchen der letzten Jahrzehnte sind recht selten. Ferdinand von Bulgarien, der heute siebzigjährige, ein Senior unter den Königen, selbst ein Stück verkörperter Geschichte, ist sicher eine der interessantesten Erscheinungen seiner Zeit. Die Feindschaft, die er auf allen Seiten gefunden hat, spricht für ihn. Ohne Zweifel hat er unter seinen Kollegen immer eine Sonderstellung eingenommen, die von Anfang an nicht nur durch die schwierige bulgarische Situation, seinen Thronantritt ohne die Zustimmung der Großmächte, der Monarchen und fremden Höfe bedingt war, sondern auch durch seine geistige Ueberlegenheit, seine Kenntnisse, sein staats- und geschäftsmännisches Geschick, seine Vitalität, seine Interessiertheit für Wissenschaft und Geschichte; Dinge, die den Königen unserer Tage meist recht ferne liegen.

Ferdinands Leben, von dem weite Strecken völlig unbekannt geblieben sind, zeigt genug der überraschenden Wendungen; man hat den Weltkriegsbundesgenossen Deutschlands oft angeklagt, gegen die Parole des Coburger Hauses „fideliter et constanter" verstoßen zu haben. Die Zeitgenossen sind mit dem großen Wort der Treulosigkeit so schnell bei der Hand. Diejenigen, die Ferdinand der Doppelzüngigkeit ziehen, haben ihm gegenüber im allgemeinen besonders unaufrichtig gehandelt. Man macht sich nicht klar, mit welchen Schwierigkeiten Ferdinand zu kämpfen hatte, vergißt, daß unbedingte Beharrlichkeit und Treue bei der Regierung eines kleinen Landes nicht möglich sind, eines Landes, das jahrzehntelang nur ein Spielball in den bewegten Kämpfen der Großmächte um den Vorrang auf dem Balkan war.

Niemand an Ferdinands Stelle hätte in den Wirren dieser Halbinsel, in der politischen und geographischen Situation dieses Landes fester stehen können als er. Man vergißt, was Bulgarien war, als Ferdinand kam. Man verkennt vielfach die Bedeutung seiner langen, erfolgreichen Friedensarbeit, seine Rolle im ersten Balkankrieg, der ihn vor Konstantinopel, fast auf den Thron von Byzanz brachte; man vergißt glückliche Eroberungen über unglücklichen Kriegen, den beispiellosen Aufstieg dieses Landes über Unglück und Wirren seit 1918, nach dem für Bulgarien so katastrophalen Frieden von Neuilly.

Welch eine Fülle von Geschehnissen, Verwicklungen, Begegnungen erscheinen in dem Spiegel dieses reichen Lebens. Das letzte halbe Jahrhundert steht in der Biographie des noch fest im Leben von heute verwurzelten Mannes auf. Ferdinand, der Enkel des Bürgerkönigs Louis Philippe, mit allen Fürstenhäusern verwandt, in einem Palais der Coburg (deren Geschlecht friedlich, meist durch Heiraten die Throne von Belgien, Portugal und England erobert hat) aufgewachsen, Erbe des unermeßlichen Vermögens der Kohary, war für einen Balkanthron prädestiniert. Kaum eine große Figur seiner Zeit fehlt unter denen, mit denen er arbeitete, denen er begegnete. Er spielte nie die Serenissimusfigur. Er beobachtete Dinge und Menschen, indem er sich ihnen näherte. Und seine Menschenkenntnis hat ihm oft gedient; seine Voraussicht hat ihm Gefahren gezeigt; er hat gegen den Drang der Ereignisse seine Dynastie zu behaupten gewußt.

Ferdinand von Bulgarien hat keine Memoiren geschrieben. Er verzichtet darauf, anzuklagen oder sich zu verteidigen. Er schweigt gegen Aeußerungen des Hasses und der Feindschaft, die sich in seltenem Ausmaß auf sein Haupt sammelten. Er schweigt, der über soviel historische Begebenheiten von höchster Bedeutung Entscheidendes zu sagen hätte und der, wie wenige, zum schreiben befähigt wäre, er, der die reichen Kenntnisse des Gelehrten, klare Ueberlegenheit der Anschauungen eines Geschäftsmannes von heute, mit dem Charme eines Grandseigneurs des achtzehnten Jahrhunderts verbindet.

„Seit 1918 kenne ich nur eine Pflicht. Ich will nicht, daß mein Schatten auf Bulgarien fällt. Ich will nicht, daß die Arbeit meines Sohnes gestört wird". Das sind die eigenen Worte Ferdinands zu dem Schreiber dieser Zeilen.

Das Auswärtige Amt hat dem Verfasser das reiche politische Aktenmaterial der diplomatischen Briefwechsel zur Verfügung gestellt. Der preußische Ministerpräsident Otto Braun hat ihm die Erlaubnis erteilt, die bisher nicht benutzten Akten des Geheimen Zivilkabinetts des ehemaligen Kaisers bis zum November 1918 durcharbeiten zu dürfen. Die persönliche Bekanntschaft mit dem Dargestellten und die Bereitwilligkeit, mit der der Verfasser von Zar Ferdinand durch mündliche und schriftliche Bekundungen in seiner Arbeit unterstützt worden ist, haben wesentlich zu ihrem Gedeihen beigetragen. So haben auch bekanntschaftliche Beziehungen zu einigen der Persönlichkeiten, die in den zu schildernden Ereignissen eine Rolle gespielt haben, weiteres historisches Material von Bedeutung und wichtige Ergänzungen der Arbeit ergeben.

An erster Stelle hat der Verfasser dem Auswärtigen Amt und dem Preußischen Geheimen Staatsarchiv für die Erlaubnis der Aktenpublikation zu danken. Für Nachweise, Empfehlungen, Mitteilungen ist der Verfasser den Herren Dr. Rudolf Breitscheid, M. d. R., dem bulgarischen Gesandten in Berlin, Professor Popow, Sir Harold Nicolson, dem Diplomaten und Schriftsteller, Sohn Lord Carnocks, dem Generalfeldmarschall von Mackensen, Führer der Balkanarmeen im Weltkrieg, General Peter Gantchew, dem Bevollmächtigten im großen Hauptquartier, Generalkonsul Jotzow, Friedrich M. Kircheisen, Staatssekretär von Kühlmann, Fräulein Steffie Landt, Herrn Geheimrat Lindenberg, Richard von Mach, Staatsarchivrat Schubert und dem stellvertretenden Leiter des Politischen Archivs des Auswärtigen Amtes Dr. Kaempfe zu großem Dank verpflichtet. Herr Dr. Walter Heynen, Herausgeber der „Preußischen Jahrbücher", förderte diese Arbeit in gewohnter Liebenswürdigkeit durch den Vorabdruck größerer Teile in seiner Zeitschrift.

Der Verfasser hofft, mit seinem dokumentarischen Bericht einen unparteiischen, nicht unwichtigen Beitrag zur Geschichte der letzten fünf Dezennien geliefert und das Bild des bedeutenden Menschen Ferdinand aus der Legendenverdunklung gehoben zu haben, an der Byzantinismus und falsch verstandenes Republikanertum gleicherweise schuld sind.

Schloß Avernæs, Fünen, Frühling 1931.

H. R. M.

INHALTSÜBERSICHT

Erstes Buch

EINE GEFÄHRLICHE EXPEDITION

Erstes Kapitel. Die prunkvolle Kaiserkrönung Alexanders III. von Rußland im Kreml. Begegnung Alexanders von Battenberg, Fürsten von Bulgarien, mit dem Prinzen Ferdinand von Coburg. Seine Jugend und Reisen. Der Ehrgeiz seiner Mutter Clementine von Orléans. Bismarcks Ideen über Bulgarien als Anlaß zum Streit zwischen Deutschland und Rußland. Seine Drohung mit der Demission, wenn der Battenberger die Schwester Wilhelms II. zur Frau bekommt. Rußland stürzt Alexander von Bulgarien, der zu selbständig wird. Angebot der Krone an Ferdinand von Coburg. Ferdinand nimmt an, ohne die Zustimmung der Mächte zu erhalten und gegen den Protest der Pforte und Rußlands. Er begibt sich in mancherlei Gefahren. Oesterreichs Beauftragter Burian soll Ferdinand inoffiziell seinen Rat nicht versagen. Von deutscher Seite erhält Ferdinand keine Ermutigung. Sein Einzug in Sofia, eine kleine, unentwickelte Landstadt. Romantische Legenden über die ehemalige Residenz Alexanders von Battenberg . . . . . S. 17

Zweites Kapitel. Weltkriegsgefahr wegen Ferdinand und Bulgarien. Der Kampf um den Balkaneinfluß zwischen Oesterreich und Rußland erschüttert auch die Beziehungen des deutschen Bundesgenossen zum Zaren Alexander III., der in Ferdinand einen österreichischen Protégé sieht. Ferdinand hält sich zurück. Die Zügel der diktatorischen Regierung hält Stambulow, der „bulgarische Bismarck", geschworener Feind Rußlands, mit eiserner, oft brutaler Gewalt. Ferdinand arbeitet sich in die inneren Verhältnisse des Landes ein. Allmählich erkennt man seine Fähigkeiten an und ist ihm dankbar, daß er an diesem Brandherd Europas den Frieden bewahrt. Ferdinand, Mitteleuropäer ältester Kultur, leidet unter der Gewalt Stambulows. Sein Leben ist ständig bedroht. Die Erschießung Panitzas. Ermordung Beltchews. Ferdinand macht aus Sofia eine moderne Stadt. Anerkennung Bismarcks. Heiratspläne. Abweisungen in London und Berlin. Eheschließung mit der Tochter des Herzogs von Parma. Abdul Hamid gratuliert. Ferdinands Stellung ist wesentlich gefestigt. Er macht einen Staatsstreich gegen Stambulow . . . . S. 36

Drittes Kapitel. Stambulows Sturz läßt das Land aufatmen. Angriffe gegen das Leben des Ex-Diktators. Stambulow bekämpft Ferdinand erbittert. Die Rächer Panitzas ermorden ihn auf offener Straße. Anklagen gegen Ferdinand, der offensichtlich nach Rußland tendiert. Geburt des Kronprinzen Boris. Gewissenskämpfe Ferdinands, da von Rußland als Vorbedingung der Versöhnung die orthodoxe Konversion des Thronfolgers gefordert wird. Der Bannfluch des Papstes. Der Übertritt des Prinzen Boris findet statt. Die russischen Gesandten treffen in Sofia ein und überbringen die Anerkennung der Mächte . . S. 78

Zweites Buch

DER TRAUM VON BYZANZ

Viertes Kapitel. Ferdinand als tributärer Fürst von der Pforte anerkannt. Seine Reisen zum Sultan Abdul Hamid, zum Zaren, nach Paris. Oesterreich zürnt ihm und sieht mit Unwillen den wachsenden russischen Einfluß in Bulgarien. Innere Schwierigkeiten des Landes. Ferdinands Wirksamkeit. Bau von Eisenbahnen und Schulen. Aufforstungen. Allmähliche Versöhnung mit Oesterreich. Hohenlohe beurteilt Ferdinand gerecht. Ausbau der Häfen am Schwarzen Meer. Die Mazedonischen Unruhen. Allmählicher Zerfall der Türkei. Der Aufstand der Jungtürken. Ferdinand bespricht mit Franz Joseph die Lage. Gleichzeitige Unabhängigkeitserklärung Bulgariens und Besitzergreifung Bosniens und der Herzegowina durch Oesterreich. Ferdinand ruft sich zum Zaren der Bulgaren aus . . . . S. 93

Fünftes Kapitel. Rußland, als erste der Großmächte, erkennt Ferdinand mit dem Titel des Zaren an. Zur Wahrung seines Einflusses übernimmt es die geldliche Abfindung der Türkei und verpflichtet sich Bulgarien. Bulgarien ist ein gesuchter Bundesgenosse. Empfindlichkeiten Ferdinands gegen Wien und Berlin. Anschluß der serbischen Politik an die russische und Annäherung an Frankreich und England. Krieg zwischen Italien und der Türkei. Im ersten Halbjahr 1912 kommt der Balkanbund zwischen Bulgarien, Serbien und Griechenland zustande. Die Türkei erfüllt ihre Versprechungen gegen die unter ihrer Oberhoheit lebenden Christen nicht. Massaker in Cotschana. Abdul Hamid abgesetzt. Eröffnung des Balkankrieges. Glänzender Eroberungszug der Bulgaren und ihrer Bundesgenossen. Die Sympathie der Welt gehört ihnen. Die europäischen Monarchen und Regierungen beschäftigen sich mit der Frage: Wird Ferdinand in Konstantinopel einziehen und sich zum Kaiser von Byzanz krönen? Ferdinand zögert. Er kennt die ihm großenteils günstige Stimmung nicht. Waffenstillstand . . . . S. 114

Sechstes Kapitel. Erste Unstimmigkeiten im Lager der Balkanverbündeten; feindliche Stimmung gegen Bulgarien in Rumänien. Konferenz in London, die durch die Nachricht eines militärischen Staatsstreiches in der Türkei gesprengt wird. Wiedereröffnung der Feindseligkeiten. Die Bulgaren nehmen Adrianopel ein. Zweite Londoner Konferenz. Feindschaft unter den Balkanmächten. Einkreisung Bulgariens. Bündnisverträge zwischen Griechen, Serben, Rumänen gegen Ferdinand. Grey beendet die Londoner Konferenz durch das Machtwort, die Balkanvertreter sollten den längst im Entwurf vorliegenden Frieden unterzeichnen oder abreisen. Unter diesem Druck kommt es zur Unterzeichnung, die Bulgarien den erhofften Gebietszuwachs bringt, den Neid der Nachbarn aber mächtig erregt. Man ist sicher, daß dieser Vertrag nicht respektiert werden wird . . . . S. 149

Drittes Buch

SCHICKSALSSCHLÄGE

Siebentes Kapitel. Die Regierung hat die Armee nicht mehr in der Hand. Die Nachbarn Bulgariens neiden diesem die Beute. Am 29. Juni 1913 überschreiten bulgarische Truppen die griechischen und serbischen Grenzen. Die Sofioter Regierung versucht die militärischen Aktionen zu verhindern. Die Armee steht einen Augenblick. Die zum Krieg gerüsteten Serben wollen die Entscheidung. Nach anfänglichen Siegen der Bulgaren wird die Situation bedenklich. Die Rumänen greifen die Bulgaren an. Rußland interveniert nicht. Die Türken fallen den Bulgaren in den Rücken. Völlige Niederlage der Bulgaren und katastrophale Friedensbedingungen im Vertrag von Bukarest. Bulgarien will seine Wunden heilen. Oesterreich bemüht sich um die Freundschaft Ferdinands als Gegengewicht gegen das durch den Bukarester Vertrag mächtig gewordene Serbien. Oesterreichfreundliche Regierung Radoslawow. Schwierigkeiten der Anleihe-Verhandlungen. Frankreich fordert eine Militärkonvention Bulgariens mit Rußland, um eine Anleihe zu geben. Die Anleihe kommt in Berlin zustande. Der Mord von Sarajewo . . . . S. 165

Achtes Kapitel. Ausbruch des Weltkrieges. Bulgariens schwierige Lage. Der Wunsch, die Neutralität aufrechtzuerhalten, wird bei den immer ultimativeren Forderungen und Angeboten der beiden Mächtegruppen kaum zu verwirklichen sein. Die Entente verspricht serbisches Gebiet als Rekompensation für den Kriegseintritt Bulgariens an ihrer Seite. Ferdinand kann nicht glauben, daß ein siegreiches Serbien je in Gebietsabtretungen an Bulgarien willigen wird. Der Herzog von Guise bemüht sich, Ferdinand in Sofia zum Anschluß an Frankreich zu bewegen.

Der Herzog Johann Albrecht von Mecklenburg versucht, Ferdinand für die Mittelmächte zu gewinnen. Militärabkommen Bulgariens mit den Mittelmächten. Ultimatum der Entente. Ferdinand entscheidet sich nach langen inneren Kämpfen für den Kampf an der Seite der Mittelmächte . . . . S. 196

Neuntes Kapitel. Im Oktober 1915 beginnen die Feindseligkeiten. Vernichtung der serbischen Armee und Eroberung Serbiens. Erwägungen, ob die feindlichen Kräfte bis nach Saloniki verfolgt und die Balkanhalbinsel ganz von ihnen gesäubert werden soll. Die griechische Neutralität wird nicht verletzt, da man hofft, Griechenland werde doch noch an die Seite der Mittelmächte treten. Die Bulgaren sehen durch die Vereinigung Mazedoniens mit ihrem Land ihre Kriegsziele als erreicht an. Rumänien greift in den Krieg ein und wird von Mackensen und den Bulgaren geschlagen. Eroberung Bukarests. Erste Unstimmigkeiten wegen der Dobrudja. Ferdinand ist Anfang Januar 1917 für Konzessionen in Elsaß-Lothringen, für ein Plebiszit, um den Friedensabschluß zu beschleunigen. Karl, der Nachfolger Franz Josephs, unternimmt durch seinen Schwager Sixtus von Parma ein Sonderfriedensangebot an die Entente. Weitere Verstimmung zwischen Deutschen und Bulgaren. Der Friedensversuch Rizows. Revolution in Rußland. Erstarken der Opposition gegen Radoslawow und der Anhängerschaft Stambuliskis. Die bulgarische Front verteidigt sich verzweifelt. Kriegsunlust der Armee. Der Zusammenbruch. Waffenstillstand. Abdankung Ferdinands . . . . S. 214

Viertes Buch

IM EXIL

Zehntes Kapitel. Abschied von Sofia. Boris, der Sohn Ferdinands, übernimmt den Thron. Ferdinands Hofzug trifft in Oesterreich ein. Berchtold erscheint in der Nacht im Zuge und ordnet an, Ferdinand habe sofort Oesterreich zu verlassen. General Gantchew erlangt einen Tag Aufschub. Am nächsten Tag ist er in Wien. Berchtold gibt ihm zu, daß Kaiser Karl befürchtete, durch das Beispiel Ferdinands selbst zur Abdankung getrieben zu werden. Man einigt sich auf Coburg. Ferdinand sieht aus dem Exil mit Besorgnis nach Bulgarien. Das Regiment Stambuliskis. Der Vertrag von Neuilly straft Bulgarien furchtbar. Urteile über Ferdinand. Paléologue hält ihn für einen „teuflischen Machiavell". Die Meinung der Kaiserin Eugenie. Bismarck findet Ferdinand begabter als die meisten Fürsten seiner Zeit. Auch unter den ehemaligen „Feinden" finden sich anerkennende Bewunderer des Zaren . . . . S. 245

Elftes Kapitel. Ferdinands Lieblingsleidenschaften. Die Ornithologie. Der Ehrenbürger von Bayreuth und Freund der Cosima Wagner. Die okkulten Wissenschaften. Ein Magier fin de siécle. Der Anreger des Orient-Expreß'. Die Soldatenräte drücken ihm ihre Sympathie aus. Ferdinand ist als „Roter" verschrien. Unbeliebt bei seinen Kollegen. Attentate gegen König Boris. Bulgarien wird dennoch nicht untergehen. Ferdinands Reisen nach Südamerika und an die Nilquellen. Seine Begegnungen mit den Staatschefs Lateinamerikas . . . S. 256

Zwölftes Kapitel. Fünfzigjahrfeier des neuen Bulgarien und Ferdinands Worte bei diesem Anlaß. König Boris heiratet die Tochter des italienischen Königs, und Ferdinand führt den Hochzeitszug. Allgemeine Anerkennung zu Ferdinands siebzigstem Geburtstag. Heftige Angriffe gegen ihn wegen seiner Subventionierung durch die deutsche Regierung . . . . S. 267

STAMMTAFEL . . . . S. 273

ANHANG . . . . S. 274

ANMERKUNGEN . . . . S. 283

LITERATURVERZEICHNIS . . . . S. 298

REGISTER . . . . S. 301

Erstes Buch
EINE GEFÄHRLICHE EXPEDITION

ERSTES KAPITEL

Im März des Jahres 1881 fiel Alexander II. von Rußland, der „Zar-Befreier", einem nihilistischen Attentat zum Opfer. Der Befreier der Leibeigenen hatte kurz zuvor seinem Lande eine Konstitution geben wollen. Er starb auf seinem Schlitten bei der Rückkehr von einer Parade, zerfleischt durch eine Dynamitbombe.

Im Jahre 1877 hatte er Krieg gegen die Türkei geführt; im Frieden von San Stefano waren die Grenzen eines Bulgarien festgesetzt worden, dessen Gebiet von der Donau zum Schwarzen Meer, von den Albanerbergen bis nach Saloniki, hinunter bis zum ägäischen Meer reichen sollten. Montenegro, Serbien und Rumänien wurden von der Türkei im gleichen Vertrag als unabhängig anerkannt, während Bulgarien als tributäres Fürstentum gedacht war. Doch Oesterreich und England legten Widerspruch ein. Der als Befreier umjubelte russische Zar mußte im Berliner Frieden dulden, daß seine Eroberungen mächtig reduziert wurden. An Stelle des großen Bulgariens blieb ein zweigeteilter Staat, dessen wichtige Hälfte Ostrumelien als Provinz bei der Türkei belassen wurde. Die Grenzen des Fürstentums sollten nur bis zum Balkangebirge reichen. Alexander von Battenberg, Neffe des russischen Zaren, Sohn eines hessischen Prinzen aus unebenbürtiger Ehe, wurde 1879 zum Fürsten von Bulgarien erwählt.

Der Nachfolger des getöteten russischen Zaren, Alexander III., war überzeugt, die Ermordung seines Vaters sei die Folge seiner liberalen Bestrebungen. Er war fest entschlossen, die Reformen seines Vorgängers soweit nur möglich zu widerrufen. Mit doppeltem Prunk bereitete er den feierlichen Akt seiner Krönung vor. Eine Kirche des Kreml war für diese Zeremonie festlich geschmückt worden. Die Vorbereitungen dauerten bis in das Jahr 1883 hinein.

Am Tage der Kaiserkrönung waren die eingeladenen Fürsten in so großer Anzahl in der Kathedrale versammelt, daß der riesige Raum von ihrer Menge ganz gefüllt war, und daß den Gesandten der großen und kleinen Mächte eine große Tribüne errichtet werden mußte. Bei dieser feierlichen Prunkhandlung wurde der ganze kaiserliche Juwelenschatz zur Schau gestellt, und die fremden Höfe hatten ihre Abgesandten mit ihren historischen Schmuckstücken ausgestattet, so daß sie sich in der Pracht der Kleinodien übertrafen. In allen Anwesenden lauerte eine ungeheure Angst. Da waren goldbestickte Mitteleuropäer in ihren Hofkostümen und Fräcken, Chinesen und Mongolen aus den östlichen Gegenden des unermeßlichen Reiches, in gelben, grünen, vielfarbenen Festtagsgewändern. In ihre Talare waren phantastische goldene und silberne Figuren eingewirkt. Sie trugen Zöpfe bis an die Knie. Da waren Abgesandte vieler Rassen und Völker, fremdartige Nachkommen reicher Kulturen und primitive Sendlinge, dunkle, gelbe, weiße Gesichter, Herren und einfältige Knechte, mit reichen, seltsamen Geschenken, wie man sie in den entfernten Gegenden wohl den Götzen darbieten mochte. Die ganze hohe Festversammlung war jedoch von der Angst besessen, ein neues Attentat würde den feierlichen Festgang unterbrechen. Das unermeßliche, dumpf dämmernde russische Reich hatte mit Staunen die Taten der Nihilisten gesehen, das Anwachsen der revolutionären Idee, für die die Attentäter kaltblütig das eigene Leben gaben; sie wußten wohl kaum noch, die ungezählten Millionen, um was es da eigentlich ging; sie spürten nur, daß ein neuer Tag anbrach.

In den prunkvollen Sälen des russischen Kaiserhofes trafen sich bei dieser festlichen Gelegenheit zwei junge deutsche Fürsten. Der eine war Alexander von Battenberg, dem russischen Kaiserhaus verwandt, seit kurzem Fürst von Bulgarien, ritterlich und kriegerisch. Der andere, Abgesandter des Hauses Coburg, Prinz Ferdinand von Sachsen-Coburg-Kohary, aus der außerordentlich begüterten ungarischen Nebenlinie des Hauses, der zu seiner Uniform kein Schwert trug, schien im Gegensatz zu Alexander ein Diplomat. Battenberg, seines kleinen Balkanthrones nie recht sicher, da das durch Rußlands Hilfe befreite Land von diesem, besonders von dem neuen Zaren fast als russische Provinz angesehen wird, hat vor fünf Jahren zu seiner bulgarischen Mission die Worte Bismarcks zum Geleit bekommen, er solle ruhig gehen; so würde er jedenfalls stets eine interessante Jugenderinnerung behalten.

Während Ferdinand nach Wien zurückkehrt, wo seine Mutter Clementine, die Tochter des Bürgerkönigs Louis Philipp, das Palais Coburg bewohnt und seine militärischen und wissenschaftlichen Studien wieder aufnimmt, reist Fürst Alexander nach Berlin. Er nimmt von Moskau aus den Eindruck mit, an Alexander III. keinen Freund zu besitzen.

Alexander von Bulgarien will Bismarck wiedersehen und sprechen. Der Kanzler läßt ihn bei der Begegnung eine Viertelstunde lang stehen und kommt scheinbar nicht auf die Idee, dem regierenden Fürsten von Bulgarien einen Stuhl anzubieten. Alexander trägt ihm seine Sorgen vor, spricht von Rußland, das sich in alle bulgarischen Fragen mischt, von dem neuen Zaren, dessen Sympathien er nicht zu besitzen scheint; er bittet Bismarck um Unterstützung, um Verständnis für seine schwierige Lage. Doch der Kanzler will sich seiner nicht annehmen. Er erklärt Alexander ohne Umschweife, er habe sich um 48 Millionen Deutsche, nicht aber um die persönlichen Schwierigkeiten des Fürsten von Bulgarien mit Rußland zu kümmern.

Bismarck hat immer den Standpunkt vertreten, Deutschland habe keine Interessen auf dem Balkan; nur als Mitunterzeichner des Berliner Friedensvertrags sei das Deutsche Reich gewisse Verpflichtungen eingegangen. Jetzt hätte Bismarck durch eine Unterstützung Alexanders die Gefahr heraufbeschworen, sich selbst mit dem russischen Zaren zu entzweien. Das ist ihm der Battenberger nicht wert. Alexander hat die vermessene Hoffnung genährt, er werde zur Erfüllung seines Lieblingswunsches gelangen können, zur Eheschließung mit Victoria, der Tochter des deutschen Kronprinzen und nachmaligen Kaisers Friedrich. Die junge Prinzessin (später Frau Zubkoff) scheint ihm eine tiefe Neigung entgegenzubringen. Die Eltern, besonders die Mutter der Prinzessin, sind einverstanden. Die Großmutter, Victoria von England, würde nicht nur aus politischen Erwägungen den Wunsch des „teuren Sandro" gern erfüllt sehen. Doch Bismarck erklärt, er werde eher demissionieren, als diese Heirat zulassen, die Rußland und Deutschland Bulgariens wegen auseinanderbringen würde. Bismarck ist wohl darüber unterrichtet, daß Alexander III. von Rußland einen tiefen Haß gegen seinen bulgarischen Namensvetter hegt. Der Battenberger verläßt ohne jeden Erfolg Berlin. Sein Schicksal scheint ihm schon besiegelt.

Ferdinand von Sachsen-Coburg-Kohary, in Wien am 26. Februar 1861 geboren, ist mit seiner Mutter Clementine von Orléans herzlich verbunden. Die ehrgeizige

Tochter des Königs der Franzosen besaß die großen Fähigkeiten eines Diplomaten. Sie hatte jahrelang Bemühungen gemacht für die Restauration der Orléans auf dem französischen Throne. Sie träumte stets von der ruhmreichen Karriere ihrer Söhne, von denen sie den nachgeborenen Ferdinand am meisten liebte, ja, sie träumte von einem Königsthron für ihn. Die Coburgs, so hieß es, waren alle geborene Könige. Ferdinands Vater, Prinz August, hatte zwar als österreichischer General ein zurückgezogenes Leben geführt und war 1881, ohne daß man dies Ereignis viel beachtete, gestorben. Der ältere Bruder des Prinzen August jedoch hatte die Königin von Portugal geheiratet und war selbst portugiesischer König geworden; Albert von Coburg starb im Geburtsjahr Ferdinands als Prinzgemahl von England. Leopold, sein Onkel, war König der Belgier geworden.

Ferdinand macht früh ausgedehnte Reisen. Er besucht seine Großmutter Marie Amalie von Frankreich im Exil. Er ist in Florenz und Rom, geht nach Konstantinopel, Griechenland, Kleinasien. Als er fünfzehn Jahre alt ist, zu Besuch bei seinem Vetter Leopold II. von Belgien, im Palais von Laeken, wird er von diesem in den großen politischen Fragen der Welt unterwiesen. Diese Lektion hat sich in sein Gedächtnis gegraben, so daß er noch viele Jahrzehnte später unter dem gewaltigen Eindruck stand, den die diplomatischen Kenntnisse Leopolds auf ihn gemacht hatten. Er besucht Brasilien. Als Kenner sammelt er Schmetterlinge und Blumen, wird als Knabe für die Aufzüchtung einer unbekannten Vogelrasse Ehrenmitglied der Ornithologischen Gesellschaft. Die Ergebnisse seiner brasilianischen Forschungsreise und einer Expedition an die Nord-Westküste Afrikas werden in einer Veröffentlichung von wissenschaftlichem Wert, der „Itinera principum S. Coburgi" gesammelt. Ferdinand lernt moderne Sprachen. Der Ehrgeiz der Mutter, der sich ihm mitteilt, treibt den gutbefähigten jungen Mann vorwärts.

Die Situation Bulgariens, an das Ferdinand kaum denkt, dessen Sprache er nicht lernt, wenn er auch mehrere slawische Sprachen beherrschte, wird indessen immer schwieriger. Das Land, das schon im 9. Jahrhundert zum Christentum gekommen war, hatte unter mächtigen Zaren eine große weltgeschichtliche Rolle gespielt. Zar Symeon hatte zweimal Byzanz belagert, hatte es tributpflichtig gemacht. Später war das bulgarische Reich in Zerfall geraten, unter türkische Oberhoheit gelangt, und erst in den letzten Jahrzehnten hatte sich das Land gegen die Fremdherrschaft aufgelehnt. Rußland sah immer noch, nachdem es die unterdrückte Nation von der Türkei befreit hatte, Bulgarien als eine Art eroberter Provinz an. Russen saßen in den hohen Verwaltungsstellen, russische Offiziere im bulgarischen Heer. Die Brudernation wollte keineswegs auf die Vorherrschaft in dem befreiten Balkanstaat verzichten.

Im Jahre 1885 brach in Ostrumelien eine Revolution aus. Das Volk stellt sich unter die Herrschaft des Bulgarenfürsten. Während die Bulgaren über die Vereinigung der Provinzen jubeln und vermeinen, einen wichtigen Schritt zur Grenzgestaltung von San Stefano zurück getan zu haben, sieht man in Rußland mit größter Besorgnis dem Treiben dieses selbständigen Volkes zu. Die Bulgaren scheinen mündig geworden, müde, den russischen Interessen zu dienen; die Parole „Bulgarien den Bulgaren" ertönt immer lauter. Alexander III. läßt den Battenberger aus den Listen der russischen Armee streichen. Er beruft seine Offiziere ab. Serbien behauptet, in seiner Existenz durch die Vereinigung der Bulgaren bedroht zu sein und erklärt völlig grundlos dem Battenberger den Krieg. Alexander führt den Feldzug an der Spitze der bulgarischen Truppen ruhm- und siegreich.

Die in Konstantinopel tagende Botschafterkonferenz räumt zwar Alexander nur ein fünfjähriges Recht auf Ostrumelien mit der Stellung eines türkischen Generalgouverneurs ein, trägt aber so den Wünschen des Landes wenigstens etwas Rechnung. Der Battenberger ist durch die siegreiche Schlacht bei Slivnitza berühmt geworden. Nur der Einspruch Oesterreichs hat ihn von weiterem Vordringen in Serbien zurückgehalten. Doch er weiß, daß er mit jeder erfolgreichen selbständigen Handlung einen Schritt weiter zu seinem Untergange tut. Rußland und der russische Zar sehen ihn als einen Verräter an. Im August 1886 wird der Battenberger in seinem Palais überfallen und außer Landes geschleppt. Er kann nach wenigen Tagen zwar wieder in seinem Lande erscheinen, doch sein Versuch, den russischen Zaren zu versöhnen, mißlingt. Ohne die Unterstützung Rußlands ist er verloren. Gegen seinen Willen ist es ihm unmöglich, in Bulgarien zu bleiben. Er setzt eine Regentschaft ein, dankt ab und verläßt endgültig das Land.

Die bulgarischen Staatsmänner erkennen die volle Bedeutung der Fürstenfrage. Es ist notwendig, möglichst bald einen Nachfolger für Alexander zu wählen, wenn man die fragmentarische Selbständigkeit der Nation, die unter so großen Opfern, nach so langen Kämpfen erreicht wurde, nicht erneut gefährdet wissen, wenn man der Gefahr, zur russischen oder türkischen Provinz zu werden, entgehen will. Die dreiköpfige Regentschaft, an ihrer Spitze Stambulow, ist von dem Gedanken völliger Loslösung von Rußland beseelt. In ganz Europa sucht man nach einem Monarchen. Rußland grollt und bereitet gegen den Willen Bulgariens allerhand Zwangskandidaturen für eine Regentschaft vor. Am 20. November 1886 kommt es sogar zu einem Abbruch der diplomatischen

Beziehungen zwischen Bulgarien und Rußland, das durch den General Kaulbars einen vergeblichen Versuch unternommen hatte, die Regentschaft einzuschüchtern. Man wählt noch den Prinzen Waldemar von Dänemark, Bruder der russischen Kaiserin zum Fürsten, sicher, daß er ablehnen wird, doch um es nicht ganz mit Rußland zu verderben und wenigstens den guten Willen zu zeigen. Waldemar muß schweren Herzens absagen; er hat die Erlaubnis seines Schwagers nicht erhalten. Ein russischer Großfürst hat schon vorher strikt abgelehnt. Es würde an Kandidaten nicht mangeln, wenn nur einer der Zustimmung der Mächte sicher sein könnte. Ein Prinz Reuß, ein österreichischer Erzherzog, Milan von Serbien, Bernhard von Sachsen-Weimar, Prinz Carl von Schweden, sie alle würden unter dieser scheinbar unerfüllbaren Voraussetzung gern nach Bulgarien gehen. Aller Augen richten sich auf den Prinzen Ferdinand von Coburg, der in der letzten Zeit immer mehr in den Mittelpunkt der Gespräche über die Thronbesetzung gerückt ist. Angesichts der bulgarischen Situation galt es für einen Prätendenten, allerlei zu wagen. Eine Gesandtschaft, aus Stoilow, Grekow und Kaltschew bestehend, wird mit der Anweisung ausgeschickt, einen Fürsten nach Hause zu bringen.

Die erste Begegnung zwischen Ferdinand und den bulgarischen Abgesandten soll im Wiener Ronachertheater stattgefunden haben. In der Loge 27 des bekannten Vergnügungs-Etablissements, so wird behauptet, ließen sich die Bulgaren dem Prinzen Coburg vorstellen. Ferdinand hat das Theater jedoch nie betreten. Bei Ronacher trafen die bulgarischen Abgesandten mit dem Major von Laaba zusammen, Intimus des Erzherzogs Johann und auch mit Ferdinand bekannt. In Ferdinands Wiener Büro in der Seilerstätte fand am 13. Dezember 1886 eine erste Besprechung über das Thronangebot statt.

Gelegentlich eines Besuches in Ebenthal, dem nahe bei Wien gelegenen Schloß der Coburgs, waren die Bulgaren auch der Prinzessin Clementine vorgestellt worden. Während einer italienischen Reise Ferdinands, die er mit seinem Onkel, dem Herzog von Aumale, unternahm, fand eine neue Begegnung mit Kaltschew statt. Indessen versuchte man in Darmstadt, Alexander von Battenberg noch einmal zur Rückkehr zu bewegen. Doch der Battenberger lehnte ab. Er war bitter enttäuscht, wollte nichts mehr von Bulgarien wissen. Auch der Erzherzog Johann, Johann Orth, interessierte sich lebhaft für die bulgarische Thronbesetzung. Er empfahl Ferdinand, hegte jedoch selbst Prätentionen auf die Krone. Ja, er erzürnte sich sogar mit Franz Joseph über diese bulgarische Frage, gegen die der alte Kaiser eine heftige Abneigung hatte, und verließ infolge dieses Streites das österreichische Heer.

Kalnoky, der österreichische Außenminister, äußert bereits am 14. Dezember 1886 zu dem deutschen Botschafter Reuß seine persönliche und vertrauliche Ansicht, „daß, sollte der Mingrelier (ein russischer Prätendent auf den bulgarischen Thron) zurücktreten und es dem Prinzen Ferdinand gelingen, sich durch den Kaiser von Rußland in Vorschlag bringen zu lassen, er gewiß nichts dagegen einzuwenden haben werde. Er wundere sich nur, daß dieser sehr verwöhnte junge Herr, der ein luxuriöses, bequemes Leben liebt, außerdem viel intellektuelle Interessen hat und sich gern in der Gesellschaft gebildeter Menschen bewegt, sich bereitfinden lassen will, in ein solches Exil zu gehen, wie Sofia. Schlachten würde er nicht schlagen, er sei aber sehr klug, und wenn es ihn tentierte, den politischen Einklang zwischen dem von Rußland geforderten Einfluß und dem Unabhängigkeitstrieb des bulgarischen Volkes zu versuchen, so werde man von hier aus nichts dagegen haben."

Schon vorher hatte Ferdinand erklärt, er sei vermögend genug und traue sich genugsam gute russische Beziehungen zu. Seine Verbindung mit der Familie des Großfürsten Wladimir und anderer Mitglieder des russischen Kaiserhauses schien ihm fast eine Garantie. Er glaubte, beim russischen Zaren persona grata zu sein. Von seinen Unterhandlungen mit den Bulgaren hatte er auch dem Fürsten Lobanow, russischem Botschafter in Wien, Mitteilung gemacht. Er schien seine Chancen beim Zaren aber doch überschätzt zu haben.

Bülow berichtet aus Petersburg am 25. Dezember: „Als ich dem Kaiser von dieser Kandidatur sprach, meinte Seine Majestät: ‚La candidature est aussi ridicule que le personnage'. Der Prinz Ferdinand von Coburg war schon während der Moskauer Krönung die Zielscheibe vieler Witze und abfälliger Bemerkungen des Kaisers gewesen."

Herzog Ernst II. von Coburg, der Chef des Hauses, macht die Unterstützung der Wahl seines Neffen von der Zustimmung Bismarcks abhängig. Bismarck jedoch antwortet dem Herzog im April 1887 mit dem Rat, „dem Prinzen Ferdinand die Zustimmung zur Annahme der ihm angebotenen Kandidatur zu versagen. Das Unternehmen würde gegen den Rat Oesterreichs und den Willen Rußlands begonnen, meiner Ansicht nach, aussichtslos sein, und ich fürchte, daß durch dasselbe die bulgarischen Wirren nur vermehrt würden und unsere Gegner in Rußland neue Mittel zu deutschfeindlicher Hinwirkung auf den Kaiser Alexander erhalten". Es ergibt sich ein Briefwechsel zwischen Ferdinand und seinem Onkel Ernst und zwischen diesem und Bismarck, der ablehnt, irgendeine Initiative in der bulgarischen Angelegenheit zu ergreifen.

Ferdinand beriet lange mit seiner Mutter. Die Familie Coburg ist weiter gegen die Annahme. So stellt Ferdinand den Bulgaren die Bedingung der Anerkennung durch die Mächte, vor allem die durch Rußland und die Türkei.

Bald stellt sich heraus, daß daran nicht zu denken ist. Endlich entschließt sich Ferdinand schweren Herzens dazu, seine Kandidatur trotzdem nicht aufzugeben. Ist nicht Karol von Rumänien auch einst ohne Anerkennung in sein Land gegangen? Er macht jetzt die Annahme des Thrones nur noch von der einstimmigen Wahl durch die Sobranje abhängig. Diese Wahl erfolgt am 7. Juli 1887.

Der deutsche Botschafter in Wien, Prinz Reuß, berichtet am 10. Juli aus Wien: „Der Prinz Ferdinand von Sachsen-Coburg-Gotha hat den Grafen Kalnoky (österreichischen Außenminister) sofort aufgesucht, als letzterer von seinem Landaufenthalt wieder hier eingetroffen war. Graf Kalnoky hat dem Prinzen Ferdinand nicht gratuliert, will überhaupt jeden Anschein vermeiden, als sei derselbe als Candidat des Wiener Hofes zu betrachten."

Kalnoky ist dem deutschen Diplomaten gegenüber nicht ganz aufrichtig. Ferdinand ist wohl tatsächlich nicht als österreichischer Kandidat zu betrachten. In vertraulichen Verhandlungen hat Ferdinand aber wohl die Meinung gewinnen können, daß seine Kandidatur in Wien keineswegs die leidenschaftliche Ablehnung findet, die man aus Petersburg und Berlin berichtet. Oesterreich ist zuviel am eigenen Einfluß in Bulgarien gelegen, als daß es sich dieser Chance nicht zu bedienen gedächte.

Der deutsche Botschafter Schweinitz in Petersburg berichtet am 13. Juli über ein Gespräch, das er mit Giers, dem russischen Außenminister, hatte. Dieser bezeichnet die Wahl Ferdinands als eine „Ohrfeige für Rußland". Alexander III. hat auf Giers' Bericht über die Geschehnisse die eigenhändige Bemerkung gemacht „Was für eine widerliche Geschichte". Bei anderer Gelegenheit sagt Giers: „Wir können Ferdinand von Coburg niemals akzeptieren."

Lord Salisbury äußert kurz darauf zu Hatzfeld, ob dieser wisse, daß sich König Milan von Serbien als der geeignete Kandidat für den bulgarischen Thron betrachte. Nirgends wird die Kandidatur des Prinzen Coburg ernst genommen. Doch Ferdinand läßt sich nicht beirren. Er lernt mit Feuereifer Bulgarisch. Ein junger Bulgare, Dimiter Stanciow, der auf dem Theresianum in Wien seine Studien beendet, gibt dem Prinzen von Coburg Unterricht in seiner Sprache. Er entziffert die zahlreich einlaufenden Telegramme. In Eile bereitet Ferdinand die Abreise vor. Reuß aus Wien weiß zu berichten, Ferdinand habe sich bei ihm beklagt, so wenig Entgegenkommen bei der deutschen Regierung zu finden. Bismarck bemerkt hierzu: „Warum sollte er, was geht uns Bulgarien an? Der Prinz und Bulgarien sind für uns sans conséquence, Rußland dagegen wichtig". Und aus Varzin schreibt er am 3. August für den Fall der tatsächlichen Abreise des Prinzen die folgende Anweisung an den deutschen Vertreter in Sofia: Er habe Ferdinand „lediglich als einen privatim reisenden ungarischen Offizier" anzusehen und als solchen zu behandeln.

Ferdinand hat noch einen Privatbrief an den russischen Kaiser gerichtet, jedoch nur die verbindliche Antwort erhalten: Gegen seine Person läge nichts vor. Seine Wahl zum bulgarischen Fürsten sei jedoch illegal.

So befindet sich Ferdinand in einer äußerst schwierigen Situation. Rußland wird ihn keineswegs akzeptieren, Deutschland wird sich unbedingt dem russischen Standpunkt anschließen, ja, selbst Oesterreich muß der Oeffentlichkeit gegenüber stets den gleichen Standpunkt wie das verbündete Deutschland einnehmen; die Türkei ist zu schwach, um einen eigenen Willen zu haben. Lord Salisbury sagt zu dem Botschafter Launay, er betrachte sich sicherlich nicht als den Paten des Prinzen Ferdinand; jedoch er würde eine allzu russische Kandidatur nicht billigen. Die Mächte sehen Bulgarien als den Brandherd des Balkans an; sie kämpfen um die Einflußsphäre; sie denken alle kaum an die Lebensinteressen des bulgarischen Volkes, das nach sovielen Opfern seine Selbständigkeit, nach langen Kriegen die Ruhe des Landes gewahrt sehen möchte.

Auf die durch russische Bitten veranlaßte Forderung der Türkei, man möchte doch Ferdinand an der Abreise hindern, schreibt Bismarck am 9. August: „Was wir dazu tun können, ist geschehen. Mit dem Prinzen darüber zu verhandeln, ist für den deutschen Kaiser kein Beruf. Wir richten uns in der bulgarischen Frage nach den Wünschen Rußlands." Franz Joseph ist gezwungen, Ferdinand aufzufordern, er solle seinen Abschied als Honvedleutnant nehmen, wenn er nach Sofia ginge. Am 8. August wird ihm auf seinen Wunsch das Ausscheiden aus dem Heere gestattet. Wie Reuß jedoch zu berichten weiß, hat Burian, der österreichische Vertreter in Sofia, den Auftrag erhalten, „wenn der Prinz seinen Rat anrufen sollte, ihm denselben in unauffälliger Weise und privatim nicht zu versagen. Es wäre wahrscheinlich, daß es dem Prinzen schlecht gehen werde, und da wolle man ihn, persönlich wenigstens, nicht ganz im Stich lassen." Hatzfeld benennt die englischen Wünsche für Bulgarien, nämlich „keinen diplomatischen Prinzen, sondern einen Helden." Die Ereignisse werden es zeigen, wieviel mehr Bulgarien mit einem Diplomaten gedient sein sollte, dem es, an die Stelle des Helden Battenberg zu treten, an Mut und Klugheit nicht fehlte.

Schließlich ist Ferdinand fest zur Abreise entschlossen. Er hat für seine romantische Exkursion in ein unbekanntes, wenig kultiviertes Land mit keinerlei Unterstützung, ja mit der Gegnerschaft der europäischen Regierungen zu rechnen. Nur von wenigen Anhängern, die er meist erst seit kurzem kannte, begleitet, weiß er kaum, ob er überhaupt bis nach Sofia gelangen wird. Wer weiß, was alles geschehen kann? Doch er wagt die Reise. Das Beispiel und Schicksal Alexanders von Battenberg schreckt ihn nicht ab. Er hat Vertrauen zu Bulgarien und zu seiner Mission.

Am 10. August findet die Abreise Ferdinands ganz im geheimen statt. Ein Eisenbahnwagen, weit entfernt von der nächsten Station, erwartet ihn auf freier Strecke; nachts hatte man das Gepäck dorthin gebracht. Die Reisegesellschaft fährt in verschiedenen Zügen verschiedene Strecken. Ferdinand, in einem Coupé zweiter Klasse und in Zivilkleidung, gelangt unerkannt bis Orsova. Dennoch durcheilt die Kunde von seiner Abfahrt bald die Welt. Man bewundert den Mut des Prinzen, dessen Kandidatur gegen den Willen der Mächte als aussichtslos notiert worden war. Muß nicht bei dem nicht zu leugnenden Suzeränitätsverhältnis, in dem Bulgarien zur Türkei steht, der Protest, den die Pforte gegen Ferdinands Wahl einlegt, die ganze Episode beenden? Dazu kommt die Erklärung Rußlands, die Sobranje, die den Wahlakt vorgenommen hatte, sei selber illegal. Auch die Berliner Wilhelmstraße ist der Meinung, Prinz Coburg verletzte durch die Annahme die Verträge der Berliner Konferenz. Ferdinand hatte nur die Wünsche des österreichischen Kronprinzen Rudolf auf den Weg mitgenommen.

Bulgarien hat allen Grund, dem neuen Fürsten für seinen Mut und sein Vertrauen zu danken. Schon in Orsova behauptet man, es seien in der Donau Minen gelegt, um das bulgarische Regierungsschiff „Alexander", ein Geschenk des russischen Zaren, auf dem übrigens der Battenberger aus dem Lande gebracht worden war und auf dem der neue Fürst seinen Einzug in das Land halten sollte, in die Luft zu sprengen. Freunde warnen Ferdinand noch in letzter Minute; sein Leben sei in Gefahr. In einer verborgenen Bucht sollten Torpedoboote lauern, um ihn abzufangen. Auf dem Donauschiff „Orient" fuhr

*Ferdinand im Jahre 1887
im Kostüm seiner Reise nach Sofia*

Ferdinand am 11. August der bulgarischen Jacht entgegen. Diese traf um ein Uhr ein. Prinz Ferdinand wurde von den Bulgaren mit Begeisterung empfangen. Auf dem Boote hielt er als Fürst seinen ersten Ministerrat mit Stambulow.

Am 13. August leistet Ferdinand in der alten Krönungsstadt, der ehemaligen Landeshauptstadt Tirnovo, seinen Eid auf die bulgarische Verfassung und wird in feierlicher Rede von dem orthodoxen Exarchen Anthim begrüßt. Der Erzbischof Clement von Sofia hält an der Tür der dortigen Kathedrale eine andere Rede, voll von Drohungen gegen jedes antirussische Regiment, sie zeigt dem neuen Fürsten die erste Opposition. Das Land begrüßt Ferdinand mit Begeisterung und sieht in ihm und in dem Vertrauen, das seine Anwesenheit beweist, Versprechungen für eine ruhige Zukunft. Der Einzug in Sofia, wohin man nur im Wagen gelangen kann, bringt neue Ovationen für Ferdinand. Der deutsche Generalkonsul in Bulgarien meint, der kluge Ferdinand habe den 18. August mit Absicht zum Einzug gewählt, weil die Vertreter der fremden Mächte an diesem Tage zu Ehren des Geburtstags von Franz Joseph auf den Konsulatsgebäuden zu flaggen pflegten. Den Vertretern der Mächte ist nämlich striktest befohlen worden, Ferdinand völlig zu ignorieren. Der Einzug findet aber erst am 22. August statt.

Rußland hat bisher zwar nur Protest eingelegt, und es ist sehr zweifelhaft, ob es zu kriegerischen Maßnahmen gegen das kürzlich befreite Bulgarien den Mut aufbringen wird. Man denkt daran, den russischen General Ernroth als Regenten nach Sofia zu schicken, ja, Schuwalow erklärt sogar, „es würde angezeigt sein, Ernroth in Varna landen zu lassen und ihm ein russisches Bataillon zur Verfügung zu stellen, dann würde das Coburger Kartenhaus schnell genug in sich zusammenfallen." Doch in Petersburg ist man sich klar, einen wie schlechten Eindruck militärische Maßnahmen gegen „das Brudervolk" auf die Welt machen würden, gegen ein Volk, das sich aus eigenem Willen für die Fürstenwahl Ferdinands entschieden hat und das in die Anwesenheit des Fürsten so große Hoffnungen setzt. So versucht die russische Diplomatie vorerst einmal eine andere Macht dazu zu bewegen, Rußland den Gefallen zu tun, den ersten Schritt gegen Bulgarien zu unternehmen. Deutschland hat ja sonst russischen Wünschen bereitwillig Rechnung getragen. Die Türkei hat wohl einige diplomatische Aktionen vorgenommen, ist aber viel zu schwach für ernstere Drohungen, beginnt schon das erstarkende Bulgarien zu fürchten und rechnet vor allem im Fall energischer Schritte mit der sofortigen Unabhängigkeitserklärung Ferdinands. Bulgarien weiß das und wird im Laufe der Jahre nicht verfehlen, sich dieses Druckmittels zu bedienen.

Am 14. August richtet Ferdinand eine Proklamation an die Sobranje: „Wir Ferdinand, von Gottes Gnaden und durch den Willen der Nation Fürst von Bulgarien, erklären, nachdem Wir den feierlichen Eid vor der großen National-Versammlung in der alten Hauptstadt von Bulgarien geleistet haben, Unserem geliebten Volke, daß Wir die Zügel der Regierung ergriffen haben und dieselbe gemäß der Verfassung führen werden. Entschlossen, alle Sorgfalt und alle Bemühungen für das Gedeihen, die Größe und den Ruhm des Landes aufzuwenden und bereit, seinem Glück Unser Leben zu weihen, halten Wir es in dem Augenblick, in dem Wir den Thron besteigen, für Unsere heilige Pflicht, dem braven mutvollen Volke Bulgariens Unseren Dank auszusprechen, sowohl für das Vertrauen, welches dasselbe Uns bezeugt hat, indem es Uns zum Fürsten wählte, als auch für seine patriotische und weise Haltung während der schwierigen Zeit, die

Unser Land durchzumachen hatte. Wir danken auch den Regenten und Ministern für ihre weise Führung der Geschäfte; dank derselben haben sie es vermocht, die Unabhängigkeit und Freiheit Unseres Landes zu retten. Es lebe Bulgarien, das frei ist in der Ausübung seiner Rechte!"

Ferdinand sieht sich in seiner Hauptstadt am ersten Ziel. Sofia erweist sich als eine kleine, unentwickelte Landstadt mit etwa 30 000 Einwohnern. Er kann das Palais des Battenbergers beziehen, auf dem Alexanderplatz, auf ungesundem Boden erbaut, dessen Fenster auf eine alte türkische Moschee hinausgehen. Es wird erzählt, im Plafond des Zimmers hätten noch die Kugeln gesteckt, die man auf seinen Vorgänger abgeschossen habe. Man habe dem neuen Fürsten schnell ein notdürftiges Matratzenbett auf den Boden gebreitet. Dort habe er seine erste Sofioter Nacht geschlafen. Sein neuernannter Oberhofmarschall, Graf Grenaud, habe, die Waffe in der Hand, an seinem Lager gewacht. Das sind romantische Legenden. Man war nicht mehr in dem Sofia von der Zeit des Einzugs Battenbergs. Damals hatte man, da der neue Fürst zu Ehren seines Thronantritts eine musikalische Soirée geben wollte, ein Klavier aus Konstantinopel besorgen müssen. In Sofia fanden sich solche Luxusgegenstände nicht.

ZWEITES KAPITEL

In der europäischen Politik ziehen sich Bulgariens und Ferdinands wegen die Wetterwolken mächtig drohend zusammen. Fast wäre es zum Kriege gekommen. Bismarck hatte geschrieben: „Ich habe nie daran gezweifelt, daß ein Katholik, ein Ungar und ein Coburg jeder für sich, unannehmbar für Rußland sein würde, um so mehr Prinz Ferdinand, der die drei russischen Cerberus-Köpfe zugleich am Leib hat."

Rußland wünscht, daß die Mächte die bulgarische Volksvertretung, die Sobranje, als illegal ansähen und die von dieser vorgenommenen Handlungen also als ungesetzlich bezeichneten. Oesterreich, England und Italien können sich dieser Auffassung nicht anschließen, sehen im Thronantritt des — wie sie zugeben — gesetzmäßig gewählten Ferdinand aber deswegen eine illegale Handlung, weil dieser Schritt ohne die Zustimmung der Mächte, die den Berliner Frieden unterzeichneten, erfolgte. Bismarck hat für Deutschland den Satz aufgestellt, Bulgarien gehöre zur russischen, Serbien zur österreichischen Einflußsphäre. So werde Deutschland unbedingt Oesterreich in Serbien, Rußland in Bulgarien unterstützen. Oesterreich würde aber in der Besetzung Bulgariens durch russische Truppen, von der man überall redet, eine Gefährdung seiner Interessen sehen; halboffiziell trägt es lieber zur Unterstützung Ferdinands bei. Indessen sprechen russische und österreichische Militärs von Krieg, ja, Kronprinz Rudolf behauptet, jetzt oder nie sei der

Augenblick gekommen, um die Feindseligkeiten zu beginnen. Der Sultan, den die Russen gern zum Einrücken in Ostrumelien veranlassen möchten, hat keinen Mut; er erklärt, auf die Meinung der nicht mit Rußland übereinstimmenden Mächte Rücksicht nehmen zu müssen. Kalnoky, der österreichische Außenminister, sagt zu Szechenyi, er sei der Meinung, eine militärische Aktion Rußlands gegen Bulgarien bedeute den Krieg. Salisbury und Crispi regen an, die Majorität der Unterzeichnermächte des Berliner Friedens entscheiden zu lassen. Rußland, nach ihm Deutschland, lehnt ab. Bismarck hat den richtigen Blick für das Problem und sagt: „Die Orientalische Frage ist ein Geduldspiel, wer warten kann, gewinnt."

Ferdinand zeigt, daß er warten kann, und läßt somit erkennen, wie sehr schon jetzt in den bulgarischen Verhältnissen ein Diplomat besser am Platze ist als ein kriegerischer Held. Er ermißt hier, in der Mitte seines Landes, die hohe weltgeschichtliche Bedeutung seiner Mission und widmet sich mit seiner ganzen Person der Friedensarbeit an diesem Brandherd Europas. Ohne einen Augenblick die so wichtige Frage der Anerkennung aus dem Auge zu lassen, sucht er sich in die innerbulgarischen Verhältnisse einzuarbeiten, sitzt bis tief in die Nacht in seinem Arbeitszimmer, um sich mit den Lebensfragen Bulgariens vertraut zu machen.

Wie die Hauptstadt des Landes noch einen fast dörflichen Charakter zeigte, so steckte die Entwicklung der Nation, nach langen Jahrhunderten der Fremdherrschaft, auch auf anderen Gebieten noch in den Kinderschuhen. Eine Eisenbahnlinie von Zaribrod nach Vakarel war zwar bereits begonnen, sonst aber führten, abgesehen von einer etwa 250 Kilometer langen, von Engländern erbauten Bahn Rustschuk-Varna nur mehr oder weniger unwegsame Straßen durch das Land. Industrie und

Verwaltung waren in den ersten Anfängen der Organisation. Als Handelswege kamen fast nur die Wasserstraßen in Frage. Im ganzen Lande existierten nur etwa 50 Fabriken. Das herrliche Rilo-Kloster, in das sich Ferdinand mitunter zurückzog, wurde von einer mächtigen Räuberbande beunruhigt, die die Post Ferdinands abfing, gelegentlich auch einmal Menschen entführte, die dann gegen Lösegeld wieder frei gegeben wurden. Mit den Finanzen stand es nicht zum Besten. Dazu kam die ewige Beunruhigung durch das mazedonische Problem. Mazedonien, das großenteils von Bulgaren bewohnt war, wünschte sehnlichst die Unabhängigkeit von der Türkei; die Bulgaren erstrebten die Vereinigung.

Stambulow, der Regent, jetzt Ferdinands Ministerpräsident, eine eiserne Diktatorennatur, hielt wenigstens in dem stets gärenden Land die Regierung fest in der Hand. Er war es, der in diesen ersten Jahren tatsächlich die Regierung ausübte, während Ferdinand noch alles von diesem Lande zu lernen hatte. Stambulow, ein Gastwirtssohn, war brutal, aller Eleganz abgeneigt. Er fand sich nicht in die verfeinerte Geschmacksrichtung Ferdinands, machte sich wohl auch gelegentlich in seiner ungehobelten Art über das beginnende Hofzeremoniell des Fürsten lustig. Er belächelte den Krönungsmantel Ferdinands und meinte, der Fürst solle sein Geld lieber an eine zuverlässige Leibgarde wenden. Stambulow begreift den jungen Ferdinand kaum, unterschätzt ihn, den er für seine Kreatur hält, traut ihm nicht besonders viel zu. Er weiß allerdings, von welcher bedeutenden Wichtigkeit die Anwesenheit Ferdinands für Bulgarien ist. Er sieht nicht, daß Ferdinand eine Leibwache weniger nötig hat als er selbst, der die Gewaltakte der Diktatur repräsentiert, daß das spanische Hofzeremoniell dagegen auf die bulgarischen Bauern einen unverkennbaren Eindruck gemacht.

Im Auftrage Bismarcks schreibt Rottenburg am 24. August an den Unterstaatssekretär von Berchem: „Das Geld der Orléans spielt in der Politik auf verschiedenen Gebieten eine Rolle, ohne Zweifel auch in der heutigen bulgarischen Episode, von welcher es wahrscheinlich wird, daß sie in Cannes nicht ohne Wissen russischer Großfürsten geplant worden ist. Wenn die Orléans überhaupt Pläne auf den französischen Thron haben, was nicht zweifelhaft ist, so liegt auf der Hand, daß dieselben durch große europäische Kriege gezeitigt werden können, und es liegt im dynastischen Interesse der Orléans, den Zunder zu solchen Kriegen, überall, wo er sich findet, aufzublasen. Das Unternehmen des Prinzen Ferdinand von Coburg ist jedenfalls kein coburgisches, sondern ein mütterliches, orléanistisches und die uneingestandene Connivenz Oesterreichs mit diesem katholischen Prätendenten in dem orthodoxen Bulgarien stimmt mit den Sympathien überein, welche das Wiener Kabinett und namentlich der dortige Hof für die Orléans und ihre Zukunft in Frankreich zweifellos hegen und mehrfach betätigt haben. Diese Berührungen und Sympathien erklären es, wenn orléanistisches Geld nicht nur gemeinsam mit Boulangerschen geheimen Fonds sondern auch separat für ihre bulgarischen Unternehmungen tätig ist, welche geeignet sind, den Frieden Europas zu stören und dadurch die orléanistischen Aussichten in Frankreich in Fluß zu bringen."

Weiter glaubt Bismarck, die „etwaige occulte Sympathie Oesterreichs für Ferdinand aus ungarischen direkten Orient-Interessen" erklären zu können. Mögen auch Verbindungen und Gedanken, wie sie Bismarck vermutet, einen gewissen Einfluß auf die Kandidatur Ferdinands ausgeübt haben, so schätzt Bismarck doch in einem

Punkte Ferdinand völlig falsch ein. Die Entfachung großer europäischer Kriege konnte seiner Stellung nur schädlich sein; sie entsprach vor allem kaum seinen in erster Linie diplomatischen Absichten. Ferdinand tat im Gegenteil alles, um die Ruhe an diesem so gefährlichen Punkt aufrecht zu erhalten. Durch die Aeußerungen Bismarcks tönt zu deutlich der Unwille hindurch, Deutschland Bulgariens wegen in Schwierigkeiten mit Russland zu sehen. Wenige Tage später läßt er Rottenburg schreiben:

„Die deutsche Regierung würde das volle Verständnis und die Unterstützung der Nation haben, wenn sie für Italiens Integrität und Sicherheit gegen Frankreich, sowie für die Oesterreichs gegen Rußland Krieg führen wollte; dies Verständnis würde aber in der Nation fehlen, wenn wir einen Krieg mit Rußland, der den französischen sofort nach sich ziehen würde, herbeiführen wollten, um die bulgarische Frage in antirussischem Sinne zu entscheiden. Ein russischer und ein französischer Krieg und beide gleichzeitig hätten an sich für das Deutsche Reich nichts Entmutigendes, werden aber auch im besten Falle an Opfern und Anstrengungen reich und ohne jeden Kampfpreis für uns sein, da wir weder französisches noch russisches Land brauchen können. Für uns ist es daher vernünftig, den Frieden überhaupt zu pflegen und besonders den Krieg nicht anders als im Falle der Notwendigkeit über das deutsche Volk zu verhängen."

Ferdinand hatte genug Anlaß, sich vorerst mit der inneren Lage Bulgariens zu beschäftigen. Da sah es noch trübe genug aus, häufig war die Hetze russischer Agitatoren dem Ziel nahe, der Entfesselung des Bürgerkrieges. Was die Anerkennungsfrage betraf, so hatte er alles nur Mögliche getan. Noch vor seiner Abreise hatte er an den russischen Kaiser geschrieben. Bei seinem Einzug in das Land hatte er an den Sultan ein Telegramm, an die

Mächte eine Note gerichtet. Der Protest der Türkei war die Folge gewesen. Ferdinand sieht außerdem die Presse der ganzen Welt am Werk, ihn lächerlich und verächtlich zu machen. Dabei aber scheint es sein Bewenden zu haben. Keine von den Mächten bringt den Mut auf, einen Krieg zu entfesseln, unter der Vorgabe, einen Krieg zu vermeiden. Der bulgarische Agent in der Türkei kann bald seine Meinung äußern, er sei überzeugt, der Pforte sei es mit dem Protest gegen den Prinzen Ferdinand nicht ernst, und Bulgarien habe unter keinen Umständen irgendeine gewaltsame Intervention zu fürchten. Indessen gehen die voluminösen Korrespondenzen der Diplomaten aller Länder emsig weiter, Schritte werden vorbereitet, Noten gewechselt. Rußland stellt immer wieder die Kandidatur des Generals Ernroth für die bulgarische Regentschaft auf, als sei Ferdinand ein Traumgebilde und nicht der de facto gekrönte Fürst von Bulgarien.

Wenige Wochen nach Ferdinands Thronantritt war ihm seine Mutter Clementine in das Land seiner Wahl gefolgt, um einige Ordnung in das Hauswesen zu bringen und dem Sohn mit ihrem diplomatischen Geschick zur Seite zu stehen. In unablässiger Bemühung strengt sie alle Beziehungen an, um wenigstens eine der Mächte, einen der verwandten Höfe zur Anerkennung Ferdinands zu bewegen; sie ist sicher, daß dann die anderen Mächte folgen werden. Bei ihrem Empfang in Sofia finden übrigens bereits einige der ausländischen Diplomaten ihren Weg an den Hof, wenn auch in Zivil und unter Wahrung des Geheimnisses. Die Russen betreiben indessen einen Plan, der darauf abzielte, Deutschland solle versuchen, Alexander von Battenberg dazu zu bewegen, seinen bulgarischen Anhängern die Unterstützung des russischen Kandidaten Ernroth anzuraten. Bismarck lehnt ab, sich bei Battenberg zum Fürsprecher eines solchen Planes zu machen. Das sollten die Russen nur selber versuchen. In

Anbetracht der Geldverlegenheit des Battenbergers kam man auf die Idee, vielleicht „mit einem Stück Geld" etwas bei ihm zu erreichen. Trotz aller finanziellen Schwierigkeiten dachte Alexander nicht daran, den russischen Wünschen zu willfahren. Er hatte seinerzeit eine Abfindung von zweieinhalb Millionen Franken zugesagt bekommen, davon jedoch nur eine Million bewilligt und von dieser kaum ein Fünftel ausgezahlt erhalten, da über 800 000 Franken für verschiedene Ansprüche in bulgarische Kassen zurückflossen. Mit dieser bescheidenen Summe hatte Alexander seine ehemalige Hofhaltung abfinden müssen.

Zu dem deutschen Major Deines sagt Franz Joseph Anfang September: „Fürst Bismarck meint, daß es ja militärisch ganz gut sei, wenn sich die Russen dort festbissen, aber das trifft doch nur für den Kriegsfall zu, und wir wollen keinen Krieg. Daß die Russen sich in Bulgarien dauernd festsetzen werden, glaube auch ich nicht, so dumm werden sie schon nicht sein, aber sie werden den alleinigen Einfluß sich schaffen und damit in kurzer Zeit eine bulgarisch-serbisch-montenegrinische Militär-Koalition zu Weg bringen, die gegen uns gerichtet ist. Und dazu will ich die Hand nicht bieten. Wir beharren also jeder auf unserem Standpunkt. Fürst Bismarck auf dem seinigen, ich auf dem meinigen. Ich wiederhole, daß dies gar keinen, aber auch nicht den geringsten Einfluß auf unsere guten und herzlichen Beziehungen haben wird."

Die Religionsfrage spielt in diesen bulgarischen Angelegenheiten eine Hauptrolle. In Rußland behauptet man, Ferdinands Kandidatur sei wesentlich durch den päpstlichen Stuhl unterstützt worden. Tatsächlich scheint die römisch-katholische Kirche in den Wochen nach Ferdinands Thronantritt eine stärkere Propaganda im orthodoxen Bulgarien zu entfalten. Rußland hat gerade deswegen Ernroth zu seinem Kandidaten für Bulgarien gemacht, weil er Finnländer und evangelisch ist, sein geplantes Erscheinen in Bulgarien also keine religiösen Bedenken bei den katholischen Mächten erwecken würde.

Ferdinand vervollkommnet sich mit überraschender Schnelligkeit in der bulgarischen Sprache, lernt bald Land und Leute in ausgedehnten Reisen näher kennen. Der deutsche Generalkonsul stellt ihm, drei Wochen nach dem Thronantritt bereits das Zeugnis aus: „Unbefangene Mitteilungen aus verschiedenen Quellen stimmen darin überein, daß der Prinz weit mehr Entschlossenheit und Zähigkeit besitzt, als aus seinem Verhalten in Ebenthal zu entnehmen war und jedenfalls mehr, als der Prinz Alexander besaß". Der Prinz, selbst ein schlechter Reiter und als solcher kaum ein Vorbild wie es Alexander war, könne sich trotzdem in der Armee auf einflußreiche Offiziere verlassen. „In Erwartung der Aufgaben, die an ihn herantreten, versucht der Prinz, sich zunächst durch häuslichen Fleiß in die Kenntnis der bulgarischen Dinge einzuarbeiten." Ferdinand tut das seinige mit, um die innere Entwicklung des Landes zu fördern.

Er läßt sich durch alle Kriegsgerüchte und Drohungen nicht von diesem, seinem Weg abbringen. Wenn auch die Russen einzusehen beginnen, daß kriegerische Aktionen gegen Bulgarien von ihnen selbst begonnen werden müßten, daß sich weder Deutschland noch die Türkei zu ersten Schritten hergeben werden, kämpfen sie zäh weiter. Giers sagt zum österreichischen Botschafter, er könne doch nicht vor Herrn Stambulow „kapitulieren". Voll Bedauern stellt er fest: „Die Türken entzögen sich der russischen Einwirkung".

Nach Verlauf der ersten Wochen seit Ferdinands Thronantritt ist dennoch eine gewisse Besserung seiner Lage unverkennbar. Nachdem der deutsche Vertreter zuerst die Order erhalten hatte, Ferdinand striktest zu ignorieren, mildert Bismarck Ende Oktober seine Vorschriften. Der deutsche Generalkonsul soll Ferdinand „bei zufälligen Begegnungen grüßen, wie jeden anderen étranger de distinction bei Bekanntschaft vom Ansehen. Er ist nicht bloß Prätendent, sondern auch ein Oesterr.-Ungar von Distinction." Der kritische Oberst v. d. Goltz meldet aus Konstantinopel Ende November: „Fürst Ferdinand scheint sich dort zu befestigen. Er behandelt das Volk herzlich schlecht, was demselben ebenso imponiert wie das Ceremoniell, mit dem er sich umgibt. Ferner zeigt er Geschick für die Verwaltung, was jedem Bulgaren sympathisch ist."

Ferdinand zeigt sich auch von der ritterlichen Seite. Am Jahrestage der siegreichen Schlacht von Slivnitza gegen die Serben telegraphiert er an seinen Vorgänger, den Battenberger: „Ich beglückwünsche Euer Hoheit in meinem Namen und im Namen meiner Armee in Erinnerung an den glorreichen Tag von Slivnitza, wo Sie die Armee zum Siege und das Vaterland zum Ruhme geführt haben." Alexander erwidert: „Aufrichtig danke ich Euer Hoheit für die bezüglich meiner ausgesprochenen Gesinnungen, und ich zweifle nicht, daß die Armee, welche ich creirt und zum Siege geführt habe, Euerer Hoheit auf das Wohlergehen Bulgariens gerichteten Bemühungen stets zu unterstützen verstehen wird. Alexander."

Solch diplomatische Handlungsweise Ferdinands, die die Anhänger des Battenbergers gewinnt, schmerzt Rußland tief. Giers sagt zu Bülow, Rußland werde nicht in Bulgarien einrücken, „es betrachte Bulgarien wie einen Floh, der wohl beißen und ärgern, aber nicht schaden könne; es spucke auf Bulgarien." Der türkische Großvesier erklärt Radowitz Ende Dezember, für die Pforte läge kein Grund vor, zu intervenieren. Dennoch arbeitet die russische Regierung mit der Andeutung kriegerischer Absichten weiter. Der österreichische Außenminister erklärt Anfang Januar 1888, als es ihm geraten scheint,

Deutschland zu beruhigen, daß es „de pure perte wäre, den Russen hier und da kleine Liebesdienste zu erweisen, den Coburger wegjagen helfen und dergleichen." Bismarck meint hierzu allerdings: „doch kaum! Außerdem fällt der Coburger von selbst und auf Kaiser Alexander würde diese wohlfeile Gefälligkeit immer wirken!"

Gegen Ende des vergangenen Jahres 1887 hatte die französische Diplomatie einen Gewaltstreich gegen die freundschaftlichen Beziehungen zwischen Deutschland und Rußland ausgeführt. Während eines Aufenthaltes des russischen Zaren in Kopenhagen wurde diesem eine angeblich zwischen Ferdinand und der belgischen Prinzessin, der Gräfin von Flandern, geführte Korrespondenz übergeben, aus der hervorging, daß Bismarck im geheimen die österreichische Duldungspolitik gegen Bulgarien mitmache. Trotzdem die Originale niemals zutage gefördert wurden, ließ sich Alexander III., dessen Gefühle schon so sehr verletzt waren, durch die anrüchigen Papiere von Bismarcks vermeintlichem Doppelspiel leicht überzeugen. Kein Dementi des deutschen Kanzlers nutzte. Wenn auch äußerlich die guten Beziehungen wieder hergestellt wurden, blieb doch ein Stachel in der Seele des Zaren, und die franco-russische Annäherung machte durch diese Affäre einen bemerkenswerten Fortschritt.

Burian, der österreichische Vertreter in Sofia, verfolgt indessen die Arbeit Ferdinands mit Interesse und versagt dem jungen Fürsten seinen Rat nicht. Er hat, wie Kalnoky zu Reuß Ende Januar 1888 äußert, den Eindruck, „den Bulgaren ginge es jetzt so gut wie noch nie. Ferdinand sei fleißig, vorsichtig und schlau, gäbe sich viel Mühe, sich gut mit der orthodoxen Kirche zu stellen und beginge nicht mehr den Fehler, die römisch-katholische Geistlichkeit zu bevorzugen. Augenblicklich komme der Stellung des Prinzen die Anwesenheit der Prinzessin Clementine in Sofia sehr zustatten; diese Dame impo-

niere als ‚Königliche Hoheit' den Bulgaren ungemessen und habe es verstanden, durch Höflichkeit und Wohltätigkeit sich viele Freunde zu schaffen."
Rußland gibt sich nicht zufrieden. Jetzt bereitet man eine Aktion vor, die durch eine gemeinsame Aufforderung der Mächte an Ferdinand, das Land zu verlassen, zu dem vom Ehrgeiz des Zaren gewünschten Ziel führen soll. Ferdinand und seine Regierung erklären im voraus, daß ein solcher Schritt zu gar nichts führen werde. Sie weisen auf die durch ihre Klugheit gelungene bisherige Wahrung des Friedens hin. Die Bulgarien freundliche Mächtegruppe verlangt erst einmal russische Aeußerungen darüber, was geschehen soll, wenn Ferdinand bleibt. Anfang März 1888 kommt es auf russisches Drängen hin zu einem nochmaligen, höchst lendenlahmen Einspruch der Türkei gegen Ferdinand, der solche Noten kaum noch ernst nimmt, vor allem, da ihm bekannt ist, daß der türkische Großvesier eigentlich die Absicht hatte, durch die Entsendung eines Agenten nach Sofia halboffizielle Beziehungen mit ihm anzuknüpfen und diese Absicht nur auf Abraten des deutschen Botschafters aufgab.

Bei äußerlich freundschaftlichen Beziehungen ging der innere Bruch zwischen Rußland und Deutschland doch schon recht tief. Mit dem Tode Kaiser Wilhelms I., dessen nahe verwandtschaftliche Beziehungen und persönliche Attachements zum russischen Kaiserhause der deutschen Politik oft den Stempel aufgedrückt hatten, ging ein großer Teil des Vertrauens verloren, das man sich entgegengebracht hatte. Bismarck übernahm wohl einen Teil dieses Erbes, schien aber seinen letzten Aeußerungen zufolge und um dessentwillen, was die Diplomatie daraus machte, nicht mehr sicher. Der Dreibund wurde von ihm der Oeffentlichkeit gegenüber zu stark akzentuiert, als daß bei den riesigen Gegensätzen zu Oesterreich ehrliche Beziehungen möglich gewesen wären. Der Konfliktstoff zu einem Weltkriege war schon jetzt reichlich genug aufgespeichert.

Eine der ersten Aeußerungen des Kaisers Friedrich über die Balkanfrage hätte über den leicht zu verändernden Kurs bereits Auskunft geben können. Wenige Tage nach seinem Regierungsantritt schrieb er: „Wir müssen nicht aus dem Auge lassen, daß die Befestigung des Throns der in Rumänien wie in Bulgarien regierenden Herren eine Schutzmauer wider russisches Einnisten bedeutet." Trotz freundschaftlicher Beziehungen der Nachfolger beider jetzt regierenden Kaiser war die der Balkanfrage wegen entstandene Kluft nicht mehr zu überbrücken.

Die soeben unternommenen türkischen Schritte haben keine andere Bedeutung als die, wenigstens äußerlich russischen Wünschen Rechnung zu tragen. Ferdinand sagt zu dem serbischen Agenten in Sofia, „ihm sei von seiner Schwiegermutter, der Pforte, eine Mitteilung zugegangen, die ihm aber nichts neues sage." Radowitz, der deutsche Botschafter, schreibt Ende März aus Pera: „Der Sultan und die Pforte denken weniger als je daran, sich in Bulgarien einzumischen. Es würde jetzt auch kaum mehr eine platonische Einmischung der Türkei ohne Einverständnis mit allen Mächten zu erlangen sein. Die von England, Oesterreich, Italien hier gemachten Mitteilungen haben hauptsächlich den Zweck gehabt, das Zusammengehen der Gruppen zu dokumentieren und diesen Effekt hier vollständig erreicht."

Kaiser Friedrich stirbt.

Der vorsichtige Ton, den der russische Außenminister Giers in Petersburg gegen Herbert Bismarck anschlägt, als er mit diesem, gelegentlich des Besuches des jungen deutschen Kaisers Wilhelms II. beim Zaren im Juli 1888 eine Aussprache hat, ist nicht imstande, die wahren Gefühle zu verschleiern. „Die Situation in Bulgarien ist für uns noch nicht vollbefriedigend; wir werden aber keine Initiative ergreifen, um dort Wandel zu schaffen; es fehlen dazu die Vorbedingungen und die Handhaben. Den Prinzen Ferdinand von Coburg können wir niemals anerkennen; wir werden uns ihm gegenüber passiv verhalten und abwarten, bis er sich verbraucht hat. Dieses würde vermutlich bald eintreten, wenn die österreichische Regierung sich um Bulgarien ebensowenig kümmern wollte, wie es die deutsche tut."

Herbert Bismarck wendet ein, Oesterreich habe sich in der bulgarischen Frage doch sehr korrekt benommen. Giers antwortet, Rußland habe keinen Vertreter in Sofia, Oesterreichs Beauftragter gäbe aber dort den Ton an. „Wir müssen doch immer den Moment des Verschwindens des Coburgers im Auge behalten und würden in keiner annehmbaren Situation sein, wenn beim Eintritt desselben sich herausstellte, daß alle gewaltigen Opfer an Blut und Geld im letzten Türkenkriege umsonst gewesen sind und sogar der Stärkung des österreichischen Einflusses zugute kommen." Trotzdem gibt Giers zu, daß sie warten müßten. „Und doch wäre es so schön, wenn der Coburger verschwinden würde; wir könnten uns dann jahrelang der ungestörten Ruhe erfreuen. Coburg ist ein ewiger Dorn in unserem Auge. Wir versuchen, ihn zu vergessen, aber wenn wir wieder den Blick auf Bulgarien richten, fühlen wir im gleichen Augenblick diesen Dorn und sind außerstande, ihn loszuwerden."

Die Balkansituation ist beim Thronantritt Wilhelms II. so ungeklärt wie nur je. Bismarck gibt dem jungen Kaiser im September 1888 eine Schilderung des österreichischen Außenministers Kalnoky wieder. Kalnoky ist mit den Beherrschern der drei Donaustaaten gleich unzufrieden. König Milan von Serbien sei ein verlorener Mann und werde nur möglichst hohe Abfindungssummen herauszuschlagen versuchen, um auf den Pariser Boulevards ein

Im Arbeitszimmer in Sofia 1887

vergnügliches Leben zu führen. Karol von Rumänien stünde ebenfalls sehr unsicher. „Den Prinzen Ferdinand", schreibt Bismarck, „schildert Graf Kalnoky als einen schwächlichen und verwunderlichen Herrn, der aber durch sein großes Selbstvertrauen und sein Geld sich in der Stellung halte, an der er klebe und aus der er nicht freiwillig weichen werde. Er sei dabei geizig, aber die Tatsache, daß er reich sei und die Hoffnung auf Geschenke und sein fürstliches Zeremoniell geben ihm ein Ansehen, welches der Prinz von Battenberg nicht hatte, weil er arm war und die Bulgaren kameradschaftlich behandelte, was nicht angebracht sei."

Der österreichische Außenminister hat sich Mühe gegeben, Bismarck gegenüber nicht als zu sehr für Ferdinand eingenommen zu erscheinen. Wenn Bismarck diese Aeußerungen an Wilhelm II. weitergibt, so kann er sicher sein, hier auf ein bereitwilliges Ohr zu stoßen. Wilhelm II. hat eine deutliche Abneigung gegen Ferdinand; wahrscheinlich scheint ihm der nicht anerkannte Inhaber des wackligen kleinen Balkanthrons zu wenig mit den großen Begriffen übereinzustimmen, die er selbst vom Gottesgnadentum besitzt; er empfindet ihn als kompromittierend für das ganze Gewerbe der Monarchen. Das geht bereits aus den ersten Anmerkungen hervor, die er, vorerst noch schüchtern, den diplomatischen Noten beizufügen beginnt.

Ferdinand kann am ersten Jahrestage seines Regierungsantrittes die für Bulgarien und den Absatz seiner Produkte, für die Erschließung des Landes außerordentlich wichtige Bahnstrecke Zaribrod—Vakarel eröffnen. Er ist überzeugt, zur Besserung der inneren Lage seines Landes beigetragen zu haben. Die Mächte müssen dieses Faktum halboffiziell zugeben. Sie können es immer weniger wagen, ernsthafte Aktionen gegen ihn vorzunehmen.

Mit Stambulow, der dem Fürsten brutal seine Macht zeigt, ist nicht leicht auszukommen. Der Fürst warnt ihn häufig vor den Härten seiner Diktatur. Es werde sie beide die Köpfe kosten. Aber Ferdinand kann sich Stambulows nicht entledigen, ohne das Land in Unruhen zu stürzen. Er kann den Diktator, dessen Patriotismus außer Frage steht, und der soviel für Bulgarien getan hat, nicht entbehren, und er fühlt sich wohl auch noch nicht stark genug, um an seine Stelle zu treten. Er versucht, wenigstens Einfluß auf die Militärverhältnisse zu gewinnen, das Heer zu vergrößern und sich hier eine Stütze, vielleicht auch gegen Angriffe der Nachbarn, zu schaffen. Ueberall findet er Stambulows gedrungene Gestalt im Wege; gegen das Veto des bulgarischen Bismarck ist kaum etwas auszurichten.

Im Oktober 1888 sagt Franz Joseph zu Herbert Bismarck, er sei verwundert, „daß Prinz Ferdinand sich bis jetzt noch gehalten habe; er habe an eine so lange Dauer dieser Coburgschen Episode nicht geglaubt, könne aber damit schließlich nicht unzufrieden sein, da gegenwärtig wenigstens Ruhe und Ordnung in Bulgarien herrsche und dies alles sei, was er wünsche."

„Ich (Herbert Bismarck) sagte, daß wir bezüglich Serbiens und Bulgariens nach wie vor an dem alten Rezept der Teilung der Interessensphären festhielten, wenn auch die beiden uns befreundeten kaiserlichen Regierungen seinerzeit davon nichts hätten wissen wollen. Seine Majestät unterbrach mich hier lebhaft mit etwas gezwungenem Lachen: ‚Ich weiß wohl, daß dies die Idee Ihres Vaters ist; ich habe mich aber damit nie befreunden können und muß sie auch heute von mir weisen.'

Meine Erwiderung lautete: ‚Es tut mir leid, dies zu hören, um so mehr, als ich noch ganz neuerdings habe konstatieren können, daß Graf Schuwalow diese Scheidung der Interessensphären für die glücklichste Idee erklärte, die in der balkanstaatlichen Frage noch vorgebracht worden sei. Man brauche ja nicht notwendig von einer Trennung der Interessensphären zu sprechen, sondern könne damit beginnen, daß Oesterreich und Rußland sich einstweilen für eine sphère de désintéressement aussprächen, das heißt, daß Oesterreich sich in Bulgarien ebenso desinteressiere wie Rußland es tatsächlich in Serbien tue. Dies verpflichte ja zu nichts und gewähre ja doch immerhin für einige Zeit einen akzeptablen trockenen Standpunkt in dem bulgarischen Sumpf.' Der Kaiser erwiderte darauf, daß seine Regierung sich tatsächlich in Bulgarien zurückhalte; hätte er dort aktiv eingreifen wollen, so würde er wohl in der Lage gewesen sein, den österreichischen Einfluß in Bulgarien weit mehr zur Geltung zu bringen; er verlange aber nichts, als von beiden Seiten geschehen lassen gegenüber der autonomen Entwicklung der jetzigen Balkanstaaten."

In Serbien und Rumänien macht sich eine elementare Bewegung gegen die Donaumonarchie deutlich fühlbar. Diese Bewegung ist auf die Vereinigung mit österreichischen, von Rumänen und Serben bewohnten Gebietsteilen gerichtet. Durch die Abdankung Milans von Serbien, mit der der pro-österreichische Kurs dieses Landes erledigt ist, begann eine neue Epoche auf dem Balkan. In Sofia machte diese Kunde vorerst kaum einen Eindruck; man war damit beschäftigt, russische Komplotte gegen Ferdinand und Stambulow aufzudecken. Die Welt sprach wieder einmal von den bulgarischen Unabhängigkeitsgelüsten, und Gerüchte waren nicht zum Schweigen zu bringen, wonach Ferdinand zum zweiten Jahrestage seines Thronantrittes beabsichtige, sich zum König auszurufen. Doch es war nicht an dem.

An dem Gedenktage fand des Morgens eine Feier statt. Ein Festgottesdienst in der Kathedrale. Parade. Festessen. Der Prinz erschien, vor ihm der Oberhofmeister Graf

Foras, hinter ihm der Geheimrat von Laaba, Chef der Kanzlei. Der Kammerherr Major von Dobner, Adjutant. Graf Bourboulon, Zeremonienmeister, Stanciow, Chef des Geheimkabinetts, Major Markow, Chef der fürstlichen Eskorte. Einhundertunddreißig Couverts an der Galatafel: Potage à la Princesse (Sherry), Saumon Sauce Genèvoise (Hochheimer), Selle de Chevreuil, Sauce Cumberland (Pontet Canet), Chapon en Demi-Deuil, Mousse de Foie gras à la Gelée, Punch à la Roumaine, Faisans et Cailles rôtis (Perle Mousseux), Salade, Petits Pois à la Française, Savarin aux Fruits, Bombe Bulgare (Muscat Rivesaltes), Dessert. Ein Nachtfest im Park. Unter den Anwesenden rufen einige: Es lebe der König! Ferdinand denkt nicht daran, Bulgarien in diesem Augenblick für unabhängig zu erklären, sich eines der wirksamsten Druckmittel auf die Hohe Pforte zu begeben und sich neue Schwierigkeiten zu schaffen.

Der neue pro-russische Kurs Serbiens beunruhigt Oesterreich lebhaft und bewegt es schließlich dazu, einen vertraulichen Schritt für die Anerkennung der augenblicklichen bulgarischen Verhältnisse zu unternehmen; ein Schritt, der in der Türkei großer Sympathien gewiß sein könnte, da es immer offener zutage trat, daß Abdul Hamid die größte Besorgnis vor einer eventuellen militärischen Aktion Bulgariens hatte. Bei den Mächten konnte Oesterreichs Versuch aber noch zu keinem greifbaren Resultat führen.

Langsam beginnt das Vertrauen der fremden Mächte zu Ferdinand und zu Bulgarien zu wachsen. Ferdinand strengt alle seine Beziehungen an, um den finanziellen Schwierigkeiten des Landes abzuhelfen, und sein berühmtes Privatvermögen hilft, den Kredit Bulgariens zu erhöhen. Wangenheim, der deutsche Generalkonsul in Sofia, berichtet über die Modernisierung der Stadt: „Der Prozeß der Umwandlung Sofias in eine moderne Stadt macht in diesem Jahre besonders rasche Fortschritte. In verschiedener Richtung werden durch die großenteils aus elenden Baracken und engen winkligen Gassen bestehende Altstadt breite Straßen durchgebrochen, an deren Seiten sich sogleich zahlreiche Neubauten zu erheben beginnen." Im Oktober 1889 berichtet Münster aus Paris, er habe gehört, Ferdinand, der augenblicklich in Paris weile, „sei mit Baron Hirsch engagiert; es handele sich um eine Verpfändung der Güter seiner Mutter, und hierzu sei die Zustimmung der Familie Orléans erforderlich." Andere Gerüchte besagen, Bismarck habe diese Reise des Prinzen Ferdinand veranlaßt. Ueberall, wo Ferdinand auftaucht, fragt man sich nach den geheimen Gründen seiner Fahrt. Reuß berichtet Ende Oktober 1889 aus Wien:

„Wie mir Graf Kalnoky heute erzählt, hat der Prinz Ferdinand von Coburg auch ihn besucht. Er hat ihn zu seinem Vorteil verändert gefunden, seiner Sprache konnte er das Zeugnis nicht versagen, verständig und nicht prahlerisch zu sein. Der Minister hat die Gelegenheit benutzt, um dem Prinzen persönlich alle die guten Ratschläge zu wiederholen, die er nicht aufgehört hat, ihm während der vergangenen zwei Jahre zu erteilen, nämlich keine Anstrengung zu scheuen, um das Land im Inneren zu kräftigen und Ordnung in die überlieferten, halb orientalischen Verhältnisse zu bringen, dagegen aber sich zu hüten, auswärtige Politik zu treiben. Er hat ihn wieder darauf aufmerksam gemacht, in wie hohem Grade Bulgarien von dem jetzigen Zustande profitiere, wo kein russischer Agent sich in seine Angelegenheiten mischen könne. Der Prinz habe das anerkannt und versichert, daß, wenn das Streben der bulgarischen Chauvinisten, das Land unabhängig zu erklären, verhindert worden sei, so wäre dies allein seinen Bemühungen zu verdanken. Indessen sei es fraglich, ob er imstande sein würde, auch weiterhin in dieser Richtung zu wirken. Bulgarien litte materiell unter dem jetzigen, von den Mächten nicht als legal betrachteten Zustand. Beweis dafür sei die Schwierigkeit, Geld zu bekommen und der hohe Preis, den man für die letzte, mit der hiesigen Länderbank kontrahierte Anleihe hätte zahlen müssen. Die Zeit werde kommen, wo das Streben der Nation nicht mehr zurückzuhalten sein würde. Graf Kalnoky sprach sich bei dieser Gelegenheit wieder darüber aus, daß Oesterreich-Ungarn den Bulgaren zu Dank verpflichtet sei. Wäre das dortige Terrain ebenso wie in Rumänien und jetzt auch in Serbien den russischen Machenschaften ausgesetzt gewesen, so hätten recht unliebsame Erscheinungen zutage treten können, die den Frieden bedrohen könnten."

Der russische Botschafter in Wien, Lobanow, ist sehr beunruhigt durch die Begegnung Ferdinand-Kalnoky. Im Anschluß an diese Unterredung unternimmt Kalnoky noch einen Versuch bei Salisbury um Unterstützung in der Anerkennungsfrage, für die sich Oesterreich einsetzen will. Noch immer findet er in London wie in Berlin die gleiche Besorgnis, den russischen Kaiser zu verletzen, und aus Rücksichtnahme auf den Zaren ein Veto. Bismarck erkennt bei einer Begegnung mit Kalnoky in Friedrichsruh jedoch an, „daß die inneren Verhältnisse in Bulgarien sich in erstaunenswerter Weise seit zwei Jahren gebessert hätten." Er betont aber seine Meinung, „daß auf eine Anerkennung dieses Prinzen von seiten des Zaren niemals zu rechnen sei."

In dem Maße, in dem sich das Regime Ferdinands in Bulgarien festigt, steigt der ohnmächtige Zorn des Zaren. Mit russischem Gelde ausgestattete Verschwörungen sind an der Tagesordnung. Die Geistlichkeit agitiert gegen Ferdinand. Clement wird von Stambulow gezwungen, sich in seine Diözese zurückzubegeben. Der Diktator, der das eigene Leben bedroht sieht, bietet Ferdinand einen sicheren Schutz. Im letzten Augenblick gelingt es Stambulow, die weit vorgeschrittene Verschwörung des Majors Panitza aufzudecken und zu vereiteln. Ferdinand hat schweren Herzens das Todesurteil zu unterzeichnen. Er geht nach Ebenthal, während das Urteil vollstreckt wird.

Giers sagt zu Schweinitz (Juli 1890): „Meine in siebenzehnjähriger Tätigkeit im Orient gesammelten Erfahrungen würden gar nichts wert sein, wenn mich die Ueberzeugung täuschte, daß diese Handlung (die Erschießung Panitzas) sich an Stambulow rächen wird." Die russische und die französische Presse verbreitet alle möglichen Sensationsnachrichten aus Bulgarien und knüpft die Erwartung heftiger Unruhen an die Mitteilung der Exekutierung Panitzas. Wangenheim meldet aus Sofia am 27. Juli 1890: „Den schamloser denn je von der russischen und französischen Presse verbreiteten Lügen-Nachrichten zum Trotz nehmen die Dinge hier ihren ruhigen Verlauf, und es ist auch kein Grund abzusehen, weshalb darin eine Störung eintreten sollte. Es läßt sich nicht verkennen, daß die Stellung der Regierung, wie die des Prinzen Ferdinand durch die Ereignisse der letzten Wochen an Stärke gewonnen hat. Ueber die Stimmung in der Armee lauten die Nachrichten neuerdings viel befriedigender. Die Hinrichtung Panitzas hat durchaus die erhoffte Wirkung hervorgebracht. Die bisher teilweise sehr widerhaarigen Bischöfe, welche kürzlich in Rustschuk zur Synode versammelt waren, haben die Aufnahme des Prinzen Ferdinand in das Kirchengebet durch förmlichen synodalen Beschluß angeordnet."

Die Erschießung Panitzas war tatsächlich eine Probe für das neue bulgarische Regiment gewesen, eine Probe, die glänzend bestanden wurde. Die Russen hatten ihr Geld wieder einmal falsch angelegt. Doch die russische Diplomatie arbeitete unaufhörlich in Berlin und

Konstantinopel weiter daran, Ferdinands Sturz durchzusetzen, die befreundeten Regierungen zum ersten Vorgehen gegen die „illegalen Bulgaren" zu veranlassen, da es zu schlecht zu der nach außen hin krampfhaft behaupteten „Befreier"-Rolle passen würde, wenn man selbst die kriegerische Initiative ergreifen sollte. Weder Deutschland noch die Türkei sehen ihren Vorteil darin, so den russischen Interessen zu dienen und dem Zaren die Kastanien aus dem Feuer zu holen. Rußland soll selbständig die Aktion gegen das abtrünnige Bulgarien, das sich mit Ferdinand durchaus wohlzufühlen scheint, beginnen, oder es kann daraus nichts werden. Endlich weist die russische Regierung ihren Bevollmächtigten in Konstantinopel an, Abdul Hamid ein großes Räubermärchen zu erzählen, um ihn so vielleicht aus seiner Zurückhaltung herauszubekommen. In Bulgarien sei die große nationale Partei für Abdankung Ferdinands, für einen großen Balkanblock. Im Interesse der Selbsterhaltung des Sultans liege es, sich den Einfluß Rußlands, das dringend wünsche, mit ihm und der Türkei in Frieden zu leben, in jenen christlichen Balkanländern zunutze zu machen. Wenn aber der Prinz Ferdinand in Bulgarien an der Regierung bleibe und bei der Pforte Anlehnung finde, sei der Friede gefährdet, und Rußland könne eine türkenfreundliche Haltung nicht bewahren.

Abdul Hamid war nur einen Augenblick eingeschüchtert. Dann ließ er sich vom deutschen Botschafter Radowitz sagen, daß diesem von einer Ferdinand feindlichen Stimmung in Bulgarien nichts bekannt sei. Auch außerhalb des Landes bestände wohl nirgendwo als vielleicht in Rußland der Wunsch nach einem gewaltsamen Umsturz der augenblicklichen Regierung. Auch Salisbury, dem Hatzfeld in London Mitteilung von diesem in Konstantinopel unternommenen Schritt Rußlands macht, findet diese Vorspiegelung falscher Tatsachen bedauernswert.

Er findet es ebenfalls wünschenswert, „den Sultan über den Zweck des Manövers und die Unrichtigkeit der vorgebrachten Angaben möglichst aufzuklären." Salisbury hält Bulgarien „für den einzigen militärisch wichtigen und zu fürchtenden Faktor unter den kleineren Balkanstaaten. Der etwaige Sturz des Fürsten Ferdinand und namentlich des Herrn Stambulow würde eine bedenkliche Situation herbeiführen, weil Rußland, welches schon einen mehr oder weniger entscheidenden Einfluß in Serbien und Montenegro ausübe und vielleicht mit Hilfe von Bulgarien auch Rumänien zu paralysieren vermöge, die Lage Oesterreichs und auch des Sultans dann für ungünstig genug halten könnte, um sich zum direkten Vorgehen gegen Konstantinopel zu entschließen." Mit Ausnahme Rußlands und des Zaren Alexander, für den die Vertreibung Ferdinands eine question d'amour propre ist, denkt in keinem Land der Welt noch jemand daran, den Krieg auf dem Balkan zu entfesseln.

Das Jahr 1890 hatte bedeutsame Veränderungen mit sich gebracht. Im März war Bismarck zurückgetreten. Die Summe des Vertrauens, das Rußland ihm entgegengebracht hatte, seit dem Tode Wilhelms I. bereits erheblich vermindert, war nicht ohne weiteres auf Wilhelm II. zu übertragen, der selbständige Politik machen wollte, von dessen Charakter man jedoch keine rechte Vorstellung hatte. Wilhelm II. hatte, wie aus seinen Randbemerkungen zu den diplomatischen Briefwechseln hervorgeht, eine deutliche Abneigung gegen Ferdinand. Zu den auch in diesem Jahre wiederauftauchenden Gerüchten über eine kurz bevorstehende Unabhängigkeitserklärung bemerkt er: „Kalnoky, Kalnoky, halten Sie den Ferdinand zurück!"

Kiderlen faßt Anfang Mai 1890 für den Amtsnachfolger Bismarcks noch einmal die bisher Bulgarien gegenüber verfolgten politischen Richtlinien zusammen. Er spricht von der Bismarckschen Idee der Teilung der Interessensphären, wonach Deutschland die russischen Wünsche in Bulgarien, die österreichischen in Serbien unterstützen sollte. „Dieser Gedanke der Interessenteilung wurde sowohl in Wien als Petersburg häufig mitgeteilt, und der Fürst (Bismarck) hat stets an demselben festgehalten, obgleich weder Rußland noch Oesterreich dessen Berechtigung jemals anerkannten, soweit es sich um die Interessensphäre des anderen handelte. Bismarck erklärte nun, er werde russische Wünsche bezüglich Bulgariens unterstützen, aber nicht eine den russischen Wünschen entsprechende Initiative ergreifen. Er verlangt deshalb, um seine Unterstützung eintreten zu lassen, daß Rußland zuerst selbst seine Wünsche bei den anderen Mächten geltend mache, dann amtlich und schriftlich um die deutsche Unterstützung der russischen Initiative bitte. Die Unterstützung werde dann gewährt, soweit Rußlands Anträge dem Berliner Vertrag respective der ihm von dem Fürsten (Bismarck) gegebenen Auslegung entsprechen. Diese Unterstützung — so wiederholte Bismarck öfters — werde gewährt, nicht um Rußlands Gunst zu erwerben oder Gegendienste zu erhalten. ‚Wo unterstützt denn Rußland deutsche Wünsche?' Deutsche diplomatische Unterstützung in Bulgarien werde Rußland vielmehr nur gewährt, weil der Fürst (Bismarck) dies als dem Geist des Berliner Vertrages entsprechend erachte. Einen Dank für die bisherige deutsche Unterstützung hätte man weder erwartet noch erhalten. Im Dezember 1887 und Januar 1888 verlangten die Russen, der Sultan solle feierlich die — von niemandem bestrittene — illégalité des Prinzen von Coburg als Fürst von Bulgarien erklären. Unsere Unterstützung wurde unter der Bedingung amtlichen und schriftlichen russischen Antrags zugesagt. Um diesen suchten sich die Russen in jeder Weise herumzudrücken. Erst versuchten Schuwalow und Murawiew es mit mündlicher, vertraulicher Bitte, dann mit Verbalnote, dann durch Mitteilung der Abschrift eines Giers'schen Telegramms. Es wurde aber auf Verlangen formellen, nachträglich nicht abzuleugnenden Antrags beharrt. Da kam dieser endlich. Deutschland unterstützte die Russen bei der Pforte, diese tat den gewünschten Schritt — und in Bulgarien blieb natürlich alles beim alten. Als gleichzeitig im Jahre 1888 von den russischen Kandidaten für den bulgarischen Thron die Rede war und dabei der Fürst von Montenegro und Karageorgewitsch genannt wurden, erklärte Fürst Bismarck, bei aller Gefälligkeit gegen Rußland, könnten wir so ‚aggressive' Kandidaten nicht unterstützen."

Mit einem gewissen Abstand zur Tagespolitik erkennt Bismarck auch die Verdienste Ferdinands um Bulgarien; er weiß ihm Dank, so lange den Balkanfrieden aufrechterhalten zu haben. Im Gespräch mit Anton Memminger im August 1890 sagt er: „Unter den Balkanstaaten scheinen mir nach allem, was man sehen und beobachten kann, die Bulgaren ein staatsbildendes und staatserhaltendes Element in sich zu bergen. Und sie sind ein tüchtiges, arbeitsames und sparsames Volk, das einem langsamen, bedächtigen Fortschritt huldigt. Es ehrt, mehrt und wehrt sich und gefällt mir besser als dessen serbischer Nachbar. Fürst Ferdinand ist zweifellos tüchtiger als sein Ruf in den Witzblättern und als die meisten anderen Fürsten. Leider ist er von zuviel zweifelhaften Leuten umgeben, aber, was will er machen, er kann sie doch nicht alle hängen lassen. Aber Schufte, wie den Major Panitza, muß er hängen lassen, das gebietet ihm die Notwehr."

Trotz aller bemerkenswerten inneren Fortschritte des Landes und trotz der merkbar außerhalb der Landesgrenzen einsetzenden Anerkennung ist die poltitische Atmosphäre des so lange geknechteten Landes nicht so schnell zu reinigen. Russische Agenten arbeiten weiter, um den Boden zu unterminieren; sie bereiten neue Komplotte vor. Je weniger aber Rußland in eine Anerkennung der bestehenden Verhältnisse willigen will, desto mehr kann Ferdinand der österreichischen Unterstützung sicher sein. Anfang Januar 1891 berichtet Reuß aus Wien, Franz Joseph habe sich anerkennend über die bulgarische Regierung geäußert, „die in weiser Mäßigung sich nur mit ihren inneren Angelegenheiten beschäftige. Man müsse nur wünschen, daß die Bulgaren nicht die Geduld verlieren möchten. Denn verdenken könnte man es ihnen nicht, wenn der Wunsch, endlich als unabhängiger Staat anerkannt zu werden, rege bliebe." Die Türkei schließt sich immer mehr den österreichischen Standpunkten an. Anfang Februar geht die Nachricht durch die Presse, daß Ferdinand den türkischen Vertreter Reschid Bey in Privataudienz empfangen habe. Der deutsche Vertreter in Sofia berichtet darüber: „Da Reschid Bey noch vor wenigen Jahren nach Art der Wetter-prophezeienden Figürchen durch eine Thür aus der Gesellschaft hinausging, wenn Prinz Ferdinand durch eine andere Thür eintrat, so wird diese Audienz seitens der hiesigen Regierung als ein großer Fortschritt angesehen und als der erste Schritt der Hohen Pforte zur Anerkennung des Prinzen betrachtet. Vertraulich erfahre ich, daß kürzlich auch die Vertreter Oesterreichs, Italiens und Rumäniens beim Prinzen Ferdinand diniert haben, daß es aber gelungen ist, hierüber absolutes Stillschweigen zu bewahren. Diese drei Vertreter sowie Reschid Bey beabsichtigen aber, demnächst auch einer offiziellen Soirée im Palais beizuwohnen. Es bleiben dann nur noch der deutsche und französische Vertreter dem Hofe fern." Die Nachricht dieses Empfanges von Reschid Bey bringt den russischen Botschafter Nelidoff dazu, dem türkischen Außenminister zu drohen, wenn die Türkei auf diesem Wege fortfahre, werde

Rußland seine Haltung in bezug auf Aegypten ändern, eventuell die Okkupation Aegyptens durch die Engländer als rechtmäßig anerkennen.

Ende März 1891 wird ein Attentat auf Stambulow versucht. Er bleibt unversehrt. Der neben ihm gehende Finanzminister Beltschew wird getötet. Schon beginnt sich die Voraussage Giers' zu erfüllen. Die mazedonische Blutrache ist nicht so leicht zum Schweigen zu bringen. Die Freunde des hingerichteten Panitza sind sicher die Urheber dieses Attentats. Aber wie sie fassen? Aus dem Lager der Verschwörer berichtet man schon, man werde neu beginnen, bei der nächsten Gelegenheit werde man den richtigen zu treffen wissen. Offensichtlich haben auch diese Verschwörer mit russischem Gelde gearbeitet. Die Ermordung Stambulows hatte den Auftakt zur Revolution bilden sollen, deren Zweck war, Ferdinand zu entfernen, wenn er überhaupt mit dem Leben davonkommen würde. Die Geistlichkeit, voran Clement, steht völlig unter russischem Einfluß und arbeitet im geheimen gegen den Coburger. Die Ermordung Beltschews machte einen katastrophalen Eindruck auf die Welt. Zum Leidwesen Rußlands schien sich dieser Eindruck jedoch nicht so sehr nach Bulgarien auszuwirken. Die energischen Bemühungen Stambulows, der Mörder habhaft zu werden, und die fieberhafte Arbeit der Polizei führten allerdings kaum zu großen Resultaten. Serbien, unter starkem russischen Einfluß, schien nicht übel Lust zu haben, im Augenblick innerer bulgarischer Wirren Rache für die gegen Alexander Battenberg erlittenen Niederlagen zu nehmen. Stambulow waltete immer strenger und strenger im Lande. Mit aller nur möglichen Brutalität versuchte er, Geständnisse über die Ermordung Beltschews zu erpressen; ohne Erfolg, die Mörder fanden sich nicht.

Ferdinand hat über den trüben bulgarischen Ereignissen seine Lieblingsleidenschaft des Reisens nicht vergessen; bei seinen Auslandsbesuchen müht er sich, für den Kredit und die Anerkennung Bulgariens zu wirken. Im Frühsommer 1891 geht er nach Ebenthal, hält sich dann bei seiner Mutter in Wien auf. Reuß berichtet am 18. Juni: „Prinz Ferdinand ist gestern von Seiner Majestät dem Kaiser Franz Joseph in Privataudienz empfangen worden. Graf Kalnoky meinte, er sähe nicht ein, warum Sein allergnädigster Herr einen Prinzen von Coburg, der sich bei ihm nicht als Fürst von Bulgarien präsentiert habe, nicht empfangen sollte. Der Minister zog dabei die Parallele, daß ebensogut, wie der Zar treubrüchige bulgarische Offiziere empfangen habe, der Kaiser von Oesterreich einen Prinzen, dem nichts vorzuwerfen wäre, als daß er die Wahl des bulgarischen Volkes angenommen hätte, bei sich sehen könne."

Ferdinand äußert in Wien zu einem Freunde des deutschen Botschafters Reuß seinen Wahlspruch: „J'y suis, j'y reste." „Sein Bestreben sei", schreibt Reuß weiter, „sich nach außen vergessen zu machen, im Innern aber zu vermeiden, Fehler zu begehen. In dieser Weise könne er hoffen, wenn er nicht ‚von Rußland abgeschossen würde' — Bulgarien innerlich zu befestigen und auch mit der Zeit allen auswärtigen Ereignissen gegenüber widerstandsfähig zu machen. Mehrfach hat der Prinz hervorgehoben, die einzige Gefahr, die ihm drohe, komme von Rußland; für ihn sei kein Zweifel, daß von dort aus die Meuchelmörder gedungen wurden, denen der Finanzminister zum Opfer gefallen, und die auch gegen ihn vorgehen würden. Er sei in Folge dessen gezwungen, sehr gegen seinen Wunsch, sich mit Vorsichtsmaßregeln zu umgeben, die im Bulgarischen Volk mißfielen, weil man der Ansicht sei, der Prinz sei unter seinen Bulgaren sicher! Es würde aber unausgesetzt von Rußland aus mit Geld und allerhand anderen Mitteln gearbeitet, um Verschwörungen gegen den jetzigen Zustand anzuzetteln. Auch in

Konstantinopel würde russischerseits eifrig daran gearbeitet, das gute Verhältnis, welches zwischen ihm und dem Sultan bestände, zu trüben.

So unangenehm dies auch sei, so habe sich der Prinz doch an seinen Zustand, von den Mächten nicht als legal anerkannt zu sein, gewöhnt. Die Mächte hätten unrecht, dies nicht zu tun, denn er verdiene dadurch, daß er die Ordnung in diesem Teil der Balkanhalbinsel aufrecht erhalte, und hiermit Friedensstörungen verhindere, eine gewisse Anerkennung. Er habe es tief beklagt, daß Seine Majestät der Kaiser und König (Wilhelm II.) ihn auch als seinen Verwandten vollkommen ignoriere und nicht einmal für sein vor drei Jahren ausgesprochenes Beileid habe danken lassen."

Im Juli ist Wilhelm II. in England zu Besuch. Bei dieser Gelegenheit äußert sich Salisbury vor dem Staatssekretär Marschall, der den Kaiser begleitet, lobend über Ferdinand und Stambulow. Er erkennt das seltene Geschick dieser Männer an, inmitten der größten Schwierigkeiten die Ordnung zu erhalten und das Land politisch und wirtschaftlich zu heben. Marschall gibt zu, „daß das gegenwärtige, wenn auch illegale Regiment in Sofia ein Regiment der Ordnung sei und betont, daß Deutschland nicht für eine Veränderung der dortigen Zustände eintreten werde."

„Die Stadt Sofia", schreibt Wangenheim im November 1891, „hat im Verlauf der letzten zweieinhalb Jahre eine radikale Umgestaltung erfahren und ein fast völlig neues Kleid angezogen. Das winklige Gassengewirr aus der Türkenzeit ist verschwunden und durch breite, grade, makadamisierte Straßen ersetzt, an denen sich statt der alten Lehmhütten viele Hunderte neuer, schmucker Häuser erheben. Ueber die an der Stadt vorbeifließenden, im Frühjahr ziemlich wasserreichen Flüßchen sind stattliche Brücken gebaut, die öffentlichen

Plätze sind zum Teil mit Schmuckgärten versehen, vor den Toren sind Alleen und Parks angepflanzt."

Der in seinen Berichten an das Berliner Auswärtige Amt bestimmt nicht allzu optimistische deutsche Generalkonsul ist der Meinung: „Wenn dem Prinzen persönlicher Mut, Arbeitslust, Willenskraft abgesprochen werden, so kann man nur sagen, daß eine derartige Charakterisierung das genaue Gegenteil der Wahrheit ist." Trotz mancher gerechten Beurteilung fährt man fort, Ferdinands Karikatur in die Witzblätter zu setzen. Dort prangt er, mit seiner ungeheuren Nase, das Muttersöhnchen, über dessen Zeremoniell man sich lustig macht, in regelmäßigen Abständen.

Diese Nase machte ihn zu Unrecht berühmter als alles, was er an Gutem für Bulgarien leistete. Eines Tages konsultierte Ferdinand einen Spezialisten. Er fragte ihn, ob er sich einer Nasenoperation unterziehen solle. Auf dem Rückwege begegnete Ferdinand der berühmten Pauline Metternich, die er um ihre Meinung befragte. Sie lachte laut und rief: „Ach, der Mann ist ja ein Dieb, er hat Ihnen das Geld aus der Tasche gestohlen, eine Nase wie die Ihre bleibt immer eine Kathedrale!"

Freilich ist Ferdinand nicht ohne die Tradition der Orléans zu denken. Von seiner Mutter hat er nicht nur das Französisch vom Hofe Louis Philippes erlernt, er hat im Blut die Ueberlieferungen der Bourbonen. Bismarck hat ihn einmal „mehr Orléans und Kohary als Coburg" genannt. Ferdinand erklärte selbst, er habe sich bemüht, etwas dekorativer zu wirken als die Durchschnittskönige. Er mußte auf die Mentalität der Balkanvölker Rücksicht nehmen, die eine farbenfrohere Inszenierung erforderte, als sie bei anderen Herrschern üblich war. Ferdinands Idee hat sich in Bulgarien als durchaus richtig erwiesen. Seine Feinde hielten sich jedoch nur an das Aeußerliche und fanden genug Gelegenheit, sich über

1899

ihn lustig zu machen. Sie glaubten ihm nicht, daß er arbeite. Erst spätere Zeiten sollten erweisen, wie geschickt es Ferdinand gerade in diesen Jahren verstand, in Bulgarien festen Fuß zu fassen, wie er, manchmal im Hintergrunde stehend, die Dinge besser zu beurteilen lernte, leichter einsah, woran es nottat, als so manches einheimische staatsmännische Genie.

Wenn auch der österreichische Vertreter Burian die Lage wohl etwas zu rosig schilderte, als er schon jetzt der Meinung war, Ferdinand könne ohne Stambulow, dieser aber nicht ohne Ferdinand an der Macht bleiben, so hatten sich doch die Dinge in Bulgarien rapide in dieser Richtung entwickelt. Im Jahre 1892 nimmt Ferdinand seine Reisetätigkeit wieder auf. Paris, die „ville lumière", die Stadt seiner Väter, zog ihn immer wieder an. Er liebte es, durch die Straßen zu schlendern, ein wenig auf den großen Boulevards zu sitzen und das Leben dieser einzigartigen Stadt zu betrachten. Meist stieg er in einem Hotel der Rue de Rivoli ab, gegenüber dem Louvre und Tuileriengarten, wo sein Großvater einst regiert hatte. Nicht weit von den Zimmern des „Grafen Murany", wie er sich nach seinem ungarischen Besitz auf solchen Reisen nannte, lehnte die Kaiserin Eugenie ebenfalls aus einem Hotelfenster und schaute lange Stunden auf die Stätten einstigen Ruhms. Den Künsten der Küche nicht abgeneigt, saß Ferdinand manchmal in einem der berühmten Restaurants der Stadt, wo er mitunter König Milan von Serbien eintreten und melancholisch einen Platz suchen sah. Milan begegnete er auch in Karlsbad, wo sich die Fürstlichkeiten Europas zusammenfanden. In Ferdinands Zimmer fand Milan einmal die große Photographie eines düsteren Männerkopfes. Er fragte Ferdinand, wen das Bild darstelle. „C'est Lui", erwiderte der Fürst. Milan merkte, welche gewaltsam unterdrückte Kritik an Stambulow in diesem Tone lag. Wie lange würde die Diktatur noch dauern?

In Paris hat Ferdinand im Juni 1892 eine längere Unterhaltung mit Gaston Calmette vom Figaro, der ihn fragt, ob er tatsächlich in England gewesen sei, um dort um die Hand einer englischen Prinzessin anzuhalten. Ferdinand leugnet seine Heiratsabsichten keineswegs ab, berichtet über seinen Besuch bei Salisbury, gelegentlich dessen man die bulgarische Nationalhymne gespielt hat, über die Aufmerksamkeiten der alten Queen Victoria, deren vielbeklagter Gatte Albert im gleichen Jahre starb, als das Haus Coburg um seine Person bereichert wurde. Er beklagt sich über die so häufigen und heftigen Angriffe der französischen Presse gegen ihn, betont, daß die Bulgaren fast vierzig Millionen ausgegeben hätten, um Paris und das Schwarze Meer durch die Bulgarische Bahn zu verbinden. Calmette scheidet von Ferdinand mit einem sichtbaren Eindruck von der Persönlichkeit des jungen bulgarischen Fürsten. Er sagt: „Un homme de volonté, un homme d'action!"

Ferdinand war in England gewesen, um Salisbury seine Besorgnisse auszudrücken, er werde durch ein Attentat enden. Es ist tatsächlich an der Zeit, seine Stellung nach außen hin zu konsolidieren, die deutlicher merkbare Zustimmung der Mächte zu erlangen, um der russischen Wühlarbeit erfolgreich entgegentreten zu können. Aber in England ist man, wie in Wien und Berlin immer noch der Meinung, es sei besser, abzuwarten. Lord Salisbury gibt den Diplomaten wohl die Besorgnisse des Fürsten weiter und erweist Ferdinand alle möglichen Ehren. Sollte es wirklich einmal zu einem Attentat kommen, so wird es jeder prophezeit, niemand verhindert haben.

Ferdinands Wunsch, eine englische Prinzessin zu heiraten, kann unmöglich erfüllt werden. Ferdinand ist sicher, er werde durch eine Heirat, durch die Begründung einer Dynastie, seine Situation stabilisieren können, durch die neue Verbindung mit alten Fürstenhäusern der Anerkennung näher rücken. Die Furcht, den russischen Zaren zu kränken, hält die Engländer zurück. Ferdinand wird nach Balmoral zur Königin Victoria geladen. Doch sie empfängt ihn als Prinzen von Coburg, als ihren Neffen, nicht als Fürsten von Bulgarien. Die Londoner Gesellschaft interessiert sich lebhaft für den schon so berühmten jungen Mann, und man reißt sich um den bulgarischen Salonlöwen.

Metternich berichtet aus London Anfang Juni 1892, Salisbury habe Ferdinands Intelligenz besonders gerühmt, der Privatsekretär des Ministers erzählt dem deutschen Botschafter, die Queen sei Ferdinand sehr gewogen. Wenn auch aus den englischen Heiratsabsichten nichts wird, drahtet Königin Victoria doch an ihre Tochter, die Witwe Kaiser Friedrichs: „Aunt Clementine asks if you would receive Ferdinand if he came to Homburg, May I say yes? V. R. I." Die Kaiserin Friedrich holt sich in Berlin Rat und drahtet vorerst: „hope will answer tomorrow." Wilhelm II. und Caprivi, der das erstemal die Formulierung „jetziger Fürst von Bulgarien" gebraucht, halten die Begegnung für unbedenklich. Sie wissen zu genau, daß sie Ferdinands Absicht, eine deutsche Prinzessin zu heiraten, doch niemals in Erfüllung gehen lassen werden. Caprivi selbst lehnt ab, Ferdinand zu empfangen. Wenig später zerstört Wilhelm II. die Aussichten Ferdinands, die Prinzessin Clara oder Sophie von Bayern heiraten zu dürfen, durch ein Machtwort. Bei den obwaltenden Verhältnissen gibt auch Bismarck dem jungen Fürsten seinen Rat, er solle abwarten. Während eines Aufenthaltes Bismarcks in Wien hatte Ferdinand aus Coburg an ihn geschrieben und angefragt, ob es ihm genehm wäre, wenn er ihn besuchte. Bismarck hatte erwidert, daß er gerade Wien verlasse, daß er aber einige Tage in München bleiben würde, wo er den Fürsten Ferdinand, wenn es ihm so paßte, gerne empfangen wolle. Fürst Ferdinand kam denn auch nach München und bat Bismarck um Rat, wie er sich in seiner schwierigen Stellung als Herrscher von Bulgarien verhalten solle. Bismarck riet ihm, nichts zu tun, was Anstoß erregen könnte.

„Seien Sie vorsichtig und vermeiden Sie in Ihrer Politik alles, was den Funken entzünden könnte, der nachher die Feuersbrunst hervorruft. Stellen Sie sich tot. Sie haben der Welt gezeigt, daß Sie schwimmen können; versuchen Sie aber nicht, gegen den Strom zu schwimmen. Lassen Sie sich langsam treiben und halten Sie sich wie bisher über Wasser. Ihr größter Bundesgenosse ist die Zeit — die Macht der Gewohnheit; vermeiden Sie alles, was Ihre Feinde reizen könnte. Wenn Sie sie nicht provozieren, können sie Ihnen nichts tun, und im Laufe der Zeit wird sich die Welt daran gewöhnen, Sie auf dem Throne von Bulgarien zu sehen."

Anfang August 1892 hat die bulgarische Regierung einen bedeutenden Erfolg zu verzeichnen. Stambulow begibt sich auf Einladung Abdul Hamids zu einem geheimen Besuch nach Konstantinopel. Die Welt nimmt Notiz von diesem wichtigen Schritt näher zur Anerkennung. Rußland ist tödlich beleidigt. Nach außen hin immer noch die Rolle des Befreiervolkes spielend und heilige Rechte auf Bulgarien proklamierend, behauptet es große Dinge von der Undankbarkeit dieser Balkannation. Anstatt Ferdinand zu danken, daß er die Ruhe bewahrt hat, die auch Rußland nur dienlich ist, anstatt einzusehen, daß die Versuche, die russische Agitatoren unternahmen, um Unruhe zu stiften, unmöglich Sympathien für das slawische Brudervolk erwecken konnten, anstatt die törichten Eitelkeiten zu begraben und die Hand zur Verständigung zu bieten, verharrt Alexander III. in seinem unversöhnlichen Haß. Niemand glaubt ihm mehr seine ethischen Beweggründe; Rußland ist mit der Freiheit und Selbständigkeit Bulgariens nicht gedient. Es will auf seinen Balkaneinfluß nicht verzichten.

Der deutsche Botschafter in Wien, Prinz Reuß, streift in seinen Gesprächen mit dem österreichischen Außenminister Kalnoky die Gründe des russischen Mißtrauens gegen die österreichische Politik. Sie verhehlen sich nicht, eine wie bedeutende Rolle hierbei Bulgarien spielt. Kalnoky „erklärt sich dieses Mißtrauen aus dem Umstand, daß der Kaiser Alexander nicht vergessen kann, daß Oesterreich mit den von Rußland 1886 in Bulgarien begangenen Fehlern nicht einverstanden gewesen ist, daß man hierseits die Kräftigung dieses Staates nicht hindert, und daß man den Prinzen Ferdinand von Sachsen-Coburg, der es sich angelegen sein läßt, die Ordnung auf diesem brennenden Boden der Balkanhalbinsel aufrecht zu erhalten, also das tut, was im Interesse der Erhaltung des europäischen Friedens nützlich ist, daß Oesterreich diesen Prinzen ungeschoren läßt und sich laut und energisch gegen die Mordanschläge ausspricht, deren Ausgangspunkt das bulgarische Flüchtlingsnest in Odessa ist, welches unter den Augen der russischen Regierung arbeitet."

In Wien empfängt Franz Joseph den Fürsten Ferdinand. Er unterhält sich kurz mit ihm über die Heiratsfrage. Man denkt nicht an eine österreichische Erzherzogin für ihn, trotz der nahen Verwandtschaft der Häuser Coburg und Habsburg. Man erwähnt den Namen der Tochter des depossedierten Herzogs von Parma aus altem Bourbonenstamm. Der Herzog hat seine Besitzungen in Niederösterreich. Man wird sehen, was man für Ferdinand tun kann. In Wien ist der Empfang Stambulows durch

Abdul Hamid nicht unbemerkt geblieben. Der bulgarische Bismarck ist vom Sultan mit allen möglichen Ehrungen und Auszeichnungen überschüttet worden. Die Freundschaft der Türken ist nun endlich völlig sicher, ja Stambulow bringt die prinzipielle Bereitschaft des Sultans zur Anerkennung Ferdinands mit. Stambulow fühlt seine Erfolge mit Stolz. Er glaubt in der bisherigen Bahn fortfahren zu müssen. Ferdinand bittet ihn oft um Milde. Ein neues entsetzliches Verbrechen bringt Unruhe in das Land. In Konstantinopel wird Vulkovitsch, der bulgarische Vertreter, der soviel für die Anerkennung gewirkt hat, ermordet. Die Mörder entkommen unerkannt. Trotz lebhaftester Beunruhigung in ganz Bulgarien gelingt es Stambulow nicht, der Attentäter habhaft zu werden.

Die Dinge entwickeln sich dennoch mächtig zugunsten Ferdinands. Es ist nicht mehr wie einst, als Ferdinand seinem Onkel, dem Herzog von Aumale, in Paris begegnete, der ihn im ersten Augenblick nicht erkennt. Dann schüttelte er dem Neffen die Hand: „Je suis comme les puissances, Ferdinand, je ne te reconnais pas."

Nach einer längeren Krankheit des Fürsten, die die Hochzeit noch etwas hinausschob, wird der Tag seiner feierlichen Eheschließung mit Marie Luise von Parma verkündet. Am 20. April 1893 findet die Trauung in Pianore statt. Prinzessin Marie Luise ist eine zarte, melancholische Schönheit von dreiundzwanzig Jahren. Eine der großen Schwierigkeiten bei dieser Eheschließung war der strenggläubige Katholizismus der Familie Parma. Stambulow, der der Trauung beiwohnte, sollte zu einer Verfassungsänderung bestimmt werden. Die bulgarische Konstitution schrieb nämlich vor, daß der Thronerbe in der orthodoxen Religion, dem Bekenntnis des Landes, erzogen werden solle. Darein wollte jedoch der Herzog von Parma unter keinen Umständen willigen. Stambulow sah sich vor einer ziemlich schwierigen Situation. Bereits die erste

Kunde von seinem Vorhaben hatte einen großen Sturm der Entrüstung bei den Russen hervorgerufen, der in den pro-russischen Kreisen Bulgariens ein lebhaftes Echo fand. Vorläufig verschob man also die Verfassungsänderung bis nach der Trauung.

Die Hochzeitsgesellschaft wurde durch ein Telegramm Abdul Hamids überrascht. Der Sultan gratulierte herzlichst und erkannte in seinem Glückwunsch die Verdienste Ferdinands um die Festigung Bulgariens an.

Im Juni findet der Einzug des Fürstenpaares in Sofia statt, voran ein Herold zu Pferd, Fanfarenbläser, Hofwagen mit prachtvollen Gespannen, Lakaien mit weißen Perücken. Das junge Paar wurde mit Blumen überschüttet und vom Volk enthusiastisch begrüßt. Der jungen Fürstin mit den eindringlichen blauen Augen stehen die Nationalkostüme zum Entzücken. Sie fügt sich in das zu den alten bulgarischen Prunkgewändern passende Dekor wie eine Madonna in ein Heiligenbild. Stambulow steht auf dem Gipfel seiner Laufbahn, seines Ruhms. Der Empfang des Fürstenpaares hat die Bevollmächtigten der fremden Mächte (bis auf den Serbiens und Frankreichs) am Bahnhof versammelt gesehen. Einheimische und Fremde sind sich im Lob über die junge Fürstin einig und sehen in ihrer Anwesenheit einen Beweis, eine Garantie für die Sicherheit des Landes. Stambulow wagt den großen Schritt. Er annulliert die Bestimmung der bulgarischen Konstitution, die für den Thronerben die orthodoxe Religion vorschreibt.

Abdul Hamid hatte die Idee gehabt, das junge Paar auf der Rückkehr von der Hochzeitsreise in Konstantinopel zu empfangen. Man behauptet schon allgemein, er sähe in Bulgarien das feste Bollwerk der Türkei gegen Norden. Doch im letzten Augenblick entschließen sich alle Beteiligten, den Besuch fallen zu lassen. Rußland ist zwar in seiner Stellung gegen Bulgarien immer isolierter, wird von Deutschland aus aber dennoch etwas sekundiert. Stambulow, der bei der Reise nach Pianore durch Krupp in Berlin hatte anfragen lassen, ob der Reichskanzler Caprivi ihn nicht empfangen wolle, hat einen glatten Refus bekommen. In Stambul hat der russische Botschafter für den Fall des Besuches Ferdinands mit seiner Abreise gedroht. In Wien sind Ferdinand und Stambulow äußerst huldvoll von Franz Joseph empfangen worden. Ueber diesen Empfang regte man sich in Petersburg entsetzlich auf, erklärte, er stelle einen nie wieder gut zu machenden Fehler Oesterreichs dar.

Im Gegensatz zu seinem amtierenden Kollegen Caprivi hatte Bismarck eine gerechtere Auffassung von Ferdinand, wenn er auch immer noch auf dem Standpunkt stand, die bulgarische Frage gehe Deutschland nichts an, Deutschland habe auf dem Balkan nichts zu suchen. So konnte er auch nicht erkennen, wie wichtig gerade auf dem bulgarischen Thron ein Diplomat vom Formate Ferdinands war. Zu Erich Marcks sagte Bismarck in Friedrichsruh, als über die Hochzeit des Bulgarenfürsten die Rede war, mit einigem Spott, er wünsche Ferdinand Glück, daß er nun endlich nach zahllosen Werbungen eine Braut gefunden habe. Indes fügte er doch gleich bei, wie sehr er die bulgarische Politik Ferdinands und zugleich Stambulows achte, der ein energischer und kluger Mann sei. Und auch Ferdinand sei doch geschickt — wenngleich seine kluge Mutter ihm wichtig sein möge; es sei merkwürdig, wie sich dieser Prinz unter diesen verhältnismäßig Unzivilisierten halte, für die seine Persönlichkeit so wenig gemacht sei: „denn, was der Battenberger vom Leutnant zuviel hatte, das hat der Coburger eigentlich doch zu wenig davon".

Schon wenige Monate nach der Eheschließung Ferdinands war es nur mehr ein offenes Geheimnis, daß die Beziehungen des Fürsten zu Stambulow getrübt waren.

Stambulow hatte Marie Luise mit Begeisterung als Fürstin empfangen, hatte sich jedoch kaum darüber Gedanken gemacht, daß mit dieser Heirat, mit der Begründung einer bulgarischen Dynastie, die Stellung Ferdinands derart stabilisiert würde, daß man sich seiner zu entledigen wagen könne. Jahre hindurch hatte Ferdinand die Diktatur nur mit Ueberwindung gesehen, hatte vor ihren Folgen für sich und für Stambulow gezittert, hatte hundertmal gewarnt, um Milde gebeten, ohne jedoch von Stambulow irgendein Entgegenkommen erreichen zu können. An die Diktatur knüpften sich eine Unzahl unaufgeklärter politischer Morde und Verbrechen, schwerer Gewalt- und Unterdrückungs-Akte, ja man wußte sogar von folterartigen Inquisitionsmethoden zu berichten. Ferdinands einziger Wunsch war, das bulgarische Staatsschiff immer weiter in das Fahrwasser mitteleuropäischer Kultur zu steuern. Und wenn er daran dachte, wenn er überhaupt irgendwelche selbständigen Handlungen beabsichtigte, mußte er an eine Entlassung Stambulows denken.

Dazu kam ein wichtiger Umstand, der Ferdinand mit Freude und Hoffnung erfüllte. Er konnte die Schwangerschaft der Fürstin ankündigen.

Stambulow hätte wahrscheinlich gut daran getan, sich auf der Höhe seiner Laufbahn, am Hochzeitstage Ferdinands zurückzuziehen. Wenn er auch mehrfach Rücktrittsgesuche abgesandt hatte, so waren diese doch niemals ernst gemeint gewesen; ja, er ließ es selbst nicht an mehr oder weniger versteckten Drohungen gegen den Fürsten bei solchen Gelegenheiten fehlen. Anderen gegenüber liebte er es jetzt, Ferdinand häufig als einen harmlosen jungen Mann darzustellen, der völlig ohne Bedeutung sei und den er allein zum Fürsten von Bulgarien gemacht habe. Je weniger die Tätigkeit des Fürsten mit dieser Charakterisierung übereinstimmte, desto mehr biß sich Stambulow in dieses Urteil fest. Ferdinand war weit entfernt, Stambulow für die Dienste, die er Bulgarien in kritischer Zeit geleistet hatte undankbar zu sein, er war aber ebensoweit davon entfernt, der harmlose junge Mann zu sein, als den ihn Stambulow gerne gesehen hätte. Außerdem konnte er mit Recht das gegenseitige Dankeskonto als ausgeglichen ansehen. Ohne Stambulow wäre Ferdinand vielleicht nicht Fürst, aber ohne Ferdinand hätte Stambulow niemals solange an seinem Platze bleiben können, ohne Ferdinands Mut und Opfer hätte Bulgarien nie die Fortschritte machen können, die es seinem Vertrauen in die so gefährliche Mission von 1887 zu danken hatte. Auch Stambulow hatte dies gelegentlich der Verfassungsänderung anerkannt und der bulgarischen Volksvertretung gesagt, daß die Frage einer bulgarischen Dynastie eine Frage von Leben und Tod für das Land sei.

Doch Stambulow hatte sich zu sehr daran gewöhnt, seine Diktatur auch auf den Fürsten auszudehnen. Er ließ es nicht an Andeutungen fehlen, daß er durch Ferdinands Ankunft keine Rangerhöhung erfahren habe. Vom Regenten Bulgariens sei er quasi zum Minister degradiert worden. Das klang mitunter so, als wolle er sagen, es könne ja auch wieder einmal zu der umgekehrten Ordnung der Dinge kommen. Wenn Ferdinand die Absicht habe, ihn durch einen neuen Mann zu ersetzen, so werde sich ja zeigen, wer das größere Vertrauen bei der Sobranje genieße. Vielleicht unterschätzte Stambulow aber doch die Erbitterung, die in ganz Bulgarien sich gegen sein Regiment fühlbar machte, das Ausmaß der russophilen Bewegung im Lande und die Zahl ihrer Anhänger in der Sobranje, wo er vor allem den Clerus, dessen Beziehungen zum orthodoxen Rußland außerordentlich stark waren, ständig gegen sich hatte. Vorläufig ließ Stambulow einmal jeden Schritt des Fürsten überwachen und nahm eine immer drohendere Haltung gegen diesen an. Ferdinand seinerseits suchte alle nur möglichen Maßnahmen für seine persönliche Sicherheit zu treffen, und die Geheimpolizisten des Hofes wachten eifrig über die Geheimpolizei Stambulows. Vom Schicksal begünstigt, gelang es Ferdinand sogar, seinen Kandidaten Petrow in das Kriegsministerium zu bringen. Stambulow schrieb aufgeregte Drohbriefe an den Fürsten und sagte ihm: Sein Thron sei keinen Louis wert, wenn er ihn, Stambulow, durch einen neuen Minister ersetzen würde, den er ebenso schlecht wie ihn behandeln wolle. Doch Stambulows Stern war im Sinken begriffen.

Je mehr Ferdinand sich innerlich von Stambulow frei zu machen suchte, desto mehr mußte er auch an die Festsetzung der Linie eigener Politik gehen. Trotz anfänglichen Widerstrebens ging Ferdinand also an eine Revision von Stambulows antirussischen Gesichtspunkten. Diese Abneigung konzentrierte sich auf die Person Alexanders III., dessen Haß gegen Alexander Battenberg sich mit der Zeit auf einen immer größeren Teil aller bulgarischen Pläne und Probleme ausgedehnt hatte. Alexander III. hatte nur noch wenige Monate zu leben. Was Ferdinand bestimmt wußte, war, daß ihm der Thronfolger Nikolaus besser gesinnt sein würde.

Am 18. Januar 1894 gebar Marie Luise Ferdinand den ersten Sohn, Boris, der den Titel ‚Prinz von Tirnovo' erhielt. Hundertundein Kanonenschuß verkündeten die Geburt. Prinzessin Clementine erschien mit dem Neugeborenen auf dem Balkon des Sofioter Schlosses. Das Land ist voller Freude. Das Herzogspaar von Parma kommt zur feierlichen Taufe des jungen Prinzen, des Urenkels Karls X. und Louis Philippes.

Stambulow soll bei der Geburt des Thronfolgers von seinem ihm durch die Konstitution zustehenden Recht, als Ministerpräsident der Entbindung beiwohnen zu dürfen, zum größten Entsetzen der zarten Fürstin, brutal Gebrauch gemacht haben. Marie Luise fällt in eine schwere

Krankheit und muß nach Wien in die Obhut berühmter Aerzte gebracht werden.

Stambulow, der sieht, daß es für seine Diktatur um das Ganze geht, unterläßt keine Gelegenheit, um Ferdinand mit seiner Gegnerschaft zu drohen. Ohne Ferdinand davon Mitteilung zu machen, knüpft er Bündnisverhandlungen mit Rumänien an, Pläne, die in Anlehnung an den Dreibund auf eine Balkanentente gegen Rußland abzielen. Ferdinand weilt zu dieser Zeit in Wien, zum Besuch seiner kranken Gemahlin. Bei dieser Gelegenheit wird er von Kalnoky, dem österreichischen Außenminister, empfangen und äußert sich jetzt (im Frühjahr 1894) das erstemal über seine Idee, Stambulow zu entlassen. Kalnoky macht ihn auf die großen Gefahren aufmerksam, in die er sich begibt, rät ihm, alles daran zu setzen, um sich wenigstens nicht völlig mit Stambulow zu entzweien; er solle die Gegnerschaft, die er bei dem Entlassenen finden werde, nicht unterschätzen. Sonst aber scheint Kalnoky die Bedeutung des Schrittes, den Ferdinand unternehmen will, vor allem hinsichtlich seiner Auswirkungen auf Oesterreich, nicht völlig richtig einzuschätzen. Für Ferdinand ist es eine Beruhigung zu hören, daß der Schritt, den er plant, ihm in Wien keine neuen Schwierigkeiten schaffen wird.

Am 29. Mai 1894 kehrt Fürst Ferdinand nach Sofia zurück. Er ist sich der Schwere des Augenblicks, der Lebensgefahr, in die er sich begibt, bewußt. Ist Bulgarien reif, von der Diktatur Stambulows befreit zu werden? Ist seine eigene Position im Lande sicher genug, um an der Stelle dieses berühmten bulgarischen Namens, der eine ganze Aera verkörpert, den der neuen Dynastie Coburg zu setzen, kurz, ist er, Ferdinand, wirklich imstande, die Nachfolgerschaft Stambulows anzutreten?

Ein Konflikt zwischen dem Kriegsminister und Stambulow gibt den letzten Anstoß. Stambulow, dem der

Kriegsminister von den schriftlichen Aufträgen und den Befehlen Ferdinands erzählen kann, schickt das übliche Entlassungsgesuch. In den Straßen der Stadt versuchen seine Freunde vergeblich einige Unruhe zu schaffen, um Ferdinand zu drohen und ihn zur üblichen Ablehnung des Gesuches zu veranlassen. Ferdinand nimmt die Entlassung an. Stoilow, der Führer jener Deputation, die Ferdinand einst die bulgarische Krone angeboten hat, wird zum Nachfolger Stambulows ernannt, nachdem sich die Freunde des gestürzten Diktators noch einige Tage in der Hoffnung gewiegt haben, Ferdinand werde Stambulows Namen wieder an die Spitze des neu zu bildenden Ministeriums setzen. Doch Ferdinand ist fest entschlossen, soweit nur möglich, sein eigener Minister zu sein, vor allem aber die Verfassung regieren zu lassen. Die Entlassung Stambulows wird überall als ein Markstein in der bulgarischen Geschichte angesehen. Nur wenige Leute auf den Straßen schreien: „Nieder mit Stambulow!" andere „Nieder mit Ferdinand!". Doch im allgemeinen ist das Land von bewundernswerter Ruhe. Ferdinand verspricht, mit der Diktatur sei nun die Schreckensherrschaft von Polizei und Kerker beendet. Man applaudiert ihm allgemein.

Ferdinands Staatsstreich gegen die Diktatur ist geglückt. Stambulows Aera ist also mit Recht beendet. Die ruhige Haltung des Volkes unterstützt den Fürsten. Die Gefahr des Bürgerkrieges, die die ganzen Jahre drohend auf dem Lande gelastet hatte, scheint in diesem kritischen Augenblick kaum noch zu existieren. Welch Erfolg für Ferdinand!

Doch er muß unablässig an Stambulows unversöhnliche Feindschaft, an den nun mächtig gegen ihn einsetzenden Kampf denken.

DRITTES KAPITEL

Stambulows Sturz hatte das Land aufatmen lassen. Unbekannte umarmten sich auf den Straßen von Sofia. Zwanzigtausend Telegramme beglückwünschten Ferdinand und nannten ihn den zweiten Befreier Bulgariens. Voigts-Rhetz, der deutsche Generalkonsul, meldet Anfang Juni 1894 aus Sofia, die in Umlauf gesetzten Gerüchte von großen Krawallen hätten sich nicht bestätigt. „Im ganzen Lande hatte sich ein lang verhaltener Grimm wegen der von den einzelnen Organen Stambulows geübten Knechtung angesammelt, welcher sich nun bei Eruption gegen das gesamte Regime Stambulow wendet. Die an den Prinzen und an Stoilow eingehenden Telegramme danken übereinstimmend für die Beseitigung des Tyrannen, verlangen die Versetzung des alten Ministeriums in den Anklagezustand."

Wenige Tage nach der Entlassung des Diktators hatte Ferdinand seinem Exminister einen äußerst liebenswürdigen Anerkennungsbrief geschrieben. Kurz darauf, am 11. Juni, fand sich Stambulow im Palais ein, um persönlich seinen Dank für das fürstliche Schreiben abzustatten. Man erzählt, daß diese Begegnung in den allerfreundschaftlichsten Formen stattgefunden habe. Stambulow hatte sich von der großen Ueberraschung, das nur rethorisch gemeinte Abschiedsgesuch angenommen zu sehen, erholt. Da Ferdinand gar nicht daran dachte, eine völlig prorussische Umorientierung der Politik vorzunehmen, sondern erst vorsichtig nach dieser Seite zu sondieren begann, hielt Stambulow wohl noch immer die Hoffnung auf Zurückberufung aufrecht, obgleich ihm eine feindliche während seines Besuchs bei dem Fürsten die Volksstimmung genugsam gezeigt hatte. Ferdinand hatte bei dieser Kundgebung interveniert und dem neuen Minister sagen lassen, er bürge mit seinem Kopf dafür, daß Stambulow nichts geschehe.

Die erste neue Regierungshandlung von Bedeutung war Ferdinands große Amnestie für die von der Diktatur verfolgten Russophilen. Der Metropolit Clement konnte aus der Verbannung zurückkehren. Stambulows Hoffnungen erlitten einen erneuten heftigen Stoß. Seine Zeitung „Svoboda" veröffentlichte immer zügellosere Angriffe gegen den Fürsten, der „Bulgarien dem Ruin zuführe", immer mehr zeigte sich der unversöhnliche Haß des gefallenen Diktators, der, je mehr Grund er hatte, an der Rückkehr zur Macht zu zweifeln, desto maßloser Ferdinand mit Schmähungen zu überhäufen suchte, und dem kein Mittel zu schlecht schien, den jungen Fürsten zu bekämpfen.

Stambulow war im Lande schweren Angriffen ausgesetzt. Sein Haus war ständig von Polizei bewacht, die halb Schutzgarde, halb Gefangenenwärter spielte. Vom Ausland her hätte Stambulows Hetztätigkeit gegen Ferdinand vielleicht noch größeren Schaden angerichtet, besonders in diesem Augenblick, wo so wichtige Geheimverhandlungen wegen der Anerkennung stattfanden. Stambulow verhehlte auch keineswegs, daß er alles daran setzen wolle, um diese Verhandlungen zum Scheitern zu bringen. So wurde dem Ex-Diktator, trotz wiederholter Bitten, die Erlaubnis zur Ausreise vom neuen Ministerpräsidenten verweigert. Stambulows Hetzertätigkeit verursachte dauernde Beunruhigung, ja, der österreichische Beauftragte in Sofia, Baron Burian, glaubte sich bereits bei Kaiser Franz Joseph erkundigen zu müssen, welche Stellung das Wiener Kabinett Fürst Ferdinand gegenüber einnehmen würde, wenn er gezwungen sein sollte, sich zurückzuziehen.

Fürst Alexander Battenberg, der nach der Verheiratung mit einer Bürgerlichen den Namen Graf Hartenau angenommen hatte, war vor kurzem gestorben. Auf Wunsch Ferdinands war er in Sofia begraben worden. Dort ließ ihm Ferdinand ein würdiges Mausoleum errichten. Die Sobranje setzte der Witwe und den Kindern des ersten Fürsten von Bulgarien auf Ferdinands Wunsch eine jährliche Pension von 50 000 Lewa aus.

Die Prätendenten, die sich heute der so undankbaren bulgarischen Aufgaben angenommen hätten, waren jetzt sicher noch rarer als 1887. Die Abdankung Ferdinands, die Stambulow aus egoistischen Gründen durchsetzen wollte, hätte in diesem Augenblick das Land in neue, nicht abzusehende Unruhen gestürzt. Von russischer Seite wurde neuerdings übrigens eine Kandidatur des Prinzen Franz Joseph Battenberg, des Bruders Alexander Hartenaus, vorgeschlagen. Man glaubte, dieser (später mit einer montenegrinischen Prinzessin verheiratete) Prätendent werde zur orthodoxen Kirche übertreten.

Stoilow, der neue Ministerpräsident, war Chef der konservativen Partei. Er setzte zuerst alle Bemühungen daran, die Wahlen in günstigem Sinn für sich zu beeinflussen. In der Außenpolitik folgte er vorerst zwar Stambulow, ohne jedoch, wie dieser es getan hatte, Rußland direkt zu provozieren. Er eröffnete eine Agitation in Mazedonien. Durch die Arbeit für den Anschluß, die dauernd alle bulgarischen Gemüter beschäftigte, glaubte er, sich populär machen zu können. Den gestürzten Diktator selbst behandelte Stoilow mit Härte. Ueberall wurde in den Archiven belastendes Material zu einer Anklage gegen ihn zusammen-

Fürstin Marie Luise von Bulgarien

gesucht. Auf dem Wege zur Vernehmung wurde Stambulow von einer Bande politischer Gegner überfallen und entging kaum der Gefahr. All dies konnte ihn jedoch von seinem Wege nicht abbringen. Unklug genug fuhr er mit seinen maßlosen Angriffen in der „Svoboda" fort, ließ sich alle Augenblicke von ausländischen Journalisten interviewen und verfehlte bei solchen Gelegenheiten nie, sich gegen Ferdinand in den heftigsten Tönen auszulassen, um ihm so dauernde Schwierigkeiten zu schaffen.

Im November 1894 war Alexander III. von Rußland gestorben, der Feind des von Stambulow, Alexander Battenberg und Ferdinand repräsentierten Bulgarien. Sein Nachfolger Nikolaus schien der kleinen Balkannation wohlgesinnt. Endlich hatte man begründete Aussicht zur Versöhnung mit Rußland. Ferdinand schickte eine Abordnung nach Petersburg, die am Grabe Alexanders III. einen Kranz niederlegen sollte. Das Beileidstelegramm, das er an Nikolaus gesandt hatte, war sofort liebenswürdig beantwortet worden und diente als Zeichen der Bereitwilligkeit für eine Wiederannäherung. Die Sobranje sandte ein Ergebenheitstelegramm an den neuen russischen Zaren. Die Deputation, die den Auftrag hatte, einen goldenen Kranz auf das Grab Alexanders III. niederzulegen, war am 16. Juli von dem Oberprokurator des heiligen Synods mit den Wünschen für eine Regierung begrüßt worden, „deren Seele sich mit dem Volke gemeinsam im orthodoxen Glauben vereinige".

Ferdinand ist indessen nicht untätig gewesen. Er hat verschiedene Reisen unternommen. Karol von Rumänien ist der unzutreffenden Meinung, Ferdinand werde vom belgischen Könige stark gestützt. Der deutsche Generalkonsul in Sofia berichtet im Juni 1895, Ferdinand sei nach Paris gereist, um dort mit dem Prinzen von Wales zu verhandeln. Wilhelm II. bemerkt hierzu „Wo H(er) R(oyal) H(ighness) die Hände im Spiel hat, ist immer neue Intrigue gegen uns los!" Jedenfalls scheinen die Herrscher aus dem Hause Coburg heute den Bestrebungen des Bulgaren-Fürsten ein größeres Interesse zu widmen. Nur in Oesterreich will man nicht glauben, daß es doch zu einem prorussischen Kurs in Bulgarien kommen wird.

Schon Anfang Februar dieses Jahres hatte der ehemalige Minister Grekow eine Unterredung mit Ferdinand gehabt, in der von Stambulows Angriffen die Rede war. Grekow hatte seinem Freunde Stambulow ernste Vorhaltungen gemacht und ihn gewarnt, mit seinen zügellosen Angriffen gegen Ferdinand fortzufahren. Stambulow verbiß sich aber derartig in seinen Haß, in dem er das perönliche Mißgeschick mit dem des Landes zu identifizieren suchte, und das Lächerliche einer solchen Idee ging ihm so wenig auf, daß er sagte: „Wenn ich dem bulgarischen Volk für eine schlechte Handlung verantwortlich bin, so ist es, daß ich seinerzeit nicht den Prinzen Alexander von Battenberg mit Gewalt in Bulgarien zurückhielt und später den Bulgaren den Prinzen Ferdinand octroyierte. Dafür sollte man mir den Kopf abschlagen!"

Am 13. Juli 1895 hatte Stambulows Zeitung „Svoboda" wieder die heftigsten Angriffe gegen Ferdinand gerichtet, der zur Kur in Karlsbad weilte. Auch Stambulow hatte ins Ausland gehen wollen, um etwas für seine angegriffene Gesundheit zu tun. Doch Stoilow hatte ihm die Ausreise nicht bewilligt. Die zur Prüfung der Stambulow vorgeworfenen Verfassungsverletzungen eingesetzte Kommission erklärte, sie würde selbst eine Verfassungsverletzung begehen, wenn sie zuließe, daß der Exdiktator vor Erledigung der Untersuchung aus dem Lande ginge. Stoilow hatte wohl die Absicht, Stambulow auf Grund einer Anklage, zu der sich aus der Zeit der Diktatur leicht ein Anlaß finden würde, einzukerkern und so seiner Hetztätigkeit ein Ende zu setzen.

Die Regierungszeitung „Mir" hatte den Artikel der „Svoboda" am 14. Juli ebenso heftig erwidert. Einen Tag darauf, am gleichen Tage, an dem die bulgarische Deputation in Peterhof vom Zaren Nikolaus empfangen wurde, fiel Stambulow als Opfer eines Attentats auf den Straßen Sofias. Er hatte gegen acht Uhr abends den Union-Club im Zentrum der Stadt verlassen und in einem Mietswagen, dessen Kutscher sich an ihn herandrängte, Platz genommen. An seiner Seite saß sein Freund Petkow, der Besitzer der „Svoboda". Kaum waren sie einige Minuten gefahren, als ein Schuß fiel. Stambulow rief dem Kutscher zu, er solle schneller fahren. Dieser verlangsamte das Tempo. Drei Individuen warfen sich auf die Kutsche und hielten das Pferd an. Dimitri Petkow, der eine Hand im Feldzug gegen die Türken verloren hatte, fiel aus dem Wagen. Einer von den Angreifern öffnete die Wagentür, und die Mörder schlugen mit Yataganen auf Stambulow ein, der vierzehn entsetzliche Hiebe über den Kopf erhielt, Stiche in den Leib, und dem die Hände fast von den Armen getrennt wurden. Trotz Lärm und Geschrei war nichts von der Polizei zu sehen, und Stambulow wurde erst geraume Zeit später, halb verblutet und furchtbar verstümmelt, von Passanten aufgefunden und nach Hause gebracht. Dort mußten ihm sofort die Hände amputiert werden. Stambulows Diener, der die Mörder verfolgte, wurde selbst verhaftet, während die Angreifer des Diktators entkamen. Stambulow lebte noch drei Tage, konnte sogar noch die Aussage machen, er habe in einem der Mörder einen der berühmten Brüder Tufektchiew erkannt. Dann starb er im unversöhnlichen Haß gegen Ferdinand; um sein Lager waren alle Feinde des Fürsten versammelt. Jeden Augenblick liefen Telegramme ein, die sich nach dem Befinden erkundigten und ihrem Entsetzen über die furchtbare

Tat Ausdruck verliehen, so von Königin Victoria von England, Kaiser Franz Joseph und anderen Monarchen.

Ferdinand, in der Villa Theresa in Karlsbad, erhielt gegen Mitternacht die Mordnachricht in einer chiffrierten Depesche. Er ließ sofort nach Sofia drahten, man solle alles in Bewegung setzen, um der Mörder habhaft zu werden. An Stambulows Frau sandte er ein Telegramm, in dem er sein Entsetzen über die Tat, sein tiefstes Beileid ausdrückte. Stambulows Frau wies Ferdinands Hofmarschall und die Kundgebungen des Fürsten in der schroffsten Weise zurück. In ihrem maßlosen, leicht verständlichen Schmerz identifizierte sie den Anstifter des Mordes mit dem von ihrem Mann so gehaßten Fürsten. Die „Svoboda" brachte einen von Beleidigungen strotzenden Artikel, in dem Ferdinand und seinen Ministern der Vorwurf gemacht wurde, sie hätten den Mord befohlen. Ferdinand zog sich, tief verletzt, von den Trauerkundgebungen für Stambulow zurück und konnte, wenn er seine Beauftragten nicht neuen Beleidigungen aussetzen wollte, auch keinen Vertreter zu den Begräbnisfeierlichkeiten beordern. Die ausländischen Vertreter erschienen am Grabe Stambulows mit reichen Kranzspenden. Sie konnten die wüstesten Szenen mitansehen, die die Gegner Stambulows vor dem Grabe des Verhaßten aufführten. Die Freunde Panitzas, des Hingerichteten, des begabten Schriftstellers Milarow, den Stambulow auch hatte exekutieren lassen, die Rächer der schrecklichen Martern, die der siebzehnjährige Tufektchiew in Stambulows Kerkern hatte erdulden müssen, der Folterung, die den großen Redner Kitantschew in ebendenselben Gefängnissen zu Tode gebracht hatte, die Feinde aller Verbrechen der Diktatur fanden sich unter denen, die an diesem Grabe jubilierten.

Sir Arthur Nicolson, später Lord Carnock, war als englischer Bevollmächtigter gerade zum Zeitpunkt der

Ernennung Stoilows in Sofia eingetroffen, wo er sich bald mit dem gestürzten Stambulow befreundete. In der so erfolgreichen Biographie seines Vaters, die Sir Harold Nicolson unter Benutzung des schriftlichen Nachlasses Lord Carnocks veröffentlichte, werden einige Umstände angeführt, die den Eindruck hinterlassen könnten, als sei Lord Carnock von einer gewissen moralischen Mitschuld Ferdinands an Stambulows Ermordung überzeugt gewesen. So wird eine Unterredung Lord Carnocks mit Stambulow erwähnt, in der letzterer mit Sympathie und Anerkennung von Ferdinand gesprochen und bemerkt haben soll, die Idee, eine Mission nach Petersburg zu schicken, sei ausgezeichnet. Lord Carnock habe Stambulow deswegen sehr bewundert, weil dieser sich so anerkennend über Ferdinand, Ferdinand aber so feindschaftlich über Stambulow geäußert habe. Vielleicht ist der ungemäßigte Ton von Stambulows Angriffen gegen Ferdinand Lord Carnock entgangen, oder es gibt einen anderen Schlüssel zu diesem Geheimnis. Fest steht, daß Stambulow zu dieser Zeit alles andere tat, als Ferdinand zu loben. Lord Carnock, der am Tage von Stambulows Ermordung von diesem aufgefordert worden war, in seinem Wagen Platz zu nehmen und der vielleicht nur durch einen Zufall selbst dem Tode entging, empfing sicher einen unverlöschlichen Eindruck von dem entsetzlichen Verbrechen und von den Szenen, die sich bei dem Begräbnis abspielten. Jahre später, als er Ferdinand bei einem Gartenfest in Buckingham Palace begegnete, glaubte er, der bulgarische König weiche ihm aus. Ferdinand führte seine Gattin, die Nicolson erkannt hatte, auf einen Seitenweg und sagte: „Notre chemin est par là."

Die Kunde von Stambulows Ermordung machte überall in Europa den tiefsten Eindruck. Stambulow war der Protegé Oesterreichs gewesen, er hatte in allen Ländern Freunde gehabt, trotz seiner so wenig mitteleuropäischen

Regierungsform. Auf Stoilow ergossen sich von allen Seiten Vorwürfe: er habe seine Pflicht, über das Leben des gestürzten Diktators zu wachen, aufs gröbste vernachlässigt, ihn durch das Verbot der Abreise ins Ausland direkt seinen Mördern ausgeliefert. Stimmen werden laut, die immer wieder Ferdinand des direkten Mordes anklagen. Der junge Fürst ist die Zielscheibe vieler Schmähungen. Der Charakter Ferdinands, von vorurteilsloser, niemals unintelligenter Geschmeidigkeit, wenn es sich um die Arbeit für Bulgarien handelt, doch völlig aller grausamen Gewalt abgeneigt, hat sich in den vielfältigen Ereignissen seines Lebens zu deutlich erwiesen; sein Abscheu vor Blut und Wunden ist bekannt. Seine Sensibilität hätte nie ein derartiges Verbrechen zulassen können; vor allem aber ist Ferdinand ein viel zu guter Menschenkenner, als daß er damals nicht deutlich die gefährlichen Folgen dieser Bluttat erkannt hätte. Die Möglichkeit, durch diesen Tod zu verlieren, war soviel größer als die, zu gewinnen. Zur gewaltsamen Unterdrückung Stambulows hätte es wirksamere und ungefährlichere Mittel, verfassungsmäßige Möglichkeiten in Masse gegeben.

Es ist tatsächlich kaum anzunehmen, daß der geniale Rechner Ferdinand einen derartig bösen Fehler hätte begehen können. Ferdinand hat Stambulow jahrelang gewarnt, die Ereignisse hätten dem Diktator nicht deutlicher Gefahren zeigen können. Die Starrheit seines Willens hatte zu seinem Tode geführt. Selbst nach dem Tode Alexanders III. hatte er nichts von einer Versöhnung mit Rußland wissen wollen. Nichts kann das entsetzliche, an Stambulow begangene Verbrechen entschuldigen. Aber seine Zeit war vorüber. Die Untersuchung des Mordes führte zu keinem Ergebnis. Tufektchiew wurde einige Zeit später selbst ermordet.

Die europäische Presse ist voll von Vorwürfen gegen

Ferdinand. Der stets pessimistische Karol von Rumänien sagt zu Marschall, dem deutschen Staatssekretär, wie beunruhigend er die bulgarische Lage fände. Ferdinand habe sich zwischen zwei Stühle gesetzt. Oesterreich habe unrichtig gehandelt, als es Stambulows Entlassung nicht verhinderte. Karol deutet die vor der bulgarischen Deputation in Rußland gefallenen Worte von der orthodoxen Regierung als deutlichen Refus für Ferdinand. Er irrt. Jene Worte weisen auf den geplanten Uebertritt des Thronfolgers Boris hin. Karol ist jedoch vernünftig genug, einzusehen, daß Ferdinand die große, vielleicht einzige Garantie für den bulgarischen, also für den Balkanfrieden darstellt. Wenn Ferdinand Bulgarien verließe, müßte die Folge „ein Vacuum sein, das ernste Gefahren enthielte".

Während die europäische Presse gegen Ferdinand hetzte und die Oeffentlichkeit noch immer unter dem Eindruck der Bluttat stand, beobachtete man in allen dem jungen Fürsten feindlich gesinnten Lagern mit Besorgnis die deutliche Annäherung Bulgariens an Rußland. Als erste Bedingung hatte Rußland eine orthodoxe bulgarische Dynastie gefordert. Ferdinand hatte jetzt also, wollte er wirklich die Versöhnung mit Rußland erreichen, eine ebenso schwierige Aufgabe zu erfüllen, um die bulgarische Verfassung hinsichtlich des Thronfolgers wiederherzustellen, wie Stambulow vor drei Jahren durch die Abänderung der Verfassung. Die Mühe war um so beträchtlicher, als die Gegnerschaft im eigenen Hause saß, als ihm von der Familie der Fürstin aus aufs heftigste entgegengearbeitet wurde. Dann hatte Ferdinand, der treue Katholik, den Bannstrahl des Papstes zu befürchten.

Franz Joseph sieht der Entwicklung der Dinge mit immer größer werdender Beunruhigung zu. Im August 1895 sagt er zu Eulenburg, bei der Unterhaltung über die in Bulgarien nach der Ermordung Stambulows eingetretene Lage, zum erstenmal harte Worte über Ferdinand, der doch in den letzten Jahren „persona grata" bei ihm war. „Der Kaiser verurteilte aufs schärfste das Auftreten des Prinzen Ferdinand, dessen Eitelkeit und Hochmut schlimmste Früchte getragen hätten. War nun auch Seine Majestät besorgt, daß eine Revolution in Bulgarien ausbrechen würde, so schien der Kaiser doch dieser ernsten Eventualität mit der Ruhe eines Mannes entgegenzusehen, der seine Entschlüsse gefaßt hat. Seine Majestät sagten mir in sehr bestimmtem Tone: ‚Ich werde niemals dulden, daß Rußland allein seine Hand auf Bulgarien hält.'" Hier werden die gleichen Töne angeschlagen, die man vor kurzem noch aus Rußland hörte. Die Sprache, die man in Wien führt, wird in dem Maße schärfer, als die Nachrichten über die geplante Konversion des Prinzen Boris und die daran sich schließende Versöhnung mit Rußland sich verdichten.

Ferdinand wird nichts anderes übrigbleiben, als dieses Opfer zu bringen. Nur so kann er die eigene Stellung in Bulgarien, die nunmehr mit der Ruhe in dem schwergeprüften Lande gleichbedeutend war, sichern. Marie Luise war ihm unter der ausdrücklichen Bedingung angetraut worden, daß die Kinder dieser Ehe katholisch bleiben sollten, und die beteiligten Familien hatten sich dem Papst gegenüber zur Einhaltung dieser Verpflichtung als Bürgen erboten.

Es gibt heftige häusliche Auftritte. Die Mutter des Fürsten leidet ebenso schmerzlich unter den Vorbereitungen zur Konversion. Frankreichs Regierung soll den Papst vorbereiten. Frankreich ist eng mit Rußland verbündet; vielleicht macht es sich zum Wortführer der Wünsche des russischen Zaren. Der französische Botschafter in Konstantinopel, Paul Cambon, soll die undankbare Aufgabe lösen, Einfluß auf sein Ministerium zu nehmen. Er scheitert, wie vorauszusehen war.

Am 20. August 1895 haben die bulgarischen Minister

in Rustschuk der Fürstin Marie Luise ihre Wünsche vorgetragen, die Wünsche des Landes; sie möchte sich der orthodoxen Konversion des Thronfolgers nicht widersetzen, der für Bulgarien so wichtigen Handlung keine Schwierigkeiten bereiten. Bei einer Zusammenkunft der Familie Coburg hat Clementine endlich gegen die warnenden Stimmen der Verwandten erklärt, sie sähe ein, Wohl und Ruhe des Landes gehe vor persönliche Erwägungen. Von allen Seiten, die die Frage von rein persönlichen Gesichtspunkten beurteilen, kann Ferdinand nur diesen einen Vorschlag zur Versöhnung mit Rußland vernehmen. Der Papst hat sich nach langen Verhandlungen endlich nur ein Zugeständnis abringen lassen. Er will sich dem Uebertritt des Prinzen zur griechisch-unierten Kirche, die wenigstens den Papst noch als Oberhaupt anerkennt, nicht widersetzen, wohl aber einer orthodoxen Firmung. Doch mit diesem Kompromiß kann niemandem geholfen werden. Das bulgarische Volk und die russische Regierung fordern die altslawische Religion.

Nach schweren Kämpfen gibt Ferdinand der Sobranje am 6. November 1895 bekannt, daß er sich entschlossen habe, das schwere Opfer zu bringen. Marie Luise hatte inzwischen einen zweiten Sohn, Kyrill, zur Welt gebracht. Am 26. Januar 1896 steht Ferdinand im Vatican, um den Papst noch einmal zu bitten, sich der Konversion nicht zu widersetzen und ihm selbst das Schwerste zu ersparen. Er erreicht nichts. Der Papst will nicht einsehen, daß eine orthodoxe bulgarische Dynastie eine wichtige Garantie für den Balkanfrieden darstellen müsse, oder er hält das Verbrechen eines Balkan-, eines Weltkrieges für weniger verurteilenswert als das Verbrechen der Konversion des Prinzen Boris. „Danken Sie ab, Monseigneur, danken Sie ab", sagte er mehrfach in strengem Tone zu Ferdinand.

Der Uebertritt des Prinzen Boris findet in der Hauptstadt Sofia am 15. Februar 1896 statt. Zar Nikolaus von Rußland hat die Patenschaft übernommen. Papst Leo XIII. richtet die Exkommunikation (die sein Nachfolger Benedikt XV. wieder aufhebt) gegen Ferdinand. Seine Gattin begibt sich mit ihrem zweitgeborenen Söhnchen Kyrill, begleitet von Ferdinands Hofmarschall und seinem Zeremonienmeister, außer Landes.

Ferdinand sagt zu seinen Verwandten: „Ich weiß, daß ich aus der westlichen Kirche ausgestoßen werde. Das Anathema fällt auf mich herab, aber mein Blick wendet sich von nun an zur goldenen Morgenröte des Orients. Diese Morgenröte wird über meinem Hause und unserem Werk im Lande Bulgarien leuchten."

Zur gleichen Zeit treffen die offiziellen Gesandten des russischen Kaisers am Hofe von Sofia ein; sie bringen ihm die Anerkennung Rußlands als Fürst von Bulgarien.

Zweites Buch

DER TRAUM VON BYZANZ

VIERTES KAPITEL

Die allgemeine Anerkennung Ferdinands als Fürst von Bulgarien und als türkischer Generalgouverneur von Ostrumelien läßt nicht lange auf sich warten. In den Tagen, die der Firmung des Prinzen Boris folgen, treffen von allen Seiten die offiziellen Bestätigungsschreiben der Großmächte in Sofia ein.

Bereits am 14. März verläßt Ferdinand seine mächtig aufblühende Kapitale und begibt sich auf eine Staatsvisite zum Sultan in die Türkei. Abdul Hamid hatte ihm einen prachtvollen Empfang vorbereitet. Auf dem Bahnhof in Konstantinopel waren in einem Salon die höchsten Würdenträger zu seinem Empfang vereint; eine glanzvolle Gesellschaft war versammelt, um den Fürsten von Bulgarien zu begrüßen. Seit dem Besuch Wilhelms II. hatte man sich nicht so viel Mühe mit einem fremden Souverän gegeben. Unter schweren Vorhängen von roter Seide schritt Ferdinand in den Salon, wo wundervolle Pyramiden von Blumen errichtet waren. In Yildiz wurde er auf der Treppe zum Kiosk „Merassim" vom Großvesir empfangen und zum Sultan geleitet. Der höchste einem Souverän zu verleihende Orden wurde Ferdinand durch einen kaiserlichen Prinzen überbracht. Fast eine Stunde blieb er in angeregtem Gespräch mit dem Sultan, der ihm den kaiserlichen Palast von Kourou Tchesmé zur Wohnung bestimmte. Dort blickte Ferdinand wenig später auf den Bosporus, er konnte weit bis zur Marmara sehen, vor ihm breiteten sich die von Théophile Gautier geschilderten Quais voller Paläste, die Hügel und die lachenden Gärten von Byzanz aus. Es war schön, in der Barke zu diesem kaiserlichen Palast zu gelangen, den Abdul Hamid mit aller verschwenderischen Pracht des Orients für Ferdinand hatte herrichten lassen, wo jeder Gegenstand Chiffre und Wappen des bulgarischen Fürsten trug. Ferdinand langte hier als Sieger an. Das Schloß mit seinen schlanken weißen Säulen über dem blauen Wasser, mitten in einem verwunschenen Park, erinnerte ihn an ein Märchen aus Tausendundeiner Nacht. Vielleicht träumte er in diesem Palast zum erstenmal den Traum des Kaisertums von Byzanz, den vom Zarentum Bulgariens. Hatte nicht einst die Kaiserstadt am Goldenen Horn vor den mächtigen Bulgarenzaren gezittert?

Am nächsten Abend vereint ein feierliches Bankett in Yildiz viele illustre Gäste. Die Botschafter von Oesterreich, England, Frankreich, Italien, Rußland und Deutschland wetteifern in Festen zu Ehren Ferdinands. Ferdinand hat bedeutsame Unterhaltungen mit dem klugen Abdul Hamid, von dem er in den Künsten der Diplomatie viel zu lernen hat. Der Sultan gewinnt immer größeres Interesse an dem jungen Bulgarenfürsten, überschüttet ihn mit Geschenken, ernennt ihn zum türkischen Feldmarschall.

Am 4. April ist Ferdinand mit dem Schiff Sultanié vor der Reede von Odessa. Ein Sonderzug bringt ihn schnell nach Petersburg. In Zarskoje Selo wird er von dem Zarenpaar in Freundschaft empfangen. Im großen Festsaal des Winterpalastes findet ein Galadiner für den Fürsten von Bulgarien statt, wobei der Zar auf das Wohl Ferdinands trinkt. Mit Ehren überhäuft, zieht Ferdinand weiter. Am 13. April ist er bereits in Paris, wird von Felix Faure, dem Präsidenten der Republik, empfangen und mit dem Großcordon der Ehrenlegion ausgezeichnet. Acht Tage später feiert ihn in Berlin Wilhelm II. Auf der Rückkehr nach Sofia macht er noch in Belgrad halt, von König Alexander auf dem mit bulgarischen Fahnen geschmückten Bahnhof erwartet. Am Abend im Schloß bei der Galatafel hält Ferdinand eine vielbejubelte Rede; Serbien und Bulgarien sind ein Herz und eine Seele.

Nach einer Abwesenheit von zwei Monaten kann Ferdinand im Triumph nach Bulgarien zurückkehren und in das festlich geschmückte Sofia einziehen. Bulgarien und sein Fürst sind von der Welt anerkannt. Er hat das kleine, schwergeprüfte Land in seiner Selbständigkeit gefestigt; er hat Stambulows Diktatur durch sein milderes Regime abzulösen verstanden, ohne daß es zu neuen Unruhen kam. Die Bande der Suzeränität, die das Land noch an die Türkei knüpfen, haben kaum mehr reale Bedeutung; in ihnen verkörpern sich nur noch Erinnerungen an eine überwundene Zeit.

Während Ferdinand so die Welt durchquert und den Beifall erntet, den seine weise Diplomatie verdient, während er in Stambul träumt, das Winterpalais ihm zu Ehren in festlichem Glanze sieht, während seines Einzugs in Paris, der Stadt seiner königlichen Vorfahren, und während der Paraden in Berlin, hört der Strom der Schmähungen in den Wiener Ministerien und diplomatischen Agenturen nicht auf. Wird Oesterreich jetzt an die Stelle von Rußland treten in seinem Haß gegen alles, was Bulgarien heißt? Wird man sich durch die Wut über verlorenen Einfluß dazu hinreißen lassen, genau die gleichen Fehler und Mißgriffe zu begehen, die Rußland so lange von Bulgarien ferngehalten haben? Nein, trotz allem Zorn des Augenblicks; man hat in Oesterreich von den Ereignissen gelernt.

Schon im November 1895 hatte Franz Joseph gesagt, als er die Ankündigung der bevorstehenden Konversion des Thronfolgers erfuhr: „Die Verlogenheit des Prinzen Ferdinand kann ihn den Thron kosten!" Dieser nicht gerade sehr liebenswürdige Gedanke hatte sich keineswegs erfüllt. Anfang Februar 1896 berichtete Eulenburg aus Wien: „Ueber die bulgarischen Ereignisse herrscht tiefe Verstimmung. Der katholische Standpunkt, der sehr stark akzentuiert wird, deckt nur schwach die Besorgnis vor Rußlands verstärktem Einfluß auf dem Balkan". Franz Joseph sagt zu Kalnoky: „Ein Mensch, der einer solchen Infamie fähig ist, verrät jeden und verkauft seine besten Freunde." Es wird jedoch nur zu deutlich, daß die überschäumende Wut der Oesterreicher, die im religiösen Deckmantel auftritt, in erster Linie dem prorussischen, in Bulgarien zu erwartenden Kurse gilt. Selbst Wilhelm II. ist in diesem Falle so vernünftig, zu den zornvollen Aeußerungen Franz Josephs in dem Bericht Eulenburgs zu bemerken: „Und beinahe 20 Jahre lang hat Oesterreich versucht, Rußland zur Anerkennung des Fürsten zu bringen. Wie sollte sie denn anders kommen? Und nun? Wo ist die Logik?" Der russische Botschafter in Wien, Graf Kapnist, sagt zu Eulenburg: „Das, was Oesterreich als katholische Macht auf das empfindlichste kränkt und verletzt, worüber die ganze Gesellschaft in maßlose Wut geraten ist: die Konvertierung wird es zwingen, dem Prinzen die Anerkennung zu geben. Das ist wie in einem Lustspiel! Was aber bleibt Oesterreich schließlich anderes übrig?" Oesterreich kann also die Erfahrung machen, daß zum Schaden der Spott nicht fehlen wird. So erklären sich Goluchowskis Wutausbrüche, so verstehen wir, weshalb er Ferdinand (nach Eulenburgs Bericht) als „den schändlichsten und verabscheuungswürdigsten Menschen" darstellt. Es liegt zu klar auf der Hand, welche Rücksichten Ferdinand Bulgarien und seinem für das Land so wichtigen Regime schuldet, als daß einer der österreichischen Vorwürfe widerlegt werden müßte. Der deutsche Reichskanzler, Fürst Hohenlohe, schreibt Eulenburg denn auch zurück, er sei „überrascht

Ferdinand blickt über das Schwarze Meer

durch die Meldung, Kaiser Franz Joseph wie Graf Goluchowski fänden, daß das Verhalten des Prinzen Ferdinand ein ungünstiges Licht auf seinen Charakter werfe." Hohenlohe findet, daß die Konversion des Thronfolgers ein politisch zu verantwortender Schritt sei. Auf die harten, von Franz Joseph über Ferdinand geäußerten Worte findet er die folgende Antwort und Richtigstellung: „Was die Zuverlässigkeit des Prinzen anlangt, so haben die bisherigen Vorgänge bewiesen, daß er zuverlässig nach der Seite hinneigt, wo er sein Interesse zu finden glaubt. Wenn Oesterreich sich als sein Gegner zu erkennen gibt, so wird er sich genötigt glauben, um so bindendere Garantien seines Wohlverhaltens an Rußland zu geben. Wenn dagegen Oesterreich, anstatt Gefühlspolitik zu machen, lediglich vom Standpunkt des Interesses aus Bulgarien nicht schlechter behandelt, als es von Rußland behandelt wird, dann möchte ich nach der Schätzung, die ich mir bisher vom Prinzen oder Fürsten Ferdinand gemacht habe, annehmen, daß derselbe bestrebt sein wird, sich die möglichste Aktionsfreiheit und Unabhängigkeit dadurch zu sichern, daß er zwischen Oesterreich und Rußland hin und herlaviert. In diesem Bestreben dürfte er mit der bulgarischen Nation ganz eines Sinnes sein". An Wilhelm II. schreibt Hohenlohe, der Ferdinand ganz richtig beurteilt, von seiner Erwiderung nach Wien: „Die sofortige Widerlegung der vom Grafen Goluchowski geäußerten Ansichten schien mir geboten, um zu verhindern, daß Oesterreich durch eine Gefühls- und Empfindlichkeitspolitik gegenüber Bulgarien dem Dreibunde unnötige Schwierigkeiten schafft."

Ende Februar 1896 hatte Lichnowsky aus Wien geschrieben, was man ihm auf dem Auswärtigen Amt über Bulgarien mitgeteilt hatte. „Man sei zwar entschlossen, gute Miene zum bösen Spiel zu machen, auch sei bei den dauernden Annäherungsversuchen des Prinzen an Rußland der letzte Schritt (die Konversion des Thronfolgers Boris) vorauszusehen gewesen, es sei auch möglich, daß Bulgarien durch russische Uebergriffe ernüchtert, sich demnächst wieder Oesterreich zuwenden werde, allein jeder Kenner österreichischer Verhältnisse müsse begreifen, daß Fortschritte Rußlands am Balkan hier beunruhigen müßten." Wilhelm II. bemerkt hierzu: „Warum hat denn Oesterreich Stambulow fallen lassen?"

Mitte März kommt Goluchowski nach Berlin und bespricht mit dem Reichskanzler Hohenlohe die Lage, wobei natürlich viel von der bulgaro-russischen Annäherung die Rede ist. Man spricht von der Rundreise des Fürsten an den europäischen Höfen, und Hohenlohe fragt, ob Ferdinand auch nach Wien gehen würde. Goluchowski erwidert, daß „sein allergnädigster Herr keine Lust habe, den Fürsten zu empfangen". Goluchowski, meint Hohenlohe, verkenne die Nachteile einer solchen Ablehnung keineswegs, hielte es aber für unmöglich, Franz Joseph zu anderen Entschlüssen zu bewegen. Ferdinand muß bei seiner Rundreise wirklich Wien meiden, den einzigen Hof, an dem er bis zu seiner Anerkennung tatsächliche Aufmunterung erhalten hatte.

Bereits im April 1896 glaubt Goluchowski, die Lage als für Oesterreich gebessert beurteilen zu können. Zu Lichnowsky sagt er, seiner Meinung nach werde sich Bulgarien Oesterreich bald wieder nähern. „Mit einer gewissen Schadenfreude", schreibt Lichnowsky, „sprach der Minister von den Zügen Ferdinands, des Vielgeschmähten. Seine Rechnung sei eine verfehlte, ebenso die der Russen, die einzigen, die etwas gewinnen würden, nach all den wundersamen Wandlungen, seien höchstens die Bulgaren. Diese hätten einen orthodoxen Thronfolger und die Anerkennung der bestehenden Staatsform erlangt. Ferdinand jedoch befinde sich jetzt schon in einer sehr fatalen

Lage. Die Verlegung des Exarchats nach Sofia sei ein altes russisches Desiderium. Fürst Lobanow habe sich erst kürzlich in diesem Sinne geäußert. Dies bedeute jedoch den Verzicht auf alle mazedonischen und in der Türkei ansässigen Bulgaren. Rußland werde dem Königstraum Ferdinands und der Emanzipation Bulgariens nicht entgegentreten können, ohne den wiedererlangten Einfluß am Balkan wieder aufzugeben." Goluchowski erkennt nicht, welch großes Kompliment seine Ausführungen für Ferdinand bedeuten. Die einzigen, die etwas gewinnen, sind die Bulagren! Mehr hat Ferdinand, der sich mit Recht mit seiner Nation identifizieren kann, nicht gewollt. Sicher bereitet gerade in diesem Jahre 1896 die mazedonische Frage einige Schwierigkeiten. An und für sich aber ist man mit bewundernswert kleinen Opfern zur Versöhnung mit Rußland und zur Anerkennung gekommen. Die persönliche Fühlungnahme mit Abdul Hamid ist ein weiterer Riesenschritt vorwärts.

Calice schreibt Ende April an Goluchowski: „Wenn ich alle Informationen und Stimmen über den Besuch des Fürsten von Bulgarien zusammenfasse, so kann ich nur wiederholt sagen, daß dieser Besuch beim Sultan einen günstigen Eindruck hinterlassen hat. Jedem von beiden lag es daran, den Andern zu gewinnen und entgegen den Nachrichten, die mein englischer Kollege hatte, wonach der Sultan im Grunde eine Abneigung gegen den Fürsten gefaßt hätte, glaube ich nach wie vor, daß es dem letzteren gelungen ist, Seiner Majestät Sympathie und, soweit dies bei Höchstdemselben möglich ist, auch ein gewisses Vertrauen einzuflößen. Der Sultan hat ihm durch ein weitgehendes Maß von Konzessionen diese freundliche Gesinnung bewiesen. Hierbei aber schwebte Seiner Majestät allerdings auch der Gedanke vor, durch ein größeres Entgegenkommen dem vorzubeugen, daß der Prinz nicht ganz der russischen Captivation während seines Besuches in Petersburg verfalle."

In Petersburg hatte der Außenminister Lobanow von Ferdinands Triumph gesprochen, den er seiner unermüdlichen Tatkraft und seinem politischen Genie verdanke. In Paris und Berlin waren genug der großen Worte gefallen, wie es bei solchen Gelegenheiten nun einmal üblich war. Die Parallelen, die man zwischen Trinksprüchen und geheimen Gedanken hätte ziehen können, wären besonders in Berlin ganz lehrreich und interessant gewesen. Man hat Ferdinand so oft den Vorwurf der Falschheit gemacht. Die diplomatischen Dokumente, die mancherlei Schimpf an seine Adresse enthalten, sprechen zu seinen Gunsten. Wilhelm II., der ihn auch dieses Jahr wegen Mazedonien verwarnen zu müssen glaubt, hat hier eine freundliche Kollektion von Schmeicheleien für ihn zur Verfügung. Im Augenblick ist man aber trotzdem ganz froh, daß der ewige Balkankonflikt mit Rußland etwas von der Tagesordnung verschwinden wird. Wilhelm II. ist mit Nikolaus befreundet. Den engen Familienbanden und der diplomatischen Pflege seines freundschaftlichen Briefwechsels mit Nikolaus vertrauend, hofft er bestimmt, die französisch-russischen Beziehungen stören und die alte deutsch-russische Bundestreue wiederherstellen zu können. Durch den Versuch, auf Oesterreich hinsichtlich Bulgariens beruhigend einzuwirken, soll ein weiterer Schritt zur Lösung der europäischen Probleme getan werden.

Noch im August schreibt jedoch Eulenburg aus Wien: „Trotz aller Besorgnis vor etwaigen Aenderungen in Bulgarien ist die persönliche Abneigung gegen Fürst Ferdinand weder bei Seiner Majestät dem Kaiser Franz Joseph noch bei seinen Ministern im geringsten gewichen, und schnitte man sich nicht in das eigene Fleisch, so würde ich eine Unterstützung der antifürstlichen Bestrebungen in Bulgarien für wahrscheinlich halten. Eine Einladung des Fürsten Ferdinand zu der feierlichen Eröffnung des Eisernen Tores wird nicht erfolgen."

Bülow hat 1897 mit Franz Joseph in der Burg zu Ofen eine Unterredung. „Am schlechtesten", so berichtet er, „kam dabei Fürst Ferdinand von Bulgarien weg. — — Während Kaiser Franz Joseph bis in sein hohes Alter kerzengerade zu Pferde saß und jeden Graben nahm, betrachtete Fürst Ferdinand das Pferd als seinen persönlichen Feind. Das gefiel dem alten Kavalleristen Franz Joseph nicht. Noch mehr, noch viel mehr mißfiel ihm, daß Fürst Ferdinand seinen ältesten Sohn, den Kronprinzen Boris, zwei Jahre nach der katholischen Taufe durch eine neue, vom Metropoliten von Rustschuk vorgenommene orthodoxe Taufe in den Schoß der ‚Rechtgläubigen‘ bulgarischen Landeskirche hatte aufnehmen lassen. Kaiser Franz Joseph war ein treuer Sohn der katholischen Kirche, aber weder intolerant noch bigott. ‚Für drei neue Kavallerie-Regimenter‘, äußerte einmal ein langjähriger Generaladjutant, Graf Paar, ‚gibt der Kaiser alle Bischöfe.‘" Bülow selbst fällt ein außerordentlich günstiges Urteil über Ferdinand.

Marie Luise, die einige Zeit bei ihrer Schwiegermutter Clementine zugebracht hatte, ließ sich dazu bestimmen, wieder nach Sofia zu ihrem Gatten und Sohn zurückzukehren. Nur in Oesterreich schien noch ein nachteiliger Eindruck von der Konversion des Prinzen Boris vorhanden zu sein, und auf Franz Joseph hatte die Exkommunikation Ferdinands unleugbar eingewirkt. Das österreichisch-russische Bündnis hätte jedoch von vornherein irgendeine feindselige Aktion in dieser Hinsicht ausgeschlossen. Sonst hatte Ferdinands persönliches Erscheinen überall die Verbindungen gefestigt.

Im Innern des Landes ist mancher bedeutsame Fortschritt zu verzeichnen. Sofia ähnelt kaum noch der Kleinstadt von vor zehn Jahren. Ganze Stadtviertel von alten, ungesunden Bauten sind niedergerissen worden und haben breiten, sauberen Straßen Platz gemacht. Die Universität blüht auf. Ferdinand kann seinen Palast, den „Konak", erweitern und für seine größer werdende Familie Platz schaffen. Die botanischen Kenntnisse des Fürsten haben ihn ausgezeichnet dazu befähigt, die Aufforstung des Landes, Anlage von Mustergütern, von Gärten, von landwirtschaftlichen Kulturen in die Wege zu leiten. Die ihrer Wälder durch eine unvernünftige, Jahrhunderte alte Raubwirtschaft entkleideten Hügel und Berge, von denen dann der Regen das Erdreich abgewaschen hatte, so daß bei Ferdinands Einzug in das Land überall nur die kahlen Gipfel starrten, sind erneut begrünt. Die Industrie blüht auf und wird von der Regierung begünstigt. Die Schulen werden zahlreicher, das Eisenbahnnetz breitet sich weiter durch das Land und bietet den Bauern neue Absatzmöglichkeiten. Die gesuchten Produkte des Landes können exportiert werden. Von Zeit zu Zeit kommen allerdings schreckliche Trockenheiten, die die Ernten vernichten, gefährliche Ueberschwemmungen; das Geld fehlt; neue Steuern rufen Beunruhigung hervor.

Marie Luise hat indessen alle Prätentionen auf eine eigene politische Rolle in Bulgarien aufgegeben. Sie hat ihrem Gemahl ein drittes Kind, Eudoxia, geboren. In der Hauptstadt des Landes, bei den Seefahrern und Gebirgsbewohnern hat sie zahlreiche Freunde. Sie ist der Mittelpunkt der sich langsam bildenden Gesellschaft von Sofia. Mit wundervoller Stimme singt sie die alten bulgarischen Volkslieder.

Das Wasserweihfest in Sofia 1899 wurde für Marie Luise verhängnisvoll. Sie stand kurz vor ihrer Entbindung. Während der Feier hatte sie sich in den Schnee gestellt. Schließlich veranlaßte man, daß ihr ein Teppich unter die Füße gebreitet wurde. Sie sagte: „Oh, mir schadet nichts, ich bin wie eine Katze!" Wenige Tage darauf ist sie todkrank.

Noch im Januar 1899, nach sechs kurzen Jahren Aufenthalts in Bulgarien, stirbt Marie Luise an der verfrühten Geburt der Prinzessin Nadejda, nur neunundzwanzig Jahre alt. Die Verleumder Ferdinands schreiben ihren Tod dem nie verschmerzten Eindruck von dem solange schon zurückliegenden Uebertritt des Thronfolgers zu.

Ferdinand fährt unbeirrt durch Angriffe und Schwierigkeiten in seiner Friedensarbeit für die innere Festigung und für die Unabhängigkeit Bulgariens fort, nach dem Sturz Stoilows mit dem Kabinett Grekow-Radoslawow.

Das neue Kabinett ist österreichfreundlich. Sofort steigen die Wiener Sympathien für Ferdinand in bemerkenswertem Maße. Am 26. September 1899 wird er mit ausgesuchten Ehren zum erstenmal wieder nach dreijährigem Boykott von Franz Joseph empfangen.

Der politische Sinn der Bulgaren, früh erwacht, muß erst seine Richtlinien finden. Die Bevölkerung besteht zum größten Teil aus Bauern, die zwar im Grunde ihres Wesens der Demokratie mit einem König sympathisch gegenüberstehen, doch erst langsam dem bulgarischen Frieden nach so langen Kämpfen um die Freiheit Vertrauen schenken können. Noch immer gehen übrigens die Wahlen nicht ohne Gewaltakte der Beeinflussung vor sich. An Stelle Grekows trat bald der Minister Iwantschew.

Die Häfen Varna und Burgas werden trotz der schwierigen Finanzlage ausgebaut und entwickeln sich zu immer größerer Bedeutung für die Schiffahrt im Schwarzen Meer. Eine kleine Flotte ist im Entstehen begriffen.

Ferdinands Regierung hat überall mit Geldnot zu kämpfen. Es ist so viel zu schaffen, zu erneuern, einzurichten, daß es an allen Ecken und Enden an Mitteln gebricht.

Ferdinand sah auch, daß Bulgarien Kohle und Minerale genug besaß. Er hätte gewünscht, aus Bulgarien einen Staat zu machen, der Belgien ähnelte. Er hatte nicht nur die größte Hochachtung vor seinem Onkel Leopold I., vor seinem Vetter Leopold II., den klugen Administratoren des Landes, er hatte Respekt vor dem Geschick und der Arbeitsamkeit des belgischen Volkes. Aber Bulgarien war nicht so dicht bevölkert; es brachte gerade genug Arbeitskräfte für die Landwirtschaft hervor. Mit Fremden waren keine Bergwerke zu betreiben. So blieb zu seinem größten Leidwesen ein Weg versperrt, ein Nationalvermögen unausgenutzt, das die bulgarische Industrie, die er zu fördern suchte, mächtig hätte unterstützen können. Es mußten also vorerst andere Wege beschritten werden, um das Land vom Ausland unabhängiger zu machen.

Im März 1900, wie fast alljährlich, spricht man wieder von Unabhängigkeitsplänen Ferdinands. Eulenburg berichtet hierüber aus Wien an Hohenlohe. In Oesterreich sähe man mit Unruhe nach Sofia und Mazedonien. Wenige Tage später veröffentlicht die Sofioter Zeitung „Poschta" angebliche Enthüllungen über russische Angebote an Ferdinand. Man ist doppelt beunruhigt, besonders wegen Mazedonien. Das mazedonische Problem, eine ständige Schwierigkeit, ist in der letzten Zeit besonders deutlich in den Vordergrund gerückt worden. Die zahlreichen in diesen Landstrichen wohnenden Bulgaren erstreben die Vereinigung mit dem Mutterlande. Sie betreiben eine fieberhafte Agitation, der sich keine bulgarische Regierung, die den Wunsch hat, populär zu sein, auch nur halbwegs ernsthaft widersetzen kann. Ein Staatsmann, der auf die Unterstützung durch die Volksgunst rechnen will, muß sich dieser mazedonischen Nationalitätenfrage annehmen.

Im Januar 1901 schreibt Eulenburg aus Wien: „Ich habe den Eindruck, daß Graf Goluchowski den Gedanken hat, die falsche Politik, die Oesterreich in Bulgarien spielte, angesichts der Mißerfolge in Serbien wieder auszugleichen, und nun nicht recht weiß, wie er dieses anfangen soll. Der mit Mißtrauen, Hohn und Spott überschüttete Fürst Ferdinand ist nach den von ihm gemachten Erfahrungen nicht mehr so leicht vor den Wagen der Austria zu spannen."

Die Regierung Iwantschew-Radoslawow hatte bald abtreten müssen. Sie hatte sich vor den Gerichten gegen den Vorwurf der Bestechlichkeit zu verantworten. Ein kleines bulgarisches Panama. Eine Lieferung von Waggons, für den Getreidetransport bestimmt, war von den Ministern doppelt so teuer in Auftrag gegeben worden, als man sie durch andere Agenten hätte haben können, und erwies sich von so schlechter Qualität, daß an einen Gebrauch kaum zu denken war. Fürst Ferdinand konnte seinem Minister ein mit eigener Hand herausgebrochenes, verrostetes Stück eines Wagens als kleine Aufmerksamkeit übersenden. Er forderte exemplarische Bestrafung der Schuldigen.

Ein Kabinett Karavelow-Danew folgte. Im Juli 1901 war der Großfürst Alexei zu Besuch in Sofia gewesen, um die dauernde Festigung russisch-bulgarischer Freundschaft zu demonstrieren. Ein Jahr später feierte man das fünfundzwanzigjährige Jubiläum der Einnahme des Šipka-Passes in Gegenwart des Großfürsten Nikolai Nikolajewitsch und der russischen Minister Ignatiew und Kuropatkin.

Im Jahr 1903 kommt es in Mazedonien zu besonders heftigen Unruhen. Im November treffen Wilhelm II.

und Nikolaus von Rußland in Wiesbaden zusammen. Bülow macht Aufzeichnungen über die Gespräche der Kaiser. Wilhelm II. sagte „der Bulgare habe Königsgedanken, wozu der Kaiser lachend nickte. Als auf die Frage unseres allergnädigsten Herrn, ob er gehört habe, wie das Königreich aussehen werde, er dies verneinte, sagte Seine Majestät: ‚Großbulgarien inklusive ganz Mazedonien mit Konstantinopel als Hauptstadt.' Tableau! Seiner Majestät des russischen Kaisers Gesichtsausdruck dazu sprach Bände!"

Trotz immer wechselnder Regierungen und immer gleichbleibender finanzieller Schwierigkeiten entwickelt sich das Land doch stetig. Schließlich wird der Freund Stambulows und Führer der Stambulowisten-Partei, namens Petkow, Minister. Ferdinand, der Anreger des Orient-Expreß, fördert besonders den Bau der so wichtigen Eisenbahnlinien. Seine Kinder wachsen in der Obhut der Großmutter Clementine heran. Am 16. Februar 1907 stirbt Ferdinands Mutter, neunzigjährig. Ihre letzten Jahrzehnte hat sie der Arbeit für Bulgarien, der Anerkennung ihres Sohnes gewidmet. Wenige Tage später fällt in Sofia der Ministerpräsident Petkow einem Attentat zum Opfer. Er hat sich zu sehr als Anhänger Stambulows erwiesen, Diktaturmethoden versucht, die jetzt weniger Aussichten haben als zu Zeiten Stambulows. Er fällt durch die Hand der Feinde Stambulows.

Mit Malinow kommt Anfang 1908 die demokratische Partei zur Regierung. Zum gleichen Zeitpunkt geht Ferdinand eine zweite Ehe ein, um seinen Kindern nach dem Tode Clementines eine zweite Mutter zu geben. Er ehelicht Eleonore von Reuß-Köstritz auf dem Schlosse Osterstein. Der Zar von Rußland hat den Großfürsten Wladimir, Wilhelm II. seinen Sohn August Wilhelm, Franz Joseph den Fürsten Dietrichstein zu den Feierlichkeiten entsandt. Ferdinands zweite Frau glänzt in allen charitativen Tugenden. Sie besitzt nicht Schönheit und Reiz Marie Luises, wird aber den verwaisten Kindern eine gute Mutter sein. Sie kommt zur Zeit, um die Festlichkeiten zu Ferdinands zwanzigjährigem Fürstenjubiläum mitzufeiern. Aller Augen richten sich auf Bulgarien, dessen Existenz, wie Ferdinand mit Recht sagen kann, vor dreißig Jahren von Europa kaum gekannt war.

Am 24. Juli 1908 zwang der Aufstand der Jungtürken den Sultan Abdul Hamid, die freisinnige Konstitution von vor dreißig Jahren wieder einzusetzen. Die provisorische Existenz dieser Konstitution hatte schon einmal Gefahren europäischer Einmischung in die Angelegenheiten der Hohen Pforte im letzten Augenblick verhindert. Abdul Hamid, „der rote Sultan", war in den letzten Jahren immer absonderlicher geworden. Er fühlte sich gehaßt und verfolgt und zitterte für sein Leben. Sein Gemütszustand grenzte an Verfolgungswahn. Abdul Hamid, der manches Verbrechen begangen hat, fürchtete die Ermordung derart, daß der türkischen Presse verboten wurde, den politischen Mord als Todesursache zu erwähnen. Alexander II. und Carnot waren „gestorben". Bei der Ermordung der Kaiserin Elisabeth hieß es: „Die österreichische Kaiserin in Genf gestorben." Dabei hatte der Zensor, der glaubte, seine Pflicht getan zu haben, jedoch den Nachsatz übersehen: „Allgemeine Empörung herrscht darüber in Europa."

Die Jungtürken, an deren Regiment sich viele Hoffnungen geknüpft hatten, taten nichts, um die Situation in Mazedonien zu verbessern, um die zahlreichen, sich unter den Augen der Obrigkeit abspielenden Christenmorde zu verhindern. In Bulgarien sah man bereits voller Beunruhigung nach den türkischen Grenzen. Das Heer rüstete, als man von der Beleidigung des bulgarischen Gesandten in Konstantinopel hörte. Dieser war dort bei einer offiziellen Gelegenheit von dem türkischen Außenminister Tewfik Pascha als Vertreter eines Vasallenstaates behandelt worden, während doch seit vielen Jahren das Suzeränitätsverhältnis zur Türkei am Hofe des Sultans nie betont worden war und tatsächlich auch kaum noch realen Bestand hatte. Ganz Bulgarien sah diese von der türkischen Presse zudem noch heftig akklamierte Handlung als eine beabsichtigte Beleidigung an.

Ende September stattet Ferdinand mit seiner Gattin Kaiser Franz Joseph in Budapest einen Besuch ab, der offiziellen Charakter haben soll. Während die österreichische Regierung in diesen Tagen den folgenschweren Entschluß faßt, Bosnien und die Herzegowina zu annektieren, ehemals türkische Provinzen, deren Verwaltung Oesterreich anläßlich des Berliner Kongresses anvertraut worden war, finden Besprechungen zwischen Franz Joseph und Ferdinand statt, die jedenfalls von der Türkei und von der ihr gegenüber zu beobachtenden Haltung handeln. Ferdinand erwartet von Franz Joseph den Orden des Goldenen Vließes, den er erst später erhalten sollte. Doch scheint die Haltung des österreichischen Kaisers, der solange unter dem Eindruck von Ferdinands Exkommunikation gestanden hatte, entscheidend verändert. Ferdinand findet die allergrößte Herzlichkeit und hört außerordentlich schmeichelhafte Worte des Kaisers. Am 23. September drückt Franz Joseph bei der Galatafel im Budapester Schloß seine heißesten Wünsche aus „für das Gedeihen des jungen Landes, das dank der Klugheit Ferdinands und der bemerkenswerten Qualitäten des bulgarischen Volkes einen so bemerkenswerten Aufschwung genommen hat". Die Diplomaten an der Tafel horchen auf, was solche Worte wohl zu bedeuten haben mögen. Sie berichten an ihre Regierungen, künden außergewöhnliche Ereignisse an, die Oesterreich begünstige, Deutschland stillschweigend zulassen werde, zufrieden damit, daß den Jungtürken so eine Lektion erteilt werden würde.

Am 28. September 1908 schreibt Tschirschky über Aeußerungen Aehrenthals, der mit ihm wegen der bosnischen Annexionsfrage gesprochen hat und dabei auch Bulgarien erwähnte, „er (Aehrenthal) habe den Eindruck, daß Bulgarien demnächst mit der Unabhängigkeitserklärung vorgehen würde. Dem Fürsten Ferdinand bliebe angesichts der Stimmung im eigenen Lande wohl nichts anderes übrig. Vor drei Jahren habe der Fürst schon den entscheidenden Schritt tun wollen, gestützt auf die den Türken überlegene bulgarische Armee. Damals sei er durch die Ermahnungen zur Ruhe von Wien und Petersburg aus davon abgehalten worden. Jetzt verlange das Land einen greifbaren Erfolg für die Opfer, die es für die Schaffung und Ausbildung der Armee jahrelang gebracht habe. Werde aber die Unabhängigkeit Bulgariens erklärt, so könne er mit der Annexion Bosniens und der Herzegowina nicht länger zögern."

Bereits im März dieses Jahres hatte Aehrenthal mit Ferdinand längere Unterhaltungen gehabt, gelegentlich derer der österreichische Minister dem bulgarischen Fürsten die Erklärung abgab, dieser könne auf die österreichische Sympathie rechnen. Er deutete an: „daß auch beim Verlassen der status-quo-Politik die Interessen der Monarchie mit denen des Fürstentums nirgends kollidieren" würden. Das war bereits eine lebhafte Ermunterung gewesen. Damals behauptete Aehrenthal übrigens, nicht unter dem Eindruck zu stehen, als bereite Ferdinand irgendeine Aktion vor. „Er (Ferdinand) besorgt eher, zu derselben von Rußland gedrängt zu werden, auch zieht er Complicationen infolge englischer Intriguen in Betracht." Interessant ist Wilhelms II. Meinung über Bulgarien.

Der deutsche Generalkonsul in Sofia, Romberg, hatte

im Juni Aeußerungen seines österreichischen Kollegen, Grafen Thurn, mitgeteilt, wonach ein Besuch des Fürsten Ferdinand bei Franz Joseph für den Herbst, nach den Manövern, verabredet worden sei. „Daß Fürst Ferdinand jemals für eine offene Anlehnung an Oesterreich-Ungarn zu gewinnen sei, glaubt auch Graf Thurn nicht. Trotzdem aber liegt es nach seiner Ansicht im österreichischen Interesse, Bulgarien bis zu einem gewissen Grade zu stützen. (Anmerkung Wilhelms II. „Fehler".) Von einem starken Bulgarien habe die Donaumonarchie direkt nichts zu fürchten (Anm. W. II. „Alles!"), und es würde im Gegenteil ein nützliches Gegengewicht bilden zu den gefährlichen großserbischen Bestrebungen. (Anm. Wilh. II. „Großbulgarische Bestrebungen sind noch weit gefährlicher, weil sie antitürkisch sind und sich auf die Einnahme Stambuls erstrecken. Bulgarien ist und betrachtet sich als Avantgarde Rußlands auf dem Balkan! Das weiß Serbien und haßt es darum! Daher muß Serbien gestärkt und mit Griechenland zusammengebracht werden, um Stambul beizustehen, während Bulgarien geduckt werden muß!")."

Brockdorff-Rantzau telegraphiert Ende September über „die ostentativ auszeichnende Aufnahme" Ferdinands. Wilhelm II. bemerkt hierzu: „Unerhörte Dummheit! Ich halte die ganze bulgarische Aktion für einen Coup König Edvards VII., der in Marienbad eingeleitet worden ist. Der Fürst ist ganz in seiner Hand und arbeitet mit ihm. Der König versucht, wo er kann — nach Mitteilung meiner Gewährsmänner aus der City — deutsches Kapital zu schädigen. Dieses ist bei der Orientbahn stark engagiert, und somit der Streich begreiflich. Der König fragte mich in Fr(ied(richs)hof plötzlich, ob ich was dagegen hätte, wenn Ferdinand König werde? Ich antwortete darauf, Er sei Vasall des Sultans, damit wäre die Frage beantwortet; im übrigen: wie denke der Kaiser Franz Joseph darüber? Antwort S. M. E. VII.: oh, der will garnichts davon wissen. Jetzt wird wohl die bulgarische Unabhängigkeit auf Grund der neuen Verhältnisse in Stambul mit engl.-russ. Hülfe proklamiert und das deutsche Geld beseitigt werden. Die Kroninsignien für Ferdinand sind in München bereits fertig — und sogar ausgestellt worden. Ich rate, auch Rumänien heranzuziehen und Athen zu interessieren, die wollen beide von Bulgarien nichts wissen! Denn wenn die Letzteren zum Aeußersten schreiten wollen, ist es gut, eine Contre-Allianz auf Seiten der Türkei auf dem Balkan zu haben!"

In dieser Atmosphäre gegenseitiger Unaufrichtigkeit nimmt es auch nicht Wunder, wenn Aehrenthal in den letzten Septembertagen zum deutschen Geschäftsträger in Wien sagt, er halte die bulgarische Unabhängigkeitserklärung „von heute auf morgen" für unwahrscheinlich.

Jetzt, Ende September, hat Aehrenthal neue Besprechungen mit Ferdinand, der sich in Budapest aufhält. Er weist den Fürsten in vorsichtiger Form darauf hin, „daß Bulgarien nicht einen vielleicht günstigen Moment zur Erreichung legitimer Wünsche versäume und die Superiorität, welche dem Fürstentum seine Armee, solange dieselbe in ihrer gegenwärtigen Stärke aufrechterhalten werden kann, am Balkan gewährleiste, nicht ungenützt lasse." „Ich verhehlte", berichtet Aehrenthal, „dem Fürsten nicht, daß auch unsere Situation in Bosnien und im Sandschak infolge der letzten Ereignisse in der Türkei eine schwierigere geworden sei und wir daher bald in dem Falle sein könnten, diesbezügliche Entschließungen zu fassen."

Mensdorff telegraphiert aus London am 3. Oktober über sein Gespräch mit Charles Hardinge. Dieser habe gehört, daß Fürst Ferdinand es seiner Regierung überlassen möchte, in seiner Abwesenheit den Schritt zu machen, während diese darauf bestehe, daß er zurück-

kehre und die Verantwortung mit seiner Regierung trage.
„England habe der türkischen Regierung in jedem Fall von Krieg abgeraten."

Die türkische Armee, über das ganze große Reich verstreut, muß ihre Aufmerksamkeit anderen Schauplätzen zuwenden, anderen Herden von Unruhe. Sie stellt für Bulgarien, das gerüstet ist, keine allzu große Gefahr dar. Und Bulgarien ist voller Eifer, die türkische Beleidigung zu parieren. Ferdinand, auf seinen ungarischen Besitzungen, überlegt noch einige Tage hin und her, ob er den großen Schritt wagen soll. Am 4. Oktober bricht er auf. In Rustschuk versammeln sich bereits seine Minister auf der fürstlichen Jacht. Er verkündet ihnen seine Absicht. Einem Mitglied des diplomatischen Korps gegenüber äußert er sich bereits:

„Morgen um elf Uhr werde ich die Unabhängigkeit Bulgariens verkünden!"

Graf Otto Czernin, österreichischer Legationssekretär in Sofia, telegraphiert, die Proklamation sei unmittelbar bevorstehend.

Am 5. Oktober morgens wird die Proklamation verbreitet. Tirnovo, die alte Krönungsstadt, wohin von allen Seiten festlich Geschmückte eilen, ist in Tanz und Taumel. Ferdinand langt hier im Sonderzuge an. Er geht über die Felder von Tirnovo, allein, in Gedanken, hier und da eine Blume pflückend, zu der uralten Kirche „Zu den vierzig Märtyrern", die 1230 von dem mächtigen Bulgarenzaren Assen nach seinem Siege über die Griechen errichtet worden war. Hier sind Kirchenfürsten und Minister versammelt. Ferdinand liest seine Proklamation; er erklärt Bulgarien zum unabhängigen Königreich. Die Minister bieten ihm die Königskrone an, die er für sich und seine Dynastie annimmt. Auf dem Schloßberg der alten bulgarischen Zaren zeigt sich Ferdinand, der erste Zar einer neuen Dynastie, dem Volk des neuen Bul-

Nikita von Montenegro und Ferdinand von Bulgarien
im Nationalkostüm

garien. An Abdul Hamid sendet er ein Telegramm, in dem er ihm die Proklamation bekannt gibt und seine Hoffnung äußert, Bulgarien und die Türkei würden frei und unabhängig voneinander nunmehr in Frieden miteinander arbeiten. Der Sultan läßt ihm nur kurz durch den Großwesir antworten, er werde Protest bei den Großmächten einlegen. Ferdinand findet sich in einer Situation wie zur Zeit seines Thronantrittes. Die diplomatischen Vertreter halten sich zurück. Doch wie hat sich indessen der Zustand Bulgariens verändert, wie mächtig hat vor allem er zu seiner Entwicklung beigetragen! Niemand wird ihm jetzt die Anerkennung verweigern können. Einen Tag nach Bulgariens Unabhängigkeitserklärung wird die Welt durch die Besitzergreifung Bosniens und der Herzegowina durch Oesterreich überrascht.

FÜNFTES KAPITEL

Am Tage nach der Unabhängigkeitserklärung Ferdinands erklärt Tscharykow dem österreichischen Botschafter: „Kaiser Nikolaus sei auf das peinlichste berührt durch überhasteten Entschluß des Fürsten Ferdinand, welcher unter flagranter Mißachtung Rußlands erfolgt sei." Wilhelm II. sagt zu Szögeny, er sehe zwar die Annexion von Bosnien-Herzegowina als Konsequenz des Berliner Vertrages an, Bulgariens Unabhängigkeitserklärung stünde jedoch in Widerspruch dazu. Diese den Tatsachen kaum gerechtwerdende Aeußerung soll aber nur den Zweck haben, dem Oesterreicher Aeußerungen zu entlocken, ob zwischen der Donaumonarchie und Bulgarien gelegentlich der Budapester Zusammenkunft geheime Verabredungen getroffen worden seien. Wilhelm II. erhält nur ausweichende Antwort.

Bereits am 10. Oktober weiß aber Miquel aus Petersburg an Bülow zu berichten: „Die Klagen über den Fürsten Ferdinand machen schon selbstgefälligen Aeußerungen über die Krönung der Slawenbefreiung durch das hochherzige Rußland Platz. Die russische Sentimentalität ist wieder geweckt. Man ist zu milder Nachsicht geneigt. Der Versuch Rußlands, sich durch Strenge gegen Bulgarien als objectiven Freund des Sultans zu empfehlen, ist schon nach wenigen Tagen mißglückt. Die Verstellung konnte nicht durchgeführt werden. Nicht so einfach steht es mit der Stimmung Oesterreich-Ungarn gegenüber."

Karol von Rumänien hatte sofort seine Glückwünsche

nach Sofia gesandt und erklären lassen, er werde die neuen Zustände anerkennen. Nikita von Montenegro, sonst häufig mit Geldgeschenken zu befriedigen, wollte diesesmal, um die Beleidigung abzuwaschen, feierlich in Wien empfangen werden. Gerüchte, Oesterreich-Ungarn habe die Anerkennung der Annexion Bosniens und der Herzegowina von ihm erkauft, machen ihm große Sorgen; er fühlt sich vollkommen unschuldig und verlangt Kompensationen.

Die neuen Balkanereignisse haben bei den ohnmächtigen Türken heftige Proteste hervorgerufen. Der Berliner Vertrag ist also in allen Punkten entthront. Die Türkei will Ferdinand die Anerkennung versagen. Schließlich macht der französische Botschafter in Wien im Auftrag des Außenministers Pichon die Mitteilung, daß Frankreich auf Wunsch Ferdinands zwischen diesem und der Türkei vermitteln werde. Trotzdem gehen die Wogen noch hoch. Wilhelm II. fährt fort, die Gleichzeitigkeit der österreichischen und bulgarischen Schritte zu bedauern; er findet, die Gestalt Ferdinands und des „ehrwürdigen" Kaisers als „Spoliatoren der Türkei" paßten nicht zusammen. So kommt es dazu, daß man in Wien alle Verabredungen mit Ferdinand abstreitet. Ende Oktober wagt es der österreichische Botschafter in Petersburg sogar, zu Iswolsky zu sagen, „die voreilige Aktion des Fürsten Ferdinand sei für das Wiener Kabinett eine vollkommene, noch dazu höchst unliebsame Ueberraschung gewesen". War es nicht Aehrenthal, der Ferdinand aufforderte, nicht den Moment zu verpassen?

Franz Joseph im Gespräch mit Wilhelm II., Anfang November, streitet ab, von der bulgarischen Proklamation etwas gewußt zu haben. Ferdinand hätte noch einige Jahre warten können. Wilhelm spricht während dieses Aufenthaltes an der Abendtafel in Schönbrunn auch mit Aehrenthal, den er als einen klugen Staatsmann begrüßt, und dem er zu dem „frischen Zug, der die auswärtige Politik Oesterreichs durchwehe", von Herzen gratuliert. Vor wenigen Wochen hatte Wilhelm II. von Aehrenthals Unfähigkeit lange Beschreibungen gegeben: „Ein weitblickender Staatsmann ist er jedenfalls nicht!" Aehrenthal habe es verstanden, Rußland und Italien, Serbien und die Türkei aufs äußerste zu reizen. Er habe „den Schein der Verabredung mit dem Vertrags- und Friedensbrecher Ferdinand auf seinen Herrn geladen". Die Tat, die Wilhelm II. an der Tafel in Schönbrunn feiert, hat er kurz zuvor einen Fähnrichstreich genannt. Gegen Ferdinand, den er weiter der Falschheit zeiht, bleibt der deutsche Kaiser verstimmt. Er nimmt ihm seine Erfolge übel. Er ist ganz kindlich einer ähnlichen Meinung wie Zar Nikolaus, nämlich, Ferdinand werde sich nun sehr viel einbilden. Nikolaus äußert zu Pourtalès, „Ferdinand glaube sich jetzt womöglich schon auf der gleichen Stufe mit den anderen Souveränen Europas". Die Zunft der Monarchen möchte dem jüngsten König das Meisterdiplom noch etwas vorenthalten.

Abgesehen von dieser äußerlichen Anerkennungsfrage — Ferdinand war ja fast Spezialist auf diesem Gebiet — gab es andere, ernstere Sorgen. Die Frage der Abfindungssumme an die Türkei brachte König Ferdinand in ernste Widersprüche mit seinen Ministern. Als die Regierungskrise endlich gelöst war, schrieb der deutsche Gesandte Romberg aus Sofia: „Es muß anerkannt werden, daß Fürst Ferdinand in dieser schwierigen Situation nicht nur sich viel einsichtiger gezeigt hat als seine Minister, die auf dem besten Wege waren, Bulgarien den Gefahren eines gänzlich nutzlosen Krieges auszusetzen, sondern auch einen nicht geringen Mut an den Tag gelegt hat, als er die ganze Verantwortung so schwerwiegender Entschlüsse im Widerspruch mit seiner Regierung auf sich nahm".

Zar Ferdinand reist im Triumph durch die festlich geschmückten Städte seines Königreichs. In der Türkei grollt man wohl noch immer und hat die Absicht zu protestieren noch nicht aufgegeben. Die Großmächte zögern weiter, das Königreich Bulgarien anzuerkennen. Schließlich aber hat Rußland, das ja auch die Besitzergreifung Bosniens und der Herzegowina anerkannt hatte, ein Einsehen und zeigt sich bereit, zur Sicherung seines Balkaneinflusses bei der Türkei Versöhnungsversuche zu unternehmen. Die ganze Balkansituation war derartig verwickelt, daß bereits jetzt alles auf eine kriegerische Lösung hinzudeuten schien. Europa war allerdings über die bulgarische Proklamation hinweggegangen und hatte so gezeigt, daß man die Bestimmungen des Berliner Vertrages als nicht mehr bindend ansehen wolle. Würde aber die Türkei auch nur im Stande sein, die ihr verbleibenden europäischen Besitzungen zu verteidigen?

Ferdinand befand sich also in der gleichen Situation wie vor 1896. Nur in einem wesentlichen Punkte unterscheidet sich seine jetzige Lage von der damaligen. Trotz aller diplomatischen Reserve in bezug auf Unabhängigkeit und Zarentum versuchen die Mächte ringsum, durch Bündnisse mit dem erstarkten Bulgarien Vorsorge zu treffen für den kommenden Weltkrieg, an dem niemand mehr zweifelt. Iswolsky stellt den Plan auf von einem Balkanbund unter russischer Führung. Die Diplomaten Rußlands werden angewiesen, in Belgrad und Sofia für eine Annäherung zu wirken. Oesterreich-Ungarn seinerseits, angesichts der sich immer mehr zuspitzenden Situation mit Serbien, sucht Bulgarien ebenfalls für sich und für ein Bündnis gegen Serbien zu gewinnen.

Von Wien aus macht man Ferdinand bereits Ende Dezember 1908, vorerst mündlich und mit vorsichtigen Einschränkungen, ein Bündnisangebot. Die geheimen

Aufträge des österreichischen Gesandten in Sofia gehen weiter, doch befürchtet man, Ferdinand werde, wenn man ihm etwas Schriftliches in die Hand gäbe, vielleicht auch von der anderen Seite mit den österreichischen Anerbietungen etwas zu erreichen suchen. So soll der Gesandte nur einen Brief verlesen, in dem das zukünftige Bündnis für einen eventuellen Krieg skizziert ist. Er soll mit Andeutungen vorgehen, „da Ferdinand bekanntlich eine lebhafte Scheu vor kriegerischen Unternehmungen habe". Von deutscher Seite aus versuchte man, die bulgarisch-österreichische Annäherung zu fördern. Oesterreich sprach sogar von Gebietserweiterungen für die Bulgaren.

Fürst Bülow entwickelt in einem Brief von Anfang Januar 1909 Aehrenthal seine Ideen über die zu betreibende Balkanpolitik. Bülow meint, es werde sehr nützlich sein, „wenn der kluge Fürst einsieht, daß er von russisch-slawischen Machenschaften, wie sie seinerzeit gegen den Battenberger ausgespielt wurden, für seine Person nur dann etwas zu fürchten hat, wenn er den chauvinistischen Träumen seines Volkes durch seine persönliche, politische Orientierung im Wege steht. Es wird dem Fürsten nicht schwer sein, seinen Bulgaren klar zu machen, daß der schlechteste Weg zur Erfüllung mazedonischer Träume der Anschluß an den von Iswolsky gepriesenen Balkanbund sein würde, daß nicht Oesterreich-Ungarn, nicht wir zwischen Bulgarien und Mazedonien stehen, daß vielmehr von dem turkophilen England und Frankreich und dem sich zur Zeit an sie anschließenden Rußland die Hand über dem türkischen Mazedonien gehalten wird, und daß insbesondere im Falle von Konflikten nur an Oesterreich-Ungarns Seite Landerwerbungen nach serbischer und türkischer Seite zu erhoffen sind."

Der deutsche Gesandte in Sofia, Romberg, wurde angewiesen, auch seinerseits direkte mündliche Schritte in der Richtung einer bulgarisch-österreichischen Annäherung zu unternehmen. Dieser fand jedoch, obgleich die Oesterreicher die Anfänge der Verhandlungen als erfolgreich betrachtet hatten, Ferdinand von Bulgarien von einigem Mißtrauen gegen Oesterreich beseelt. Auch bei der Unterredung mit dem österreichischen Vertreter Thurn äußerte Ferdinand am 11. Januar seine Besorgnis, sich zwischen zwei Stühle zu setzen, und bat sich Bedenkzeit aus.

Rußland unternahm indessen einen Schritt für Bulgarien, der geeignet war, für den Augenblick die österreichisch-deutschen Bemühungen zu durchkreuzen. Man machte nämlich von Petersburg aus den Türken den Vorschlag, die Auszahlung einer bulgarischen Entschädigung für die der Türkei durch die Unabhängigkeitserklärung verloren gegangenen Besitzungen selbst zu effektuieren. Die türkischen Ansprüche für eine derartige Entschädigung waren nämlich das einzige Hindernis für die Anerkennung des unabhängigen bulgarischen Zarentums. Wenn Rußland, das selbst noch Forderungen an die Türkei hatte, aus diesen Forderungen für die bulgarische Entschädigung aufkam, mußte es billig den Dank der Balkannation erwerben können. Außerdem war eine Anleihe vorgesehen, aus der sich Rußland entschädigen sollte.

Die Türkei nimmt die Verhandlungen auf. Jetzt kommen die Oesterreicher in Bulgarien keinen Schritt weiter, ja, sie hören, Paléologue, der französische Vertreter, habe sich über bulgarisch-serbische Annäherungen in konkreter Form ausgesprochen. Bulgarien ist ein wichtiger Bundesgenosse geworden, um dessen Gunst man sich reißt. Der englische Militärattaché Napier meint von der bulgarischen Armee, sie sei der türkischen überlegen, so daß die Bulgaren „bei einem Vorstoß bis nach Konstantinopel gelangen" könnten. Fürst Ferdinand, meint jedoch Napier, sei aber „zu unkriegerisch, um es auf einen Feldzug ankommen zu lassen."

Die Russen unternehmen einen weiteren Schritt, um die Gunst Ferdinands und der Bulgaren zu gewinnen. Der Großfürst Wladimir, Freund Ferdinands, ist gestorben. Die Großfürstin, Ferdinand gewogen, will bei Gelegenheit des Begräbnisses für seine Anerkennung als König wirken. Ferdinand meldet sich in Petersburg an, wo man ihm zusagt, ihn mit königlichen Ehren zu empfangen, was de facto einer Anerkennung des unabhängigen Zarentums gleichkommen würde. Rußland wagt also den ersten Schritt. Das Land, das so lange auf die Einhaltung des Berliner Vertrages mit allen Mitteln gedrungen hat, begeht als erstes eine Handlung, die die völlige Außerkraftsetzung des Schriftstückes von 1878 manifestiert. Bei der Trauerfeier steht Ferdinand an der Seite des russischen Zaren vor den anderen Fürsten. Zu seinen Ehren gibt der russische Souverän ein Diner. Wilhelm II. bemerkt zu der Meldung dieser Vorgänge aus Petersburg: „Guter Trick Iswolskys, um Aehrenthal zu ärgern und Bulgarien für sich zu gewinnen." Iswolsky ist natürlich höflich bemüht, den Empfang Ferdinands als eine Frage der Courtoisie zu bezeichnen. In Bulgarien glaubt man jedoch, die Stellungnahme des Zaren Nikolaus einer Anerkennung durch Rußland gleichsetzen zu können.

In dem Wettlauf um die Gunst Bulgariens scheint Rußland im Augenblick weit voraus zu sein, wenn auch der vorsichtigen Regierung Ferdinands weder Entschlüsse noch Verträge so leicht abzuringen sind. Aehrenthal wird von Ferdinand, der in Wien weilt, gebeten, ihn zu empfangen. Der österreichische Staatsmann, der ihm nicht ohne weiteres vor der Oeffentlichkeit die Anerkennung geben will, aber bereit ist, ihn im Privatverkehr Majestät zu nennen, begeht einige kleine Ungeschicklichkeiten. Ferdinand ist empfindlich, die Entrevue kommt nicht zustande. Der bulgarische Vertreter in Wien macht das Mißverständnis zwischen Ferdinand und dem österreichischen Staatsmann durch ungenau wiedergegebene Aeußerungen noch größer. Die Beziehungen nach Wien verschlechtern sich augenblicklich. Zu den Gerüchten über bulgarische Abmachungen mit Serbien kommen jetzt solche über Parallelverhandlungen mit Rußland. Der österreichische Vertreter Thurn in Sofia wird ostentativ von Ferdinand geschnitten, der diesem außerdem noch immer wegen des nicht erhaltenen „Goldenen Vließes" zürnt. Thurn bittet um seine Versetzung.

Während Oesterreich die Anerkennung verzögert, schreiten die von Rußland unterstützten Verhandlungen zwischen Bulgarien und der Türkei rüstig vorwärts. Ende April kommt es hier zu einem Abschluß, Rußland kann als erste Macht die Unabhängigkeit Bulgariens anerkennen. Wenig später folgen die anderen Mächte. Herzlich gehaltene Telegramme der österreichischen und deutschen Kaiser treffen in Sofia ein. Trotz aller Abneigung, die sich sofort manifestiert hat, findet man das „Du". In beiden Kaisern bleibt wohl ein Stachel zurück, der Eindruck, durch die Nichtfortführung der Bündnisverhandlungen bei dem ganzen bulgarischen Handel zu kurz gekommen zu sein. Ferdinand kann sich anschicken, zu offiziellen Besuchen in die europäischen Hauptstädte auf Reisen zu gehen.

Die Gerüchte über die Anbahnung eines bulgarisch-serbischen Bündnisses durch Ferdinand sind nicht zum Schweigen zu bringen. Ferdinand erfährt eine neue Kränkung. Noch immer hat er den Orden vom Goldenen Vließ nicht erhalten, den er, der Pfleger alter Traditionen, der in dieser Auszeichnung den höchsten Orden der Christenheit sieht, so sehnlichst zu besitzen wünschte. Franz Joseph hat ihm diese Auszeichnung wohl aus religiösen

Rücksichten vorenthalten. Jetzt erfährt Ferdinand, daß der Kronprinz von Rumänien, der ebenso wegen der orthodoxen Religion seiner Kinder vom Bannstrahl des Papstes getroffen war, das Goldene Vließ erhalten hat. Im November 1909 fällt ein Besuch Ferdinands in Belgrad auf. Einige Kommentare dieser Visite deuten auf wenig wahrscheinliche Beweggründe hin. Danach bereiten Offiziere der serbischen Armee, unzufrieden mit dem König, ähnlich wie im Jahre 1903 einen Umsturz vor. Der Besuch Ferdinands sei im Einverständnis mit dieser Offiziersclique dazu bestimmt gewesen, die Augen der serbischen Nation auf Ferdinand als künftigen Herrscher zu richten. Andere Stimmen sind jedoch nicht zum Schweigen zu bringen, die das serbisch-bulgarische Bündnis als abgeschlossen betrachten. Der englische König sagt zu dem österreichischen Botschafter Mensdorff:

„Was will Ferdinand in Serbien? Was sind das wieder für Intrigen? Uebrigens wäre es ja im Interesse des Friedens und der allgemeinen Beruhigung vielleicht kein Unglück, wenn die beiden gut stehen, aber bei Ferdinand weiß man nie, was er bezweckt!" Anschließend daran gibt der englische König seiner heftigen Abneigung gegen Ferdinand wieder einmal Ausdruck, der, wie er gehört habe, sich in den letzten Monaten gegen Oesterreich gestellt habe und „geradezu impertinent" gewesen sei.

Indessen fand jedoch um die Zeit des Jahreswechsels eine Aussprache zwischen Aehrenthal und Ferdinand im Wiener Palais Coburg statt, die erleichternd auf die Situation wirkte. In Oesterreich gelangte man allmählich zu der Erkenntnis, daß die Behandlungsweise Ferdinands, über den gehöhnt und gespottet wurde, unmöglich günstige Resultate hervorbringen könnte. Zur gleichen Zeit kam eine Anleihe bei dem Wiener Bankverein für Bulgarien zustande, die ohne die Empfehlung des österreichischen Außenministeriums vielleicht gescheitert wäre.

Die Besuche Ferdinands in Petersburg und Konstantinopel, die kurz darauf von Besuchen Peters von Serbien an den gleichen Plätzen gefolgt wurden, gaben jedoch den Gerüchten eines serbisch-bulgarischen Bündnisses erneute Nahrung. Die glänzende Aufnahme, die Ferdinand in Petersburg fand, stand in merkbarem Gegensatz zu der Behandlung, die der bulgarische König durch Wilhelm II. erfuhr, zu der Verweigerung des Goldenen Vließes in Wien. Ueber die Beziehungen Ferdinands zum deutschen Kaiser gibt ein Bericht des österreichischen Botschafters Mensdorff in London interessante Aufschlüsse. Dieser Bericht enthält auch einige Einzelheiten über ein Rencontre aus dem Vorjahr 1909, das berühmt geworden war, und über welches mancherlei Entstellungen und Anekdoten umgingen.

„Streng vertraulich. Der Inzidenzfall, der sich im vorigen Jahre in Braunschweig zwischen Kaiser Wilhelm und dem König der Bulgaren abspielte, ist Euer Exzellenz bekannt. Der etwas derbe Scherz des deutschen Kaisers, König Ferdinand in Gegenwart zahlreicher Fürstlichkeiten mit einem von rückwärts applizierten heftigen Schlag zu überrumpeln, wurde von dem äußerst empfindlichen hohen Herrn sehr übel genommen und verließ Seine Majestät damals Braunschweig ohne sich von dem deutschen Kaiser verabschiedet zu haben. Diese Szene ist mir von König Ferdinand selbst, in halb indignierter, halb humoristischer, jedenfalls aber unwiderstehlich komischer Weise beschrieben worden. Bei der diesmaligen Begegnung während der Trauerfeierlichkeiten kam es abermals zu einer kleinen Szene zwischen den hohen Herren, die König Ferdinand seinem Bruder Prinz Philipp und mir, als er Samstag vor Seiner Abreise allein mit uns beiden hier dejeunierte, erzählte. König Ferdinand hatte die Absicht, einem demnächst — ich glaube noch Ende dieses Monats — in Berlin stattfindenden internationalen Ornithologen-Kongresse zu präsidieren. Wie Euer Excellenz bekannt, ist König Ferdinand auf diesem Gebiete der Naturwissenschaft ein Fachmann ersten Ranges und hatte er bereits einen großen Vortrag auf deutsch und französisch vorbereitet. (Vogelwelt des Balkans oder etwas derartiges.) Auch sind die Einladungen, wie Seine Majestät mir sagte, in Höchstseinem Namen ausgegangen. König Ferdinand benützte nun seine hiesige Begegnung mit Kaiser Wilhelm, um Seiner Majestät zu melden, das Er demnächst nach Berlin zu kommen gedenke, worauf ihn der deutsche Kaiser sofort unterbrach und ziemlich barsch mit den Worten anfuhr: ‚Das geht nicht, Du mußt mir zuerst Deinen offiziellen Besuch machen, bevor Du nach Berlin kommen kannst.' König Ferdinand entgegnete Seiner Majestät, daß er ja bereits wiederholt offiziell zu ihm gekommen sei, worauf er die Antwort erhielt: ‚Aber nicht, seitdem Du König bist'. Der König replizierte weiter, er wäre bereit gewesen, einen neuerlichen offiziellen Besuch in Potsdam noch vor dem Zusammentritt des Ornithologen-Kongresses abzustatten, nachdem aber dies wegen der Trauer nicht möglich sei, so könne er nicht einsehen, warum es ihm nicht gestattet sein solle, als ‚deutscher Gelehrter' nach Berlin zu kommen, wie er es im Laufe der Jahre häufig getan hätte. Kaiser Wilhelm blieb aber dabei, daß dies ganz untunlich sei, bevor nicht der offizielle Besuch des Königs der Bulgaren beim preußischen Hofe stattgefunden hätte. Nun antwortete König Ferdinand, dies sei eine Einschränkung der persönlichen Freiheit, und unter diesen Umständen würde man ihn in Berlin überhaupt nicht wieder sehen. Worauf er den Kaiser stehen ließ und Seiner Majestät den Rücken kehrte. König Ferdinand, in seiner gewohnten, etwas übertriebenen Sprache, beschreibt diese Szene in dramatischer Weise. ‚Je Lui ai tourné le dos et je ne mettrai plus les pieds à

Berlin. Cela sera gros de conséquences et je ne sais même pas comment nos représentants diplomatiques pourront rester dans nos capitales respectives. Tout cela est vanité et jalousie. Il ne peut pas supporter qu'un autre fasse une conférence qu'il ne serait pas capable de faire Lui-meme etc.' (Ich habe ihm den Rücken gedreht und werde keinen Fuß mehr nach Berlin setzen. Das wird schwerwiegende Folgen haben, und ich weiß selbst nicht, wie unsere diplomatischen Repräsentanten in unseren beiden Hauptstädten bleiben können. Das ist alles Neid und Eifersucht. Er kann nicht ertragen, daß ein anderer einen Vortrag hält, den er selbst nicht imstande wäre zu halten etc.) Ich erlaubte mir, König Ferdinand darauf aufmerksam zu machen, daß Kaiser Wilhelm ganz berechtigt ist, seinen offiziellen Besuch in seiner neuen Würde zu erwarten, bevor er an einem Kongresse in Berlin teilnimmt, aber der hohe Herr will davon nichts hören und die Enttäuschung, nicht als deutscher Gelehrter, also in einer neuen Rolle, auftreten zu können, ist offenbar sehr groß. Wie ich König Ferdinand kenne, wird sich seine Irritation wieder legen, namentlich wenn ihm ein etwas großartiger offizieller Empfang späterhin in Aussicht gestellt wird, denn der Gedanke, in den großen europäischen Hauptstädten als voll anerkannter Souverän aufzutreten, hat für ihn viel Verlockendes. Immerhin war die Beschreibung der Szene selbst, wie sie zwischen ihm und Kaiser Wilhelm stattfand, nicht zu sehr übertrieben, denn Kaiser Wilhelm schilderte sie dem Grafen Metternich in ungefähr ähnlicher Weise, wobei Seine Majestät sagte: „Er hat mir den Rücken gekehrt". Soviel ich weiß, ist diese Renkontre zwischen den zwei hohen Herren hier unter den anderen anwesenden Fürstlichkeiten nicht bekannt geworden."

Diese Vorkommnisse bei den Begräbnisfeierlichkeiten für Eduard VII. und jenes andere in Braunschweig waren kaum geeignet, in Ferdinand gefühlsmäßig für einen Anschluß zu arbeiten, unter dessen Hauptrepräsentanten Wilhelm II. sein sollte.

Im November 1910 schreibt der russische Gesandte in Sofia an den russischen Außenminister: „Soviel ich weiß, haben sich die serbischen politischen Führer endgültig auf Rußlands Seite gestellt und befinden sich folglich auch auf dem Wege einer Annäherung an Frankreich und England. Diese Formel müßte auch von Bulgarien angenommen werden. Zu diesem Zwecke wird es nötig sein, letzteres zu überzeugen, daß, indem es diese Formel annimmt, es sich damit auch die restlose Verwirklichung des nationalen Ideals zusichert. Unter solchen Umständen wird es auch König Ferdinand schwer werden, von diesem Wege abzuweichen, ohne befürchten zu müssen, daß ein solches Abweichen als Verrat aufgefaßt werde, für den er sich persönlich würde verantworten müssen."

Der Sektionschef, Graf Paul Esterhazy, berichtet nach Sofia am 28. Februar 1911 über den Herzenswunsch König Ferdinands:

„Streng geheim. Ihr Schreiben vom 16. l. Mts. an den Herrn Minister sowie der Brief Mittags an mich vom 19. — welchen ich dem Grafen Aehrenthal vorgelegt habe — geben zu folgenden Bemerkungen Anlaß, die ich Ihnen auftragsgemäß mitteile. König Ferdinand scheint von der Vorstellung beherrscht zu sein, daß er — solange ihm das Goldene Vließ vorenthalten bleibt — am Hoflager Seiner Majestät, unseres Allerhöchsten Herrn, oder vor seinem k. u. k. Regiment sich nicht zeigen dürfe. Vielleicht ist diese Auslegung der Motive seiner befremdenden Haltung gegenüber dem Kaiser nicht ganz aufrichtig; dann läge der Schluß nahe, daß er durch sein konsequentes unhöfliches Benehmen die Verleihung des Vließes von Seiner Majestät ertrotzen möchte. Wie dem auch sei, sollte König Ferdinand darüber nicht im Zweifel gelassen werden, daß seine Taktik nur dazu angetan sein kann, die Aussichten, die er auf die Erfüllung seines Herzenswunsches haben mag, zu vernichten. Wiewohl niemand — auch der Minister nicht — imstande wäre, dem König unter irgendwelchen Voraussetzungen die Erlangung des Vließes zu verbürgen, so kann ihm hingegen mit der größten Bestimmtheit vorhergesagt werden, daß, solange er seine persönlichen Beziehungen zu Seiner Majestät nicht in das normale Geleis gebracht haben wird, er auf die Berücksichtigung seiner Wünsche umsonst rechne. Die letzten einschlägigen Demarchen des Königs dürften Ihnen und auch Mittag die Handhabe bieten, ihm diesfalls den Standpunkt des Ministers klarzumachen. Wenn Mittag in die Lage käme, mit der Königin persönlich über die Angelegenheit zu sprechen, so kann er, unter Betonung des aufrichtigen Bedauerns des Grafen über die zwischen den beiden Herrschern bestehende Verstimmung, Ihre Majestät nicht im Zweifel darüber lassen, daß trotz seines (des Ministers) besten Willens, dem König und der Königin eine Gefälligkeit zu erweisen, er unter den geschilderten Verhältnissen außer Stande ist, irgendeine Initiative zu ergreifen." Die Ausführungen Esterhazys stellten nur die Wehen der Geburt dar.

Wenige Wochen später erfolgt die Verleihung des hohen Ordens an Ferdinand. Giskra, der österreichische Vertreter in Sofia, kann berichten: „König Ferdinand hat mich, durch das so rasch stattgefundene Eintreffen des Goldenen Vließes auf das Höchste beglückt, über mein laut Telegramm vorgebrachtes Audienzersuchen zwei Stunden darauf noch gestern spät abends vor seiner in der Nacht erfolgten Abreise nach Philippopel in feierlicher, einhalbstündiger Audienz, umgeben von Hofwürdenträgern und mit Insignien des Großkreuzes des Stefans-Ordens angetan, in denkbar huldvollster Weise empfangen. Höchstderselbe hat mich in groß angelegter, von sichtlich tiefer Bewegung wiederholt unterbrochener Rede dringend ersucht, den Ausdruck seiner unsagbaren, unauslöschlichen Dankbarkeit, für die er vergebens nach Worten ringe, durch Euer Exzellenz an Stufen Allerhöchsten Thrones gelangen zu lassen. Der höchste Orden der Christenheit erstrahlt zum ersten Male in den Ländern diesseits des Balkans und er betrachte dies als ‚d'heureux augure pour l'avenir'." Die Beziehungen zu Oesterreich erfahren eine augenblickliche Besserung, ohne daß die Ordensverleihung auf die Politik zu großen Einfluß nahm. Doch wenige Monate später hatte sich die politische Lage wieder stark verändert.

Ende September 1911 war der italienisch-türkische Krieg erklärt worden. Hier geht es um Tripolis. Die jungtürkische Regierung hatte indessen auch keineswegs daran gedacht, die Europa gegebenen Versprechungen zu erfüllen. Grausame Christenverfolgungen und Metzeleien hörten nicht auf; man konnte annehmen, sie seien von der türkischen Regierung autorisiert. Die Türkei kündigte zwar immer weitere Reformen an, die jedoch nach den bisherigen Erfahrungen nicht die mindeste Aussicht hatten, realisiert zu werden. Hinsichtlich der mazedonischen Frage war nie ein ehrliches Entgegenkommen zu merken gewesen. Der Krieg der Türkei mit Italien zehrte mächtig an den Kräften des „kranken Mannes vom Bosporus", des alten ottomanischen Reiches, das sich der Auflösung zu nähern schien. Bulgarische Interessen waren zwar kaum im Spiel. Jedoch mußte der Krieg einer Großmacht gegen die Türkei in allen Balkanstaaten Hoffnungen und Unruhe hervorrufen. Die russischen Balkanvertreter drängten immer mehr auf den Abschluß des bulgarisch-serbischen Bündnisses hin. Der bulgarische Ministerpräsident Geschow sagte zwar zu dem russischen Botschafter in Wien, ein derartiger Balkanblock werde bewirken, daß sich Oesterreich gegen

Ferdinand und Fallières

Bulgarien und Serbien aufgebracht zeigen würde. Hinter Oesterreich würden in diesem Falle Türkei und Rumänien stehen. Ehe man sich bulgarischerseits zu solch einer Bindung entschließe, müsse man wissen, auf welche Garantien seitens Rußlands Bulgarien rechnen könne. Wenige Tage darauf verhandelt Geschow mit dem serbischen Ministerpräsidenten, der von der Aufteilung der türkischen Besitzungen in Europa, vom Zerfall der Donaumonarchie spricht und ein Groß-Serbien der Zukunft entwirft, das den Bulgaren für den Augenblick in einigen Schrecken versetzt.

Ende November fand noch eine Begegnung zwischen Franz Joseph und Ferdinand statt, wobei von Politik kaum die Rede war. Bei einer folgenden Besprechung mit Aehrenthal machte dieser Ferdinand darauf aufmerksam, daß Oesterreich-Ungarn unter gewissen Voraussetzungen Gebietserweiterungen Bulgariens in der Richtung auf Mazedonien zustimmen würde, Ferdinand gab ausweichende Antwort, kurz, es kam auch jetzt nicht zu dem von Oesterreich angestrebten Bündnis.

Dagegen wird am 13. März 1912, als die russischen Gesandten in Sofia und Belgrad immer heftiger drängen und in Aussicht stellen, Rußland werde sonst gezwungen sein, nach eigenen Interessen zu handeln, zwischen Bulgarien und Serbien der Bündnisvertrag, der, wie es die Lage erfordert, sogar eventuelle Aktionen gegen Oesterreich vorsieht, abgeschlossen. Der erste Schritt zur Bildung des Balkanblocks ist getan. Der russische Außenminister Sasonow kann wenige Tage darauf an den Botschafter in London telegraphieren:

„Zwischen Serbien und Bulgarien ist mit unserem Wissen ein Bündnis abgeschlossen worden zu gegenseitiger Verteidigung und zum Schutze der gemeinsamen Interessen für den Fall der Veränderung des status quo auf dem Balkan oder des Angriffs einer dritten Macht auf eine der vertragschließenden Parteien. Geschow und der serbische Gesandte in Sofia, Spalaikovitch, haben das Zustandekommen dieses Vertrages dem englischen Gesandten in Bulgarien, Ironside, mitgeteilt. Ich bitte Sie, einen Ihrer Ansicht nach richtigen Zeitpunkt zu benutzen, um Poincaré obiges mündlich zu seiner persönlichen Information mitzuteilen, indem Sie ihn auf die allerernsteste Weise darauf aufmerksam machen, daß der Abschluß des Bündnisses unbedingt geheimgehalten werden muß. Sie können hinzufügen, daß, da eine besondere Geheimklausel beide Seiten verpflichtet, die Ansicht Rußlands einzuholen, ehe sie zu aktiven Maßnahmen schreiten, — wir der Ansicht sind, daß wir auf diese Weise ein Mittel in Händen haben, auf beide Staaten einzuwirken, und daß wir gleichzeitig eine Schutzmaßregel getroffen haben, um uns der Erweiterung des Einflusses einer größeren Macht auf dem Balkan zu widersetzen."

Wenige Tage später wird versucht, die beiden Vertragsmächte noch enger an die Politik der Ententemächte anzuschließen. Bulgarien verhandelt wegen einer Anleihe in Paris. Sie soll nur gegeben werden, wenn Bulgariens Bereitwilligkeit zur Befolgung der Gesichtspunkte der Entente evident sei. Schließlich glaubt man in Paris, über diesen Punkt sicher sein zu können. Die Anleihe kommt zustande.

Im Januar dieses Jahres hatten Festlichkeiten in Sofia stattgefunden, um die Großjährigkeit des Kronprinzen Boris zu feiern. Die Kronprinzen der Balkankönigreiche waren zu diesen Festen erschienen und ihre Anwesenheit hatte in Europa den Eindruck des sich fester bildenden Balkanblocks verstärkt. Wenig später war Zar Ferdinand, der geltend machen konnte, daß sein Sohn nach eingetretener Großjährigkeit aus eigenem Willen bei der orthodoxen Kirche verblieb, also selbst die Verantwortung für einen solchen Schritt übernahm, von dem Bannstrahl des Papstes gereinigt worden. Ferdinand sah deutlich den Weltkrieg kommen. Er, der soviel lieber mit den Waffen der Diplomatie kämpfte, wobei er zum Nutzen Bulgariens, das seit seinem Thronantritt einen wahrhaft bewundernswerten Aufstieg erlebt hatte, seine genialsten Fähigkeiten arbeiten lassen konnte, mußte sich für den kommenden Weltenbrand vorbereiten. Die schwere Verantwortung, die auf ihm lastete, die drohenden Konflikte der Zukunft zehrten an der Ruhe und Gesundheit dessen, der für den Balkanbund den geistigen Mittelpunkt bedeutete. Ein Bericht des österreichischen Vertreters Mittag in Sofia gibt hierzu einige interessante Betrachtungen. Zum Zeitpunkt dieses Berichtes, Ende April 1912, war in Wien von dem Bündnis zwischen Serbien und Bulgarien nichts bekannt.

„Streng vertraulich. Am 21. d. Mts. fand ein Hofdiner von zirka 20 Gedecken statt, an dem die Majestäten, Prinzessin Elisabeth Reuß, die auf der Durchreise befindlichen Prinzen Stolberg und Lynar und von Diplomaten nebst dem belgischen Geschäftsträger nur meine Wenigkeit teilnahmen. Nach Aufhebung der Tafel zog mich Seine Majestät der König in ein nahezu einstündiges Gespräch, in dessen Verlaufe der König auch vielfach politische Gegenstände berührte. Seine Majestät begann die Konversation mit den Worten: ‚Ueber Europa liegt gegenwärtig eine schwere, dicke, drückende Luft.' Seine Majestät hätte Seine Söhne auf ihrer ‚herrlichen' Reise an Bord der ‚so ausgezeichneten Thalia' so ‚ungemein gerne' begleitet. Aber wie wäre dies bei den jetzigen ‚schweren Zeiten' möglich gewesen! ‚Sie werden sehen, ich habe es immer vorausgesagt, in einem, anderthalb Jahren längstens geht's los, dann sind wir aber Alle dabei.' Mit dieser düsteren Prognose schloß Seine Majestät das in ungemein huldvoller Weise geführte Gespräch, das noch an so mancher anderen Stelle, mit deren Wieder-

gabe — weil weniger prägnant — ich die kostbare Zeit Euer Exzellenz nicht in Anspruch zu nehmen wage, sehr pessimistisch gefärbt war. Ich hatte schon öfter Gelegenheit, solche deprimierte Stimmungen bei König Ferdinand zu beobachten. Diesmal sind sie wohl auch zum großen Teil auf den ungünstigen Gesundheitszustand des Königs zurückzuführen; Seine Majestät leidet seit mehr als zwei Wochen an einem äußerst schmerzhaften Gichtanfall, der diesmal den König deshalb besonders impressioniert, da er auch die rechte Hand ergriff und den sonst rastlos tätigen Herrscher in Seinen Arbeiten hindert; kaum mit einem eigens konstruierten Bleistift könne der König, äußerte Sich Höchstderselbe zu mir, mit Mühe ein paar Worte schreiben. Aufgefallen ist mir das schlechte Aussehen Seiner Majestät, das wohl nicht nur auf die akuten Schmerzen zurückzuführen ist, denn im Verlaufe von kaum drei Monaten — ich hatte zuletzt anläßlich der Anwesenheit Seiner k. u. k. Hoheit des Durchlauchtigsten Herrn Erzherzogs Karl Albrecht in Sofia Anfang Februar Gelegenheit, König Ferdinand in nächster Nähe zu sehen — ist der König auffallend gealtert. Diese Beobachtung machen auch die nächsten Angehörigen Seiner Majestät, wie ich dies aus Aeußerungen, die Prinzessin Elisabeth Reuß, die Schwester Ihrer Majestät der Königin, während des Hofdiners zu mir machte, entnommen habe.
Mittag."
Ferdinand kommt in den ersten Junitagen zum gleichen Zeitpunkt nach Wien wie die ersten unbestimmten Nachrichten über das serbisch-bulgarische Bündnis. Er hat eine Unterredung mit Berchtold, dem er seine Ergebenheit für Oesterreich beteuert, um vielleicht einer feindschaftlichen Auslegung seines Bündnisvertrages vorzubeugen. Die Spitze gegen Oesterreich wird nicht wegzuleugnen sein. Berchtold berichtet in einer längeren Aufzeichnung über seine Unterredung mit Ferdinand und

seiner Gemahlin Eleonore, die die Aufgabe hat, vorsichtig auf das Bündnis hinzudeuten.

„Bei seiner kürzlichen Anwesenheit in Wien hat König Ferdinand von Bulgarien Anlaß genommen, mich in ein längeres politisches Gespräch zu ziehen. Seine Majestät ging von dem Gedanken aus, daß sein Besuch in Wien den besten Beweis liefere, sowohl von seinen friedlichen Intentionen, wie von dem Vertrauen, welches er in die nächste Zukunft setze. Er sei hierhergekommen, um Seiner Majestät unserem Allergnädigsten Herrn seine grenzenlose Verehrung und unerschütterliche Ergebenheit zum Ausdrucke zu bringen und hege die feste Zuversicht, daß seine Bestrebungen, die Ruhe und Ordnung am Balkan zu erhalten, bei uns Verständnis und Rückhalt finden werden. In seiner phrasenreichen Rhetorik befleißigte sich der König, den hohen Werth eines freundschaftlichen Verhältnisses zwischen Oesterreich-Ungarn und Bulgarien zu preisen. Die Erinnerungen seiner Jugend seien mit Wien verschmolzen, alle Traditionen seiner Familie mit dem Allerhöchsten Kaiserhause verbunden. Dies bilde ein werthvolles Unterpfand gegenseitigen Vertrauens, welches er sich angelegen sein lasse, auch für die Zukunft zu sichern. Zu diesem Zwecke habe er seine Söhne in die Kapuzinergruft geführt und am Sarge der Kaiserin Maria Theresia ein Gebet verrichten lassen, wobei er ihnen einprägte, daß die große Kaiserin auch ihre Stammmutter sei. Die außerordentlich gnädige Aufnahme, welche er und die Seinigen bei Seiner Majestät gefunden, werde die Gefühle der Anhänglichkeit und Zugehörigkeit nur noch bestärken, indeß in Bulgarien dieser Sympathiebeweis aufrichtigen Widerhall hervorrufen dürfte. Auf die innerpolitischen Verhältnisse der Balkanhalbinsel übergehend, sprach sich sodann König Ferdinand in kraftvollen Accenten über die Mißstände der türkischen Verwaltung aus, welche Höchstderselbe als hydraulische Presse bezeichnete, die die Knochen und Seelen der Unterthanen zermalme. Unter dem neuen Regime seien die Albaner besonders hart getroffen, ein glaubensstarkes, culturfähiges Volk von drei Millionen, welches von dem Untergange gerettet werden sollte. Die derzeitige Uneinigkeit sei nur eine scheinbare, die Intelligenz halte zusammen und unter ihrer Führung ließe sich eine einheitliche Culturnation heranziehen. ‚Ich bin dadurch nicht getroffen‘ — so drückte sich Seine Majestät aus — ‚Bulgarien hat nichts in Albanien zu suchen, aber um des albanischen Volkes willen, in Ansehung der großen Eigenschaften, die in diesem tapferen Bergvolke stecken, empfehle ich dieses Land Ihrer besonderen Aufmerksamkeit und Fürsorge.‘ Es klang dies wie ein Teilungsvorschlag der Interessensphären auf der Balkanhalbinsel, wobei Serbiens keine Erwähnung getan wurde. Meine Zweifel an der Durchführbarkeit des vom Könige aufgestellten Problems konnten den höchsten Herrn nicht von seinen Zukunftshoffnungen abbringen. ‚Es müßte ein ausländischer Fürst an die Spitze des autonomen Albaniens gestellt werden, ein Fürst, der die nötige Intelligenz und Energie hätte, ein zersplittertes Volk zu einigen und zu führen.‘ Die Leitung der deutchen Politik scheint nicht nach dem Geschmacke des Königs Ferdinand zu sein. ‚C'est une politique mesquine sans grandes conceptions, une politique à horizon étroit, pas une politique mondiale.‘ Den Einwand, daß dies durch deutsch-englischen Antagonismus verschuldet sei, welcher Deutschland von der Orientpolitik notgedrungen abziehe, ließ seine Majestät nur bedingt gelten. Einem Ausgleiche des bestehenden Gegensatzes sollte seiner Ansicht nach von Berlin aus mehr guter Wille bezeigt werden. Ueber das Verhältnis Bulgariens zu Serbien und Griechenland haben mir gewisse Andeutungen, die Ihre Majestät die Königin Eleonore in den Conversationen fallen ließ, mehr Aufschluß gegeben als die Unterredung mit König Ferdinand. Die höchste Frau sprach sich dahin aus, daß die ethnographischen Verhältnisse in Makedonien genügend stabil seien, um eine Demarcation der verschiedenseitigen Ansprüche — Bulgaren, Serben, Griechen — zuzulassen. Insbesondere hob Ihre Majestät bei diesem Anlasse hervor, daß die Griechen ein Element bildeten, mit denen man sich leicht verständigen könne und die griechische Herrscherfamilie in Sofia Sympathien genieße. Seither ist uns auf geheimem Wege die Information über das Bestehen eines bulgarisch-griechischen Uebereinkommens zugegangen. Ueberdies wäre, nach Andeutungen des Berliner Cabinettes, zwischen Bulgarien und Serbien eine Convention defensiven Characters abgeschlossen worden. Die bulgarisch-griechische Abmachung scheint der russischen Regierung bisher nicht mitgetheilt worden zu sein, während die bulgarisch-serbische Uebereinkunft unter russischer Patronanz getroffen worden wäre. Diese Nachrichten deuten darauf hin, daß im gegebenen Momente, das ist wenn die Zustände in der Türkei unhaltbar würden, die kleinen Balkanstaaten für den Anfang geschlossen vorgehen möchten."

Die Verhandlungen, die von bulgarischer Seite mit Griechenland geführt werden, kommen zu Beginn des Sommers zum Abschluß. Am 20. Juni berichtet der russische Gesandte in Sofia an seinen Außenminister:

„Geschow, nach Sofia zurückgekehrt, hat mir mitgeteilt, daß das Abkommen zwischen Bulgarien und Griechenland unterzeichnet ist. Der ungefähre Inhalt dieser Uebereinkunft ist in meinem Telegramm vom 1. Mai mitgeteilt worden. Die bulgarische Regierung hat diejenigen Ausdrücke nicht verändert, auf deren Unzulänglichkeit und Gefahr ich in Ihrem Auftrage Geschows Aufmerksamkeit gelenkt hatte. Wie Sie wissen, hat

Geschow auf unsere Bemerkungen Entgegnungen geäußert, denen eine gewisse Bedeutung nicht abzusprechen ist. Aber ich weiß, daß der bulgarische Außenminister, selbst wenn er gewollt hätte, die Veränderungen im Texte nicht hätte vornehmen können, da dies die Unterzeichnung des Abkommens verzögert hätte: inzwischen verlangte aber König Ferdinand aufs energischste die möglichst schnelle Unterzeichnung, und seine Ansicht wurde von einigen Kabinettsmitgliedern und von allen höheren Militärs geteilt.

Trotzdem glaube ich nicht, daß dieses Abkommen zu ernsten Verwicklungen auf dem Balkan führen wird. Das alte Mißtrauen, das zwischen Bulgarien und Griechenland besteht, wird durch einen einzelnen diplomatischen Akt nicht beseitigt, und jede Seite ist vor allem darauf bedacht, durch die andere nicht in ein gefährliches Abenteuer hineingezogen zu werden, ohne Gewißheit eines reichen Gewinnes im Falle des Erfolges.

Andererseits ist das griechisch-bulgarische Abkommen ein günstiger Faktor, welcher nicht allein die entsetzlichen blutigen Zusammenstöße zwischen den beiden orthodoxen Nationalitäten in Mazedonien verhindert, sondern zur Herstellung eines gewissen Einvernehmens und sogar einer gemeinsamen Handlungsweise dienen kann. Dies ist jedenfalls ein großer Schritt vorwärts."

Die Bulgaren waren der Meinung, daß bei einem etwa entstehenden Kriege Rußland sich passiv verhalten, Bulgarien aber freie Hand lassen würde. So werde auch Oesterreich nicht eingreifen. Der rumänischen Neutralität glaubte man sicher zu sein, da man nicht annehmen konnte, daß die christlichen Nachbarn mit der Türkei gemeinsame Sache gegen die übrigen christlichen Balkanvölker machen würden. Rußland legte sich in keiner Weise fest, ließ aber durchblicken, daß es nichts Wesentliches gegen solche Gesichtspunkte einzuwenden habe. In Frankreich war man trotz aller russischen Versicherungen etwas ängstlich. Poincaré hatte darüber Erörterungen mit Iswolsky, der am 20. Juni an den russischen Außenminister berichtete:

„Poincaré hat mit mir über den Besuch des bulgarischen Königs in Wien und Berlin gesprochen und seine Beunruhigung über die Ziele und den Charakter dieser Besuche geäußert. Die dem Könige erwiesenen Ehrenbezeigungen haben ihn überrascht, und er hegt unwillkürlich den Verdacht, daß dieselben auf irgendwelche geheime, von König Ferdinand Oesterreich und Deutschland gegenüber übernommene Verpflichtungen hinweisen. ‚Sie wissen‘, sagte er, ‚daß die französische Regierung nur deshalb bereit gewesen ist, die bulgarische Anleihe in Paris zu erleichtern, weil die russische Regierung ihr erklärt hat, daß Bulgarien nach Abschluß eines geheimen Bündnisses mit Serbien fest entschlossen ist, sich auf die Seite der drei Ententemächte zu stellen. In Anbetracht des entscheidenden Einflusses, den König Ferdinand auf die bulgarische Politik, hauptsächlich die ausländische, ausübt, glauben Sie nicht, daß, ehe wir Bulgarien bedeutende Mittel zur Verfügung stellen, wir die wirklichen Absichten des Königs genau feststellen und von ihm in der einen oder anderen Form eine Garantie verlangen sollten, daß er den obenerwähnten Entschluß der bulgarischen Regierung seinerseits gutheißt?‘ Sodann lenkte Poincaré meine Aufmerksamkeit auf die Tatsache, daß das Gerücht von der Unterzeichnung eines geheimen bulgarisch-serbischen Abkommens bereits in die Presse gelangt sei. Er weiß nichts über die Quelle dieser Gerüchte. Der ‚Temps‘ behauptet, daß er diese Nachricht von seinem Petersburger Korrespondenten erhalten habe. In anderen Redaktionen behauptet man, daß ein französischer Korrespondent den Wortlaut des Abkommens in Petersburg gesehen habe. Der frühere französische Gesandte in Sofia, Paléologue, nimmt an, daß dieses Gerücht aus dem Palais ausgehe und irgendwelchen verwickelten Plänen König Ferdinands dienen solle."

Der italienisch-türkische Krieg, die Aufstände in Albanien, vor allem aber die Massaker von Cotschana im Sommer 1912, ganz nahe an der bulgarischen Grenze, vergrößerten die Unruhe im Land; die letzten Ereignisse, im allernächsten bulgarischen Blickfeld liegend, schüren mächtig die Flamme des Türkenhasses. Das Land befindet sich in ungeheurer Erregung. Ueberall finden Protestmeetings gegen die Türkei statt. Der König befindet sich in einer außerordentlich schwierigen Lage. Am 26. August findet bei Ferdinand eine entscheidende Ratssitzung statt. Kurz zuvor war der bulgarische Gesandte aus Montenegro eingetroffen und hatte von den Kriegsvorbereitungen Nikitas gesprochen. Jetzt wurde im Conseil beschlossen, den Vorschlägen Nikitas nachzukommen, das heißt, sich sofort mit Serbien und Griechenland wegen eines gemeinsamen augenblicklichen Vorgehens ins Einvernehmen zu setzen, um die christliche Bevölkerung in der europäischen Türkei zu schützen. Die beschlossenen Verhandlungen wurden ohne Zeitverlust aufgenommen. Am 29. August richtet der russische Botschafter in Konstantinopel einen sehr vertraulichen Brief an seinen Außenminister, in dem er der beunruhigenden Balkansituation wegen drängt, Rußland solle rüsten. Zwei Tage darauf schildert der österreichische Gesandte in Sofia, Tarnowski, die Lage in der bulgarischen Hauptstadt. Der Sekretär Ferdinands habe ihm gesagt, der König wünsche den Frieden. Fraglich sei, ob er ihn wahren könne, ohne die Früchte fünfundzwanzigjähriger Arbeit aufs Spiel zu setzen. „Zeitungen der Opposition hielten König Ferdinand vor, er sei ein Fremder und müsse das Land verlassen, s'il ne veut pas marcher!" So sagt Sasanow zu dem deutschen Geschäftsträger in Petersburg, Baron Lucius, Mitte September. Gegen Ende des Monats konzentriert die Türkei Truppen an der bulgarischen Grenze. Am 29. September erfolgt die allgemeine Mobilmachung der Türken. Belagerungszustand und Mobilmachung in Bulgarien und Serbien sind die Folge. Am 8. Oktober beginnt Montenegro die Feindseligkeiten gegen die Türkei; am 17. Oktober folgen Bulgaren, Serben und Griechen. Die Montenegriner erobern den ihrem Lande benachbarten Teil des Sandschak, jedoch ohne Skutari. Schon wenige Tage nach der Kriegserklärung zogen die Serben in Uesküb ein. Für Europa war nur fraglich, ob Rumänien eventuell gegen die übrigen Balkanmächte mobilisieren würde. Man wußte nicht, ob geheime Abmachungen über Neutralität zwischen Bulgarien und Rumänien bestünden. Hätte Rumänien in den Krieg zugunsten der Türkei eingegriffen, so wären die Folgen unabsehbar gewesen, der Krieg zwischen Oesterreich und Rußland, der Weltkrieg wäre kaum zu vermeiden gewesen. Doch Rumänien blieb neutral. So konnten die Bulgaren die Gebirgsketten in der Richtung auf türkisches Gebiet überschreiten und unaufhaltsam einen Vormarsch beginnen, der die ganze Welt in Staunen versetzte. Die quantitativ und qualitativ ihren Alliierten überlegenen Bulgaren zogen dem Vierbund voran. Die türkischen Truppen versagten völlig und wurden am 23./24. Oktober in der Schlacht von Kirk-Kilisse vollkommen geschlagen. Ihr Rückzug machte den Weg nach Adrianopel frei.

Wilhelm II. ist, durch die glänzenden Siege der Bulgaren mächtig beeindruckt, zu einer Revision seiner Meinung über Ferdinand gekommen. Fast über Nacht, wie vor Jahrhunderten, wird Konstantinopel von den Heeren des Bulgarenzaren bedroht. Ferdinand scheint auf dem Höhepunkt seiner Laufbahn zu stehen. Dieser Krieg, dessen Ausbruch man ihm nicht zum Vorwurf machen kann, wenn er ihn auch lange vorausgesehen und seine Maßnahmen danach eingerichtet hat, dieser Feldzug, den er der Volksstimmung nachgebend begann, bringt ihn in die greifbare Nähe der Erfüllung seines Traums, den er oft geträumt hat. In der ganzen Welt findet der Siegeszug der Bulgaren begeisterten Applaus.

Wilhelm II. schreibt auf einen Bericht des Belgrader Gesandten an das Auswärtige Amt: „Stambul ist bedroht. Die Bulgaren sind meisterhaft geführt und brillant eingesetzt worden, denen kann keine Mächtekonferenz ein Dorf nehmen. Ich werde jedenfalls absolut dagegen stimmen, wenn ich gefragt werde. Sie haben sich redlich erkämpft, was sie haben wollten, und sich in das europäische Konzert hineingepaukt, — was frischen Bluts und Geistes bedurfte! Vielleicht erleben wir Ferdinand I. als Zar von Byzanz? Als Oberhaupt des Balkanbundes? Die Balkanstaaten haben ihre Burschenmensur gepaukt, und kein Europäischer Seniorenkonvents-Beschluß kann sie ablehnen!"

Wilhelm II. bringt zum Ausdruck, was alle Welt erwartet oder doch zum mindesten für möglich hält. Abdul Hamid war seit Monaten abgesetzt, das ganze türkische Regiment schien nicht mehr lange halten zu wollen. Alle Welt sieht auf Ferdinand. Kühlmann weiß aus London, wo er den Botschafter vertritt, wenig später Aeußerungen des russischen Botschafters wiederzugeben, nach denen diesem bekannt sei, Zar Ferdinand habe seit Jahren ein Bild der Hagia Sophia in seinem Zimmer hängen. Sein Traum sei, in diesem alten Heiligtum zum Kaiser von Byzanz gekrönt zu werden. Ferdinand glaube dieses kühne und abenteuerliche Spiel durchführen zu können, da er geschickt darauf zu spekulieren scheine, daß Rußland nicht werde wagen dürfen, mit Waffengewalt gegen Bulgarien einzuschreiten in einem Augenblick, in dem die Wogen der slawischen Begeisterung so hoch gingen.

Bei Lüle-Burgas erlitten die Türken von den Bulgaren am 28.—31. Oktober eine neue schwere Niederlage. Die Griechen nahmen Saloniki. Die Serben besetzten Durazzo und Monastir. Die europäischen Großmächte waren konsterniert, ohne so schnell einen eigenen Standpunkt in den täglich sich zu Ungunsten der Türkei katastrophaler entwickelnden Ereignissen festlegen zu können. Die öffentliche Meinung in den Ländern der Großmächte erklärte sich jedoch spontan für die siegreichen Balkan-Alliierten. Ferdinand wird als genialer Gründer des Balkanblockes gefeiert.

Der russische Botschafter in London telegraphiert am 1. November an seinen Außenminister: „Ich bitte Sie zu beachten, daß die letzten Ereignisse hier einen so starken Eindruck hervorgerufen haben, daß jedes Interesse für die Sache der Türkei geschwunden ist." Am Tage nach dieser Mitteilung kann er den Inhalt eines Gespräches mit Grey seinen Aeußerungen hinzufügen: „Er (Grey) sagt, es wäre unmöglich, von den Bulgaren zu verlangen, vor den Linien von Chataldja stehenzubleiben, da dies ein Opfer bedeuten könnte, welches vielleicht den Türken die Möglichkeit gäbe, sich zu sammeln und das bisherige Ergebnis des Krieges umzustoßen. Er sagt, daß die öffentliche Meinung in England sich so kategorisch zugunsten Bulgariens äußern würde, daß er eine derartige Forderung nicht stellen könne. Er glaubt annehmen zu können, daß Ihr Telegramm abgeschickt worden ist, bevor die Nachricht von dem letzten Siege der Bulgaren, der entscheidend zu sein scheint, eingetroffen war. Grey las mir ein Telegramm des englischen Gesandten in Sofia vor. Es enthielt die Nachricht von dem völligen Zusammenbruch der türkischen Armee und dem bulgarischen Vormarsch auf Chataldja mit der Absicht, bis

Konstantinopel vorzudringen. Grey glaubt, daß es jetzt zu spät sei, und fragt sich, ob Sie jetzt nicht derselben Ansicht wären. Ich erwiderte, daß ich, was Konstantinopel anbelangt, Ihrer Meinung sicher sei, und ich berief mich auf die vitale Bedeutung, die die Frage Konſtantinopels für Rußland habe. Grey sagte mir, er sehe das Schwierige der Lage ein und werde mir seinen Entschluß später mitteilen.

Heute morgen zeigte mir Grey eine autorisierte bulgarische Mitteilung in der ‚Times'. Dieselbe besagt: ‚Wenn die bulgarischen Truppen in Konstantinopel eindringen, so geschieht es, um dort den Frieden zu diktieren und sich dann sofort aus der Hauptstadt zurückzuziehen.' Grey sagte, er werde diese Mitteilung zum Ausgangspunkt einer Unterredung mit dem hiesigen bulgarischen Gesandten nehmen. Nachdem letztere stattgefunden hatte, erzählte mir Grey folgendes: Er habe den Gesandten zuerst gefragt, welches der Ursprung dieser Mitteilung sei. Madjarow erwiderte, daß sie von ihm stamme und seine persönliche Ansicht wiedergäbe. Grey antwortete, daß er als ein Freund Bulgariens spreche und sich auf die Sympathiebezeigungen der Engländer für die bulgarische Sache berufe; er brauche an die Sympathien Rußlands nicht zu erinnern; er könne aber nur sagen, daß seit Beginn der Krise Rußland seinen Standpunkt hinsichtlich Konstantinopels festgelegt habe. Es sei deshalb von äußerster Wichtigkeit, daß Bulgarien die russische Regierung so bald wie möglich hinsichtlich seiner Absichten auf Konstantinopel beruhige, denn im entgegengesetzten Falle könnte Bulgarien, bereits durch einen Druck von seiten Rumäniens und vielleicht auch Oesterreichs bedroht, auch die Sympathien Rußlands verlieren und in eine äußerst schwierige Lage geraten. Madjarow versprach, obiges sofort nach Sofia zu telegraphieren."

Der russische Außenminister telegraphiert an den russischen Botschafter in Paris am 4. November 1912:
„Unserer Meinung nach kann man die Alliierten nur dann von der Besetzung Konstantinopels zurückhalten, wenn die Mächte den Balkanstaaten einmütig erklären, daß die ganze europäische Türkei bis zu der ihnen bekannten Linie über Adrianopel zum Schwarzen Meere zwischen ihnen aufgeteilt werden wird."

Der Vormarsch der Bulgaren auf Konstantinopel scheint sicher zu sein. In den ersten Novembertagen bittet die Türkei bei den Großmächten um Intervention zwecks Abschlusses eines Waffenstillstands. Wilhelm II. erklärt hierzu am 4. November: „Das ist Sache der Kriegführenden. Die Sieger diktieren die Bedingungen. Eingriffe, sie aufzuhalten, lehnt S(eine) M(ajestät) ab. Der Antrag der Türkei kann an Balkanbund weitergegeben werden. Ich verbiete jede Aktion mitzumachen, die irgendwie seitens des Vierbundes als Absicht ihm in den Arm zu fallen ausgelegt werden könnte, selbst auf die Gefahr hin, mehrere Mächte des Konzerts zu verschnupfen." An anderer Stelle äußert der deutsche Kaiser seine Absicht: „Ziel für uns Vierbund als siebente Großmacht im europäischen Konzert, angelehnt an Oesterreich und den Dreibund. Ferdinand kann ruhig nach Stambul herein!" Am gleichen Tage: „Ich verweigere jede Teilnahme an jeder Aktion, die die Bulgaren-Serben-Griechen in ihrem berechtigten Siegeslauf hemmt oder ihnen Bedingungen vorschreibt oder auferlegt, die ihnen nicht genehm sind." Arthur Nicolson äußert zum österreichischen Botschafter Mensdorff, er glaube, „daß keine Zeit zu verlieren ist, nachdem die Bulgaren schon in Sicht der Chataldja-Linie sind und türkischer Widerstand offenbar ganz gebrochen ist. Wenn Sultan und Regierung sich nach Asien flüchten, befürchtet er (Nicolson) Anarchie und in Kleinasien Christenmassaker. Er erwägt, ob es sich nicht empfehlen würde, im Interesse der Humanität, Appell an Großmut König Ferdinands zu machen, nicht weiter zu gehen." Die Angst vor den sich nähernden Bulgaren steigt in Konstantinopel immer höher und höher.

Am 7. November gab der türkische Außenminister den versammelten Botschaftern der Mächte die folgende Erklärung ab: „Die türkische Regierung ist entschlossen, die Chataldja-Linie bis zum äußersten zu verteidigen und hofft sehr, es siegreich zu tun; trotzdem muß sie die eventuelle Niederlage bedenken. In diesem Falle würde die Lage äußerst ernst sein, wenn die bulgarische Armee nicht vor den Toren der Stadt Halt machte, und wenn König Ferdinand daran dächte, einzuziehen und ihre Paläste nicht mehr zu verlassen; die Minister werden ebenfalls im Sitz ihrer Departements verbleiben, und wir sind alle entschlossen, auf unseren Posten zu sterben. Wir waren der Meinung, daß Europa über die wahre Lage und über unsere Entschlüsse in Kenntnis gesetzt werden müßte; das ist der Zweck dieser Versammlung. Jetzt ist es an den Mächten, darauf aufmerksam zu machen und so zu handeln, daß die schrecklichen Ereignisse, die sich vorbereiten, durch das Aufhalten der bulgarischen Armeen vermieden werden." Der deutsche Botschafter Wangenheim übermittelt diese Erklärung nach Berlin und fügt hinzu: „Der Großvesir ist darauf in den Saal getreten und hat uns die Worte des Außenministers in noch dramatischeren Ausdrücken bestätigt. Er würde den Feind an der Hohen Pforte erwarten und würde auf seinem Platze sterben. Er übernähme weder die Verantwortung für unser Leben noch für das unserer Landsleute oder der Christen. (Anmerkung Wilhelms II.: „Quatsch!") Europa möge sich beeilen und die Bulgaren zurückhalten." Der deutsche Kaiser bemerkt hierzu: „Ich rühre keinen Finger! Die Bulgaren werden und

müssen einrücken! Im übrigen soll der alte Khiamil (der Großvesir) ruhig sterben, er ist ja beinahe 100 Jahre alt!"
Poincaré hat auch keine Lust, die Neutralität zu verletzen. Wilhelms Wünsche sind: „Die Bulgaren werden und müssen einrücken!" Wangenheim, der sehr turkophile deutsche Botschafter in Konstantinopel, meldet am gleichen Tag seine Besorgnisse, die sich mit den Wünschen des Kaisers decken, nämlich, daß die Türken kaum noch länger imstande sein würden, Widerstand gegen die siegreichen Bulgaren zu leisten. „Vor den Augen der hier liegenden fremden Kriegsschiffe soll Ferdinand in die Hagia Sophia einziehen. (Anmerkung Wilhelms II.: ‚Sollen sie auch!') Auf einem der russischen Kriegsschiffe wird sicher schon der Pope verborgen gehalten, der dem Bulgarenzar die Hand langen wird, wenn der Halbmond von der Moschee heruntergeholt wird."

Am 6. schon hatte Wilhelm II. einen höchst bedeutsamen Brief an Bethmann-Hollweg gerichtet, in dem viel von seinen abenteuerlichen Wünschen für Ferdinand und Bulgarien verlautet: „Seine Königliche Hoheit, der Prinz Heinrich, teilt mir eben mit, daß bei den mehrfachen Gesprächen mit dem Zaren (Nikolaus) über den Balkankrieg er auch die Frage über die Ansicht Seiner Majestät gestellt habe, wie es werde, falls die Bulgaren darauf bestünden, in Stambul einzurücken. Seine Majestät antwortete, dann würden sie eben einrücken, es werde sie wohl niemand daran hindern! Als Heinrich ihn fragte, ob ihm das nicht unangenehm sein würde, fragte Seine Majestät: Warum? Worauf Heinrich sagte, er und die übrige Welt nehmen an, Seine Majestät und Rußland wollten Stambul selbst besitzen. Worauf Seine Majestät mit energischer Emphase erklärte, er denke gar nicht daran, nicht einmal geschenkt nehme er Stambul, ihm wäre es ganz egal, ob die Bulgaren einrückten. Das

Kreuz werde ja dann auf der Hagia Sophia aufgerichtet, das sei die Hauptsache. Seine Majestät sei in jeder Beziehung den Bulgaren sehr gewogen gewesen."

Bethmann-Hollweg gegenüber äußerte Heinrich selbst sich dann nicht ganz so optimistisch über die Meinung des russischen Zaren. Andere Berichte aus diesen Tagen zeigen aber hinreichend, daß trotz gewisser beginnender Besorgnisse wegen Bulgarien man doch dem siegreichen Volk große Sympathien entgegenbrachte und schließlich auch den Einzug in Stambul zugelassen hätte. Dann aber wäre die russische Schwarze-Meer-Flotte drohend vor Konstantinopel erschienen. Am Zarenhofe schien man tatsächlich kaum etwas gegen den Einzug Ferdinands in Konstantinopel einzuwenden zu haben; der russische Außenminister hatte jedoch deutlich abweichende Ideen.

Auch in London beschäftigt man sich mit der Frage des Einzugs in Konstantinopel. König Georg von England sagt dem österreichischen Botschafter Mensdorff in einer Unterhaltung am 6. November, er erwarte und befürchte den Einmarsch der Bulgaren in Konstantinopel. Sie hätten aber versprochen, nicht zu bleiben. (!)

„Die Leute haben sich großartig geschlagen", sagt der König, „und es ist nur gerecht, wenn sie die Früchte ihrer Siege genießen. Uebrigens würde die öffentliche Meinung hier in England keinen Versuch, sie daran zu hindern, dulden."

„Für die Ambition und den historischen Sinn König Ferdinands", fährt Mensdorff in seinem Bericht über die Unterredung fort, „— König Georg nennt es Eitelkeit und theatralische Neigung ‚of your friend Ferdinand', über den er es auch jetzt nicht lassen kann, einige abfällige und spöttische Bemerkungen zu machen — wäre die Versuchung unwiderstehlich, in Konstantinopel einzuziehen und in St. Sophia eine Messe lesen zu lassen."

Georg sah die größten Schwierigkeiten voraus, besonders

in den ungerechtfertigten Forderungen der Rumänen, die von Bulgarien Gebietserweiterungen verlangten, „ohne sich selbst gerührt zu haben".

Nachdem die Mächte wenig Lust gezeigt hatten, zu intervenieren und die Lage weiter äußerst besorgniserregend blieb, wandte sich der türkische Großvesir am 14. November an Ferdinand, den er an die ehemaligen guten Beziehungen erinnerte und um einen Waffenstillstand bat. Die Bulgaren standen vor der Chataldja-Linie. Es galt zu überlegen, ob die Türken einen Waffenstillstand nicht vielleicht zur Stärkung ihrer Position benutzen würden. Vorderhand ergeht noch keine Antwort auf das türkische Ansuchen. Inzwischen werden die kriegführenden Heere von einem schrecklichen, gemeinsamen Feind bedroht, von der Cholera.

So ist die Situation. Ferdinand, der den Inhalt der soeben wiedergegebenen Korrespondenzen und Berichte nicht kennt, weiß nicht, welche Haltung er den Mächten gegenüber hinsichtlich des Einzugs in Stambul einnehmen soll. Wird man ihn gewähren lassen? Er steht vor der größten, folgenschwersten Entscheidung seines Lebens. Was hätte er getan, wenn er die Aeußerungen des russischen, die Wünsche des deutschen Kaisers gekannt hätte? Vielleicht hätte sich der Traum vom Kaiserreich Byzanz erfüllt, vielleicht wäre die Weltkriegskatastrophe durch sein Vorgehen gegen Stambul früher zur Entfesselung gekommen. Wie dem auch sei, Ferdinand kannte die Briefe des deutschen Kaisers nicht, er zögerte. Wahrscheinlich hätte er die Durchführbarkeit von Wilhelms II. Ideen, ein Balkanreich, in dem die Bulgaren die Rolle Preußens, Ferdinand die des deutschen Kaisers zu spielen hätte, nach seiner Kenntnis der Umstände für aussichtslos gehalten.

Den Türken entsteht in der Cholera, die die eigenen

Linien erschüttert, dennoch ein mächtiger Bundesgenosse gegen das bulgarische Heer, dessen Leitung zögert.

Am 19. November schreibt der Botschafter Schoen aus Paris: „In hiesigen Regierungskreisen ist man fest überzeugt, daß König Ferdinand von seinem Wunsch, in der Hagia Sophia eine Messe zu hören, wegen der Choleragefahr Abstand nehmen würde. Nichts, so erzählt man sich hier, fürchte der König so sehr wie die Cholera. Es sei ihm einmal prophezeit worden, daß er an derselben sterben würde." Am 23. November berichtet Pourtalès aus Petersburg: Sasonow würde nicht gerne sehen, wenn die Bulgaren ihren ruhmreichen Feldzug gegen die Türken durch den Einzug in Konstantinopel krönten, auf welches sie selbst vor 34 Jahren haben verzichten müssen. „Die hervorragenden Leistungen der bulgarischen Armee haben die Sympathien für Bulgarien hier keineswegs in dem Maße vermehrt, wie man denken sollte."

Indessen ziehen über serbischen Forderungen und russisch-österreichischen Meinungsverschiedenheiten noch einmal die dunklen Wolken eines drohenden Weltkrieges auf. Oesterreich rüstet, während Rußland verhältnismäßig ruhig bleibt. Die französische Presse, zum Teil nicht ohne Einwirkung des Rubels, ist völlig prorussisch und sucht auf russische Rüstung hinzuarbeiten. Im Augenblick kommt es jedoch zu keinem Ausbruch der Leidenschaften.

Am Abend des 3. Dezember wurde schließlich in einem Eisenbahnwagen, nahe der Chataldja-Linie, der Waffenstillstand zwischen den Mächten des Balkanbundes (mit Ausnahme Griechenlands) und der Türkei unterzeichnet. Am 14. Dezember, nachdem noch Zweifel entstanden waren, ob man nicht aus Rücksichtnahme auf eine eventuelle Empfindlichkeit Poincarés lieber Paris zum Kongreßort wählen sollte, trat die Konferenz der Friedensbevollmächtigten in London zusammen.

SECHSTES KAPITEL

Schon als die Bulgaren an der Chataldja-Linie halt gemacht hatten, machten sich die ersten Unstimmigkeiten im Lager der Verbündeten bemerkbar. Die Griechen nahmen das Telegramm des bulgarischen Heerführers übel, in dem dieser aus Saloniki an Ferdinand meldete: „Die Stadt befindet sich von heute ab unter dem Szepter Ew. Majestät." Die Griechen nahmen Ruhm, Eroberung und Besitz von Saloniki für sich in Anspruch. Die Haltung Montenegros beunruhigte die Serben. Die Rumänen meldeten Ansprüche auf bulgarisches Grenzgebiet an, als Belohnung für ihre Neutralität während des Feldzuges. Die große rumänische Zeitung „Universul" warf am 13. November die Frage auf, was Rumänien zu tun habe, „da die bulgarischen Truppen auf dem Punkte stehen, in Konstantinopel einzumarschieren und der König die Stufen des byzantinischen Thrones zu ersteigen". Man stellte fest, Rumänien habe durch sein Nichteingreifen gegen Bulgarien den gleichen Fehler begangen, wie Napoleon III. bei Sadowa. Das klang nicht gerade beruhigend. Die vier Verbündeten schienen nur deswegen nach außen hin noch zusammenzuhalten, um einem etwaigen Eingreifen der Mächte gegenüber geeint zu erscheinen.

In den letzten Novembertagen bereits kann sich Ferdinand keinen Zweifeln mehr darüber hingeben, welchen schweren Zeiten er und das siegreiche Bulgarien entgegengehen. Die Forderungen Rumäniens widersprechen völlig dem bulgarischen Volksempfinden und der Stimmung des Augenblicks, vor allem der Stimmung des siegreichen Heeres. Die deutliche Kühle Rußlands erweckt große Befürchtungen. Die Bundesgenossen von gestern zeigen sich an vielen Punkten ausgesprochen feindlich. Jetzt heißt es, diplomatisch zu handeln und sich den Rücken zu decken. Man sucht in Oesterreich gegen Serbien, das sich mit der Unterstützung Rußlands sicher fühlt und sich als Alleinherrscher in Mazedonien breit macht, einen Rückhalt und sieht sich überall nach Freunden um. In Berlin weiß man von Gerüchten über ein Bündnisangebot Bulgariens an die Türkei. Wilhelm II. sendet aus Donaueschingen ein phantasievolles, sein Temperament verratendes Telegramm an das Auswärtige Amt:

„Die türkische Nachricht über Ferdinands Angebot des Bündnisses hat mich nicht überrascht, so wenig als seine Verräterei den Alliierten gegenüber. (!) Es ist ein genialer, großangelegter Gedanke! Der Schutzherr der zusammengebrochenen Türkei und der Führer der regenerierten, um mit ihr gemeinsam sich der Russen zu erwehren und die Serben niederzuhalten. Oesterreich muß mit Turko-Bulgarien ein Militärbündnis machen und wir mithelfen, die beiden zu stärken und zu regenerieren. Griechenland und sogar Serbien werden durch dieses Mächtegewicht rettungslos an Oesterreich herangetrieben. So wird Oesterreich die Vormacht am Balkan und östlichen Mittelmeer, mit Italien gemeinsam sowie der regenerierten beziehungsweise neu zu bauenden turkobulgarischen Flotte ein mächtiges Gegengewicht gegen England, dessen Weg nach Alexandrien bedroht werden könne. Rußland ist dann im Balkan erledigt und in Odessa bedroht. Dann sind die Dreibundmächte die Präponderanten im Mittelmeer, haben die Hand auf dem Kalifen, damit auf der ganzen mohammedanischen Welt

(Indien)! Serbien dürfte gründlich lackiert sein! Und wir können unsere Türkenpolitik wieder aufnehmen." Wilhelms Vorstellungen entsprechen keineswegs den Tatsachen. Bulgarien kann jetzt noch an keine Freundschaft mit der Türkei denken. Griechenland und Serbien werden sich über Bulgarien niemals Oesterreich nähern. Im Gegenteil, drohend entsteht ein neuer Balkanblock, aus dem Bulgarien ausgeschlossen ist, mehr als es denkt, da es noch immer auf russische Freundschaft aus allslawischen Gründen rechnet. So versäumt es die bulgarische Regierung auch, sich für die kommenden Wirren wenigstens Griechenlands zu versichern, wo sie in Venizelos einen wohlgesinnten Partner finden würde. Die Regierung ist zu schwach und gibt zu sehr der mächtig aufgewühlten Volksstimmung nach, besonders in diesen kleinen Streitigkeiten mit Griechenland, wie sie sich unter allen Bundesgenossen ergeben müssen. So geschieht es, daß sich die Griechen immer mehr an Serbien anschließen, das sich auf feste Versprechungen Rußlands stützen kann. Damit wird Ferdinand auch Wilhelm zum Feinde bekommen. Die nahe Verwandtschaft zwischen griechischem und preußischem Königshaus ist eine große Gefahr für Ferdinand. Die Uneinigkeit im Lager der Balkanbündler muß schließlich auch zur erneuten Stärkung der Türkei führen. Die Verhandlungen in London wollen kein Ergebnis bringen. Ueberall herrscht Mißtrauen und Ungewißheit. Rußland spielt deutlich ein doppeltes Spiel, doch man kennt seine Absichten nicht, kann ohne diese Kenntnis kaum einen festen Standpunkt einnehmen.

Aus einem zwei Jahre später, nach Beendigung der Balkankriege geschriebenen Briefe des russischen Botschafters in Wien an sein Außenministerium erhellen die Beweggründe zu Rußlands veränderter Balkanpolitik. „Bulgarien wäre (durch friedliche

Einigung mit seinen Bundesgenossen), was Ausdehnung seines Territoriums anbelangt, der größte Balkanstaat geworden; Rumänien hätte sich beeilt, sich ihm zu nähern, wahrscheinlich auch die Türkei; und, wenn schließlich auch noch eine Annäherung an Oesterreich stattgefunden hätte, so würde sich auf dem Balkan ein uns feindlicher Block gebildet haben, der aus Oesterreich, Bulgarien, Rumänien und der Türkei bestanden hätte."

Allseits befürchtet man ein Großbulgarentum, das sich den Einflüssen der Großmächte entziehen könnte. Rußland schiebt also Bulgarien in die zweite Linie und wendet sein Hauptinteresse Serbien zu, über dessen feindselige Haltung gegen Oesterreich wegen Bosnien-Herzegowina kein Zweifel bestehen kann, also auch nicht über die damit gleichbedeutende Garantie des russischen Einflusses.

Die Verhandlungen in London gehen weiter, ohne irgendwelche Resultate zu erzielen. Die Bevölkerung und Garnison der belagerten Festung Adrianopel, die während des Waffenstillstandes natürlich nicht mit Lebensmitteln versehen werden konnten, waren dem Hungertod nahe. Trotz dieses bedrohlichen Umstandes, der es sicher erscheinen ließ, daß die wichtige Festung sich nicht mehr lange halten würde, hatten die Türken soviel Schwierigkeiten gemacht, daß seit Anfang Januar der tägliche Abbruch der Verhandlungen zu befürchten war. Die Schwierigkeiten, die sich zwischen den Interessen der einzelnen Balkanbundmächte ergeben hatten, kamen dazu. Rumänien stellte jetzt klare Forderungen an Bulgarien und verlangte vor allem Silistria. Angesichts der schwierigen Lage glaubte Ferdinand, obgleich er genau wußte, daß derlei Operationen auf Kosten seiner Popularität im eigenen Lande gehen würden, sich mit dem Gedanken einer tatsächlichen Abtretung vertraut machen zu müssen. Die Bulgaren würden, das wußte er, dennoch nur den Augenblick abwarten, zu dem die Armee wieder völlig aktionsfähig wäre, um das eventuell abgetretene Gebiet mit der Waffe zurückzufordern.

In alle Unstimmigkeiten dieser Konferenz platzte auf einmal die Nachricht, am 23. Januar 1913 sei in Konstantinopel ein militärischer Staatsstreich erfolgt. Die Lage spitzte sich binnen kurzem derart zu, daß am 3. Februar die Feindseligkeiten von neuem begannen. Die Türken leisten kaum Widerstand, bald stehen nur noch kleine Reste ihrer Armeen auf europäischem Boden. Adrianopel wird am 24. März bombardiert. Die Festung hätte schon längst in den Händen der Bulgaren sein können, wenn nicht Ferdinand der Meinung gewesen wäre, es sei besser, die blutigen Schrecken der Erstürmung sich zu ersparen, da der Hunger die Besatzung doch zu baldiger Uebergabe zwingen müßte. Die Generäle drängten. Schließlich schien durch längeres Warten die Gesamtsituation gefährdet. Am 26. wird die Festung nach verlustreichem Kampf genommen. Nach der Einnahme, als bulgarische Soldaten Brot verteilend durch die Stadt streiften, stellte sich heraus, daß der Widerstand nur noch Tage hätte dauern können. Erneut glaubt man Ferdinand mit dem Gedanken des Einzuges in Konstantinopel beschäftigt. Doch jetzt liegt diese Idee dem bulgarischen Zaren ferne. Er hat die Schwierigkeiten seiner Lage erkannt, weiß schon mit russischen Widerständen zu rechnen. Janina war von den Griechen erobert worden. Skutari wird von den Mächten besetzt.

Die zweite Londoner Konferenz tritt am 31. März zusammen und beschließt einen neuen Waffenstillstand, während die bulgarische Armee in der Chataldja-Linie endgültig zum Stehen gekommen ist.

Die Einkreisung Bulgariens ist erschreckend vorgeschritten. Der deutsche Gesandte in Sofia weiß bereits am 3. März über die geheime Verständigung Serbiens mit

Griechenland und Rumänien gegen Bulgarien zu berichten, ja, sogar von einem Schutz- und Trutzbündnis Serbiens mit der Türkei, das man für die Zeit nach dem Kriege plane. (Anmerkung Wilhelms II.: „Was sagt Rußland dazu? Steckt das dahinter? Ist Ferdinand ihm zu groß und unabhängig geworden?") Zu diesem Zeitpunkt scheint Wilhelm in seiner Stellungnahme gegen Ferdinand noch nicht entschieden, wenig später aber vollzieht sich ein deutlicher Wandel in seinen Gefühlen gegen den bulgarischen König, dessen Genie er vor kurzem noch so enthusiastisch gepriesen, dessen Siegen er soviel Ruhm gezollt hatte, und den er nicht ungern als Kaiser von Byzanz, als Herrscher des Balkans, gesehen hätte.

Der österreichische Botschafter Szögenyi berichtet kurz darauf aus Berlin: „Seine (Wilhelms) bekannte starke Antipathie gegen König Ferdinand ist wieder in den Vordergrund getreten. Durch seine verwandtschaftlichen Beziehungen zum griechischen Königspaar und zu den rumänischen Hohenzollern sei er dabei stark beeinflußt." Beim Botschaftsdiner am 12. sagt Wilhelm, „er habe gute Nachrichten, daß Serbien und Griechenland gegen Bulgarien vorgehen wollen."

Er äußert am 15. März zum österreichischen Botschafter, Oesterreich solle sich die Differenzen zwischen Bulgarien und Serbien zunutze machen. Er hat die Idee, in Serbien sehne man sich nach Anlehnung an Oesterreich. Er träumt von einem neuen Balkanblock gegen Bulgarien und Rußland. Diese Idee führt der deutsche Kaiser auch in einer Unterhaltung am 30. März aus, über die der Oesterreicher Ugron aus Sofia berichtet:

„Streng vertraulich. Major von Massow, mit dem ich seit der Zeit, als er kaiserlich deutscher Militär-Attaché in Bukarest war, eng befreundet bin, ist zu Beginn des Balkankrieges nach Bulgarien entsendet worden und hat sich seit dem Oktober des Vorjahres daselbst aufgehalten.

Vor einigen Wochen fuhr er nach Deutschland zurück, um seine Familie abzuholen, da ihm in Berlin bedeutet wurde, daß er vor dem Herbst seinen provisorischen Posten kaum wird verlassen können. Heute auf der Rückreise nach Sofia hat er mir streng vertraulich einige höchst interessante Mitteilungen gemacht, über die ich Euer Exzellenz in privater Form Bericht erstatten zu müssen glaube. Herr von Massow war kurz vor seiner Abreise mit Herrn von Jagow zum Kaiser im engen Familienkreise zur Abendtafel geladen, bei welcher Gelegenheit Kaiser Wilhelm sehr eingehend und offen über Seinen Standpunkt in den Balkanfragen Sich geäußert hat. Major von Massow war vor Allem überrascht von der ausgesprochenen Griechenfreundlichkeit Seiner Majestät, von der früher nicht viel zu merken war. Bis jetzt soll Er Seinem Schwager gegenüber eher reserviert und kühl gewesen sein, während Er plötzlich für Ihn das allerlebhafteste Interesse zeigt. Er erklärte, von Ihm große Stücke zu erwarten und sagte, daß ‚es endlich mit der französischen Wirtschaft in Athen aus sein wird'. König Konstantin wird seinen Ministern viel näher stehen als Sein Vater und wird mehr Verständnis für die Interessen Seines Volkes haben. Kaiser Wilhelm hat sogar gesprächsweise erwähnt, Er denke daran, Seinem Königlichen Schwager für die Einnahme von Janina den Orden ‚pour le mérite' zu verleihen, worauf Herr von Massow auf die am Balkan kursierenden Gerüchte hinwies, wonach Janina durch Verrat gefallen sein soll. Es wäre demnach notwendig, diese Frage, soweit es eben geht, früher festzustellen. Seine Majestät scheint eine Annäherung zwischen Griechenland und der Türkei lebhaft zu wünschen. Zusammen mit Serbien müßten sie auf dem Balkan der bulgarischen Präponderanz ein Gegengewicht schaffen. Auf Bulgarien war der Kaiser außerordentlich schlecht zu sprechen. Er scheint persönlich gegen König Ferdinand verstimmt zu sein und Ihm gewisse über Sich gemachte Aeußerungen übel aufgenommen zu haben. Aber auch über die bulgarische Politik im Allgemeinen hat er sich sehr scharf und ungünstig ausgesprochen. Für das anmaßende, arrogante Auftreten, für die Unzuverlässigkeit sowie für den krassen Egoismus der Bulgaren hat Er nur scharfe Worte der Mißbilligung gehabt. Er wünscht und hofft sehr, daß eine Annäherung zwischen Bulgarien und Rumänien nicht zustande kommen wird. Vor Allem sei es im Interesse des Dreibundes, die Gegensätze zwischen Bulgarien und Serbien zu erhalten; Oesterreich-Ungarn müsse aber bestimmt seine Einflußsphäre am Balkan gesichert bleiben und das könnte am sichersten eben durch die serbisch-griechisch-türkische Annäherung erfolgen."

Ferdinand ist geschickt genug, um die Intrige zu wittern. Er will versuchen, Konzessionen an Rumänien gegen die Volksstimmung durchzusetzen, um sich wenigstens hier den Rücken zu sichern. Er muß sehen, sich mit Oesterreich freundlich zu stellen. Rußlands Stellungnahme ist undurchsichtig, das doppelte Spiel noch nicht erkennbar. In Berlin hat Ferdinand mit der immer wachsenden persönlichen Abneigung Wilhelms II. zu rechnen, der ihm irgendwelche, ihm zu Ohren gekommene Aeußerungen übelgenommen hat. Ferdinand hat allerdings mindestens ebensoviel Grund, sich über die Taktlosigkeiten des deutschen Kaisers gegen seine Person zu beklagen. Nur durch österreichischen Einfluß kann diese Abneigung ausgeglichen werden. Vorerst versucht Wilhelm, die bulgarisch-österreichische Freundschaft zu hintertreiben. Wenn man jetzt gelegentlich wieder über Ferdinands Absichten auf Konstantinopel spricht, so geschieht dies voller Ablehnung. Man wirft Ferdinand von allen Seiten Falschheit vor, während sich überall um ihn voller Unaufrichtigkeit Diplomatie und Kabinette der großen und kleinen Mächte verbinden, alle Welt lügt und betrügt, um für den schon mächtig drohenden Weltenbrand größtmögliche Sicherheiten zu erreichen. Die verschiedenen Interessen führen zu einer immer größeren Zusammenballung feindlicher Absichten gegen Bulgarien.

Von österreichischer Seite wird alles aufgeboten, um die Abneigung Wilhelms II. gegen Ferdinand zum Schwinden zu bringen. Berchtold regt an, durch irgendeine militärische Ehrung, für die Wilhelm Ferdinand vielleicht dankbar sein würde, in Berlin einen günstigen Eindruck zu erwecken. Außerdem raten die Oesterreicher dem bulgarischen Ministerpräsidenten zur „Entschlossenheit" gegen die Balkannachbarn, um in den Friedensverhandlungen Aussicht zu haben, ihre Forderungen durchzubringen. Der österreichische Gesandte in Sofia überbringt am 17. April die Richtlinien Berchtolds, und es entwickelt sich zwischen ihm und dem bulgarischen Ministerpräsidenten das folgende Gespräch. Geschow fragt den Gesandten, der wieder „Entschlossenheit" empfiehlt: „Aber Sie haben doch nichts dagegen, daß wir versuchen, uns mit unseren Verbündeten zu verständigen, wenn das möglich ist?" Der Oesterreicher antwortet: „Sicher haben wir nichts dagegen, wir glauben nur nicht, daß Sie Erfolg haben werden, und wir sagen Ihnen, was zu tun ist, um zum Ziele zu kommen, denn wir würden nicht wollen, daß die Serben und Griechen Sie ausplündern. Sie verstehen, daß, wenn Sie eine unentschlossene Miene zeigen, wenn Sie parlamentieren und Wohltaten von Ihren Verbündeten oder von Europa erwarten, Sie gar nichts erhalten werden." Der österreichische Gesandte kann dem bulgarischen Minister von vertraulichen Mitteilungen berichten, die an Berchtold über die von Serben und Griechen geplante Verteilung Mazedoniens gelangt sind, wonach Bulgarien vom rechten Ufer des Vardar völlig verdrängt werden solle. Oesterreich erklärt sich jedenfalls bereit, in den Friedensverhandlungen die gerechten Ansprüche Bulgariens zu unterstützen. Natürlich hat man in Wien auf die Berliner Antipathie gegen Ferdinand Rücksicht zu nehmen. Wenige Tage darauf bespricht der Oesterreicher mit Dobrovitch, dem Chef von Ferdinands Geheimkabinett, die Lage. Er meldet darüber:

„Unter Bezugnahme auf meine Telegramme Nr. 359 und Nr. 364 vom 20. und vom 22. d. Mts. beehre ich mich über den Besuch, den mir Herr Dobrovitch heute abgestattet hat, folgendes zu melden: Der Chef des geheimen Cabinets des Königs blieb bei mir über zwei Stunden. Zuerst besprach er ausführlich die Schwierigkeiten Bulgariens mit den Verbündeten, wobei er hauptsächlich scharf gegen die Serben, ‚die Erzfeinde Bulgariens', loszog; die Haltung der Griechen bezeichnete Dobrovitch als viel anständiger. Ich schlug absichtlich den Ton der Zuversicht an, daß sich die Verbündeten allmählich calmiren, beiderseits nachgeben und sich verständigen würden und daß es meiner Ueberzeugung nach zu keinem Krieg zwischen ihnen kommen werde. Herr Dobrovitch wunderte sich über meinen Optimismus. Bulgarien könne — meinte er — in Versöhnlichkeit nicht mehr weitergehen als es dies bereits getan, indem es bereit sei, auf die Kasas Kumanovo, Uesküb, Kitchevo und Dibra zu verzichten, über welche Zone erst im Wege eines Schiedsspruches hätte entschieden werden sollen. Die Serben konzentrierten Truppen in Gebieten, die nie strittig gewesen seien, sondern im Vertrage ausdrücklich Bulgarien zugesprochen worden wären. Wenn nach Friedensschluß die bulgarische Armee diese Gegenden zu besetzen haben und serbische Truppen dort antreffen werde, würde der Krieg von selbst ausbrechen müssen. Ob es zwischen Griechenland und Serbien bereits zu einer positiven Annäherung gekommen, wisse Herr Dobrovitch nicht, Venizelos gebe diesbezüglich dem bulgarischen Gesandten in Athen beruhigende Versicherungen; ob dieselben aufrichtig seien, bliebe dahingestellt. Serbien trachte Griechenland heranzuziehen und eine Einigung zwischen den beiden könnte jeden Moment zustande kommen. Ein Krieg zugleich gegen Serbien und Griechenland wäre jetzt eine schwere Aufgabe für Bulgarien und es wäre dringend zu wünschen, daß man sich mit Griechenland so gut es ginge und zwar baldigst verständige, da Serbien dann nachgeben müßte, und wenn nicht, würde es allein von Bulgarien mit Leichtigkeit geschlagen werden. Ob aber eine Verständigung mit Griechenland möglich sein werde, erschiene Herrn Dobrovitch sehr fraglich: Herr Geschow hätte ihm noch gestern gesagt, daß Bulgarien auf Saloniki nicht verzichten könnte. Bezüglich der künftigen westlichen Grenze Bulgariens sprach sich Mitredner mit großer Entschiedenheit dahin aus, daß Bulgarien Albanien, mit dem es in Freundschaft leben würde, zum Nachbar haben müsse; vom rechten Vardar-Ufer werde sich Bulgarien unter keiner Bedingung abdrängen lassen. Der eigentliche Zweck des Besuches Herrn Dobrovitch' war der, sich bei mir über die schwebenden politischen Fragen und insbesondere über meinen Verkehr mit dem Conseilspräsidenten in letzter Zeit zu informieren, um König Ferdinand darüber zu berichten. Nachdem sich mein Mitredner in dem vorskizzierten Sinn über die Differenzen Bulgariens mit Serbien und Griechenland ausgesprochen hatte, habe ich ihm dann einige von den letzten Telegrammen Euer Exzellenz und den meinigen abschnittsweise vorgelesen und ihn speziell über unseren Standpunkt in der Petersburger Reunion unterrichtet. Der Passus des Hohen Telegrammes Nr. 193 vom 17. d. Mts., laut dessen wir keiner Regelung der Balkanfrage zustimmen würden, bei der die Interessen Bulgariens nach unserer Ansicht nicht genügend berücksichtigt würden, schien Herrn Dobrovitch ganz besonders zu befriedigen. Er ersuchte mich, ihm diesen Satz ein zweites Mal vorzulesen, und sagte dann, ‚mehr könnte man überhaupt nicht verlangen'. Um die günstige Impression durch den Contrast zwischen unserer und Rußlands Haltung zu vertiefen, habe ich auf die von Frankreich proponirte und von Rußland unterstützte Flottendemonstration angespielt und meinem Besucher die Instructionen vorgelesen, die Graf Mensdorff diesbezüglich erhalten hatte. Es sei kein Zweifel zulässig, sagte Dobrovitch, daß es Rußland gewesen sei, welches diesen Druck auf Bulgarien ausüben wollte, und daß es, um sich selbst nicht zu exponieren, Frankreich vorgeschoben habe. Wegen jedes Kilometers, um den Bulgarien seine Grenzen näher an das Marmara-Meer rücken möchte, sei man in Petersburg in alle Zustände versetzt. Wir wissen auch — fügte mein Mitredner hinzu, nachdem ich Gespräch auf dieses Thema absichtlich lenkte —, mit welch' gemischten Empfindungen in Rußland die Nachricht von der Einnahme Adrianopels empfangen worden sei; es sei eine Ironie gewesen, als der dumme Pöbel hier vor der russischen Gesandtschaft aus diesem Anlasse demonstriert hat und von dem Gesandten durch eine Ansprache begrüßt wurde. Was die Attitude Deutschlands anbelangt, so hätte der König schon seit einiger Zeit auf Grund der Meldungen aus Berlin einen Umschwung in der Stimmung Kaiser Wilhelms konstatiert, Höchstwelchletzterer sich anfangs für bulgarische Siege enthusiasmiert hätte, dann aber allmählich viel kühler geworden wäre. Seine Majestät der König vermute dahinter die Berichterstattung des sehr turkophilen hiesigen deutschen Gesandten und zum Teile auch Rücksichten auf die neue Königin von Griechenland. König Ferdinand sei für den Rat, daß er durch eine direkte Courtoisie den Kaiser besser zu disponieren trachte, sehr dankbar und möchte denselben befolgen, nur wisse er nicht recht, was getan werden könnte; eroberte Trophäen seien zum großen Teile deutschen Ursprungs und ein Regiment dem Kaiser im gegenwärtigen Moment zu ver-

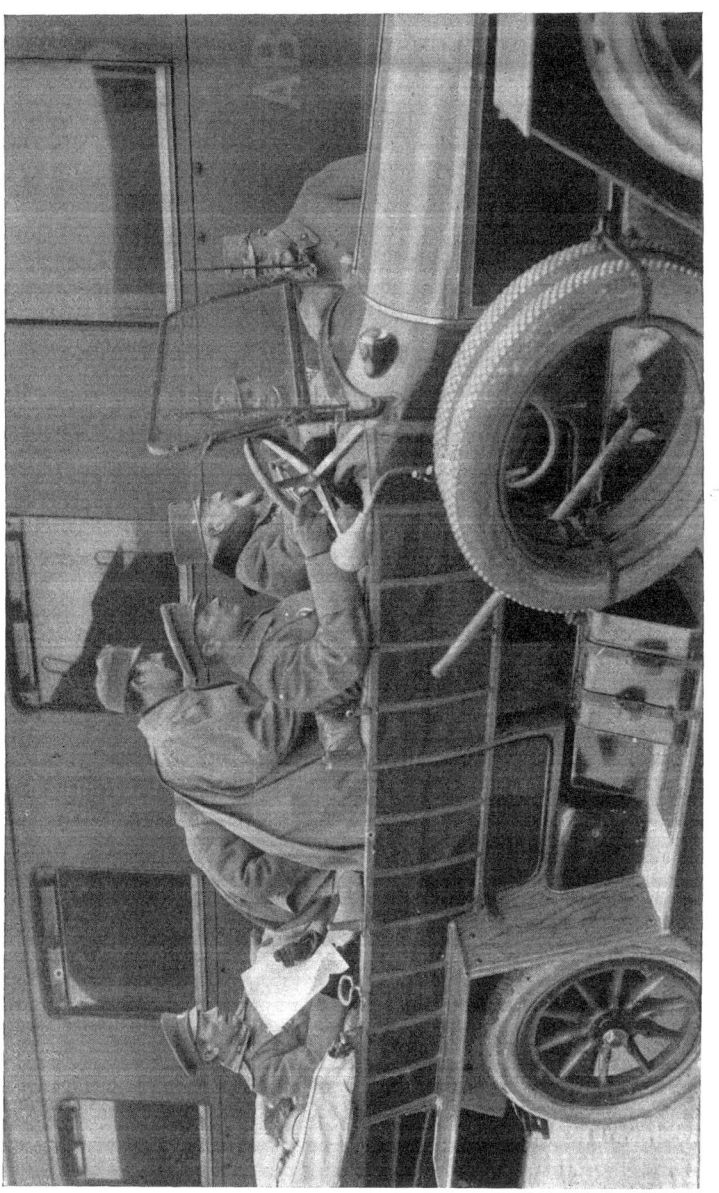

Im Balkankrieg. Boris und Ferdinand.

leihen, wäre nicht möglich. Da Kaiser Wilhelm für alles, was die deutsche Industrie betreffe, äußerst empfindlich sei, habe König Ferdinand auch an eine sofortige größere Bestellung für Armee-Zwecke in Deutschland gedacht. Dobrovitch wollte meine Ansicht hören und ich sagte, daß mir eine Courtoisie direct an die Person des Kaisers das Entsprechende zu sein schiene, daß aber niemand besser als der König beurteilen könnte, was das Richtigste und Zweckmäßigste sein würde."

Auch Mensdorff kann Ende Mai aus London berichten, König Georg von England habe ihm wieder von seiner Abneigung gegen Ferdinand gesprochen und gesagt, er „glaube, es bestünden auch zwischen Serbien und Rumänien gewisse Verabredungen, da keines dieser Länder wünschen könne, Bulgarien ganz freie Hand auf dem Balkan zu lassen".

Schon seit dem 2. Mai war der Friedensvertrag im Entwurf fertiggestellt. Bulgarien und die Türkei waren bereit, zu unterzeichnen; die übrigen Balkanmächte zögerten ihre Erklärungen immer weiter hinaus, so daß man allgemein befürchtete, es werde zu gar keinem Friedensabschluß, wohl aber zu neuem Kriege kommen. Griechen und Serben waren in diesen Tagen tatsächlich mit formellen Bündnisanträgen gegen Bulgarien bei dem rumänischen Minister Majorescu erschienen. Die Verschleppungstaktik dieser Mächte in London konnte nur auf neue Kriegsvorbereitungen hindeuten. Das bulgarische Volk und Heer ist in mächtiger Erregung. Schon kommt es zu kleinen Zusammenstößen mit den Griechen, die Wilhelm II. und Zar Nikolaus zu Protesttelegrammen an Ferdinand bewegen. Sasonow schrieb an die russischen Gesandten in Serbien und Griechenland: „Die serbischen und griechischen Regierungen scheinen ein ausweichendes und gefährliches Spiel zu spielen, indem sie uns ihrer friedlichen Absichten versichern, dabei aber alle klaren und festumrissenen Antworten vermeiden und sich aktiv für einen gemeinsamen Kampf gegen Bulgarien vorbereiten". Die Schuld an den Zusammenstößen schien also bei allen Beteiligten zu liegen.

Endlich, am 27. Mai 1913, vereinigte Grey die Mitglieder der Konferenz zu einer Erklärung, die diesen wohl nicht überraschend kam, da er sie tags zuvor schon angekündigt hatte, die aber in der Oeffentlichkeit und in den Balkanstaaten nicht erwartet worden war. Grey sagte, daß es keinen Zweck habe, weiter den Friedensschluß hinauszuzögern und fruchtlose Verhandlungen zu betreiben. Diejenigen der Mächte, die unterzeichnen wollten, sollten dies tun, die anderen sollten ihre Vertreter ruhig zurückberufen und abreisen lassen. Diese Maßnahme, die sicher von der Kenntnis der Interessenverschiebungen, Geheimverträge und Kriegsvorbereitungen auf dem Balkan diktiert wurde, die aber auch auf das Drängen Oesterreichs zurückzuführen war, erweckte bei den Serben und Griechen mehr den Eindruck einer Intervention als den einer Vermittlung. Die Bulgaren waren sofort bereit, zu unterzeichnen. Es konnte Grey tatsächlich nicht zugemutet werden, einer Konferenz zu präsidieren, deren Bestrebungen unmöglich unter einen Hut zu bringen waren. Die Serben und Griechen überlegten noch. Am 30. Mai fand die Unterzeichnung des Londoner Friedens statt, an der sich im letzten Augenblick auch die Belgrader und Athener Regierungen beteiligten.

Drittes Buch
SCHICKSALSSCHLÄGE

SIEBENTES KAPITEL

Die Londoner Konferenz weist in ihren Beschlüssen vom 9. Mai und in dem dort am 30. unterzeichneten Frieden Bulgarien zwar eine Gebietserweiterung um fast das doppelte zu, die auch den Erwartungen der Bulgaren entspricht, da man mit dem Löwenanteil der in erster Linie durch Bulgaren erkämpften Gebiete rechnete; doch dieser Frieden kann unmöglich von Dauer sein. Die Balkanprobleme waren durch eine Entscheidung auf dem Papier nicht zu lösen. Die Nachbarn Bulgariens neideten ihm viel zu deutlich seine Beute. Bulgarien rüstete von neuem, in der sicheren Erwartung von Feindseligkeiten. Das Kabinett Geschow, das nach dem Friedensschluß demissionierte, wurde verabschiedet und durch die Regierung Danew ersetzt.

Der Augenblick, der auf Grund der Verträge das Lebenswerk Ferdinands in großartiger Weise krönen sollte, war schon von den kommenden Ereignissen soweit überschattet, daß die Diplomaten der meisten Länder an die Mitteilung vom Friedensschluß kaum Kommentare knüpften. So sicher schien es, daß neue Konflikte und Kämpfe binnen kurzem den papiernen Vertrag durchreißen, die Landkarte erneut verändern würden. Am 22. Juni fand in Sofia Kronrat statt, wobei der General Sawow eine heftige Sprache gegen Serbien führte und erklärte, die Armee werde nur noch kurze Zeit warten wollen. Tatsächlich drängte das Militär entweder zur sofortigen Demobilisation oder zur Wiedereröffnung der

Feindseligkeiten. Die Truppen waren abgekämpft. Deutlich war, daß die Regierung die Armee nicht mehr in der Hand hatte.

Am 29. Juni 1913 überschritten bulgarische Truppen, ohne Wissen der Regierung, autorisiert nur durch einen Befehl des Hauptquartiers, die griechischen und serbischen Grenzen. General Sawow gab den Befehl zum Angriff gegen die Griechen bei Saloniki. Später berief er sich darauf, er habe nur deswegen diesen Befehl gegeben, weil Zar Ferdinand geäußert habe, sicher zu sein, der Kriegsausbruch zwischen Bulgarien und Serbien werde die Oesterreicher zur sofortigen Entsendung eines Hilfskorps veranlassen. Es hatte schon vorher allerlei Grenzzwischenfälle gegeben. Man machte Ferdinand den Vorwurf, diesen in der Folge für Bulgarien so unheilvollen zweiten Balkankrieg entfesselt zu haben. Vielleicht hat er wirklich den letzten Anstoß zur Eröffnung regulärer Feindseligkeiten gegeben; sicher ist jedoch, daß Serbien bereits gerüstet stand und seinerseits den Angriff vorbereitete. Der Zusammenstoß war unvermeidlich. Zu verhindern wäre dieser Krieg kaum gewesen, da alle Mächte ringsherum fest entschlossen waren, ein Groß-Bulgarien nicht zu dulden. Besonders Poincaré klagt Ferdinand der Alleinschuld an diesem Kriege an. Er setzt allerdings ein Einverständnis mit Oesterreich zur Kriegserklärung voraus und sieht hier bereits einen Baustein für die Anklage der Weltkriegsschuld. Im Gegensatz zu diesen Beschuldigungen steht fest, daß die Sofioter Regierung versuchte, die eigenmächtige Aktion der Armee zu bremsen. Als Ferdinand mit allen Mitteln versuchen wollte, die Heere zum Stillstand zu bringen, sagte Ghenadiew, der Chef der Stambulowisten: „Wenn der König den Kampf nicht fortsetzt, wird es ihn den Kopf kosten!"

Es war jedoch zu spät. Einen Tag nach Beginn

der Feindseligkeiten waren auch in den Nachbarstaaten keine Möglichkeiten vorhanden, den Krieg zu verhindern. Beide Teile glaubten, wie üblich, der andere habe den Verrat begangen. Serbien, gestützt auf die Versprechungen Rußlands, die Ferdinand leider nicht kannte, begrüßte den Krieg. Die bulgarische Regierung hatte am 30. Juni den Truppen strengste Anweisung gegeben, sofort die Feindseligkeiten einzustellen. Sie hatte Rußland um Intervention gebeten, um den Krieg zu verhindern und in Belgrad und Athen zum augenblicklichen Waffenstillstand zu raten. Doch die Serben hatten abgelehnt. Die serbische Kriegserklärung und das Manifest des Königs an die Soldaten hatten sowieso schon vollkommen vorbereitet gelegen, ein Zeichen, daß Bulgarien an der Nutznießung der aus den Londoner Vereinbarungen resultierenden Rechte in jedem Falle gehindert worden wäre. Der Krieg war nicht mehr zu verhindern. Geschow, der später die Dokumente über den Ausbruch des Kampfes veröffentlichte, weist klar nach, daß die Schuld alle Beteiligten gleicherweise trifft. Der „Temps" schrieb am 4. Juli, es sei klar, daß, wenn die Bulgaren, wie es schien, als erste angegriffen hätten, die Serben ihrerseits sofort gezeigt hätten, daß sie nur die Gelegenheit ersehnten, um die Vorpostenplänkeleien zu einem richtigen Krieg werden zu lassen, und daß die Griechen, die sich mit Recht über die von den Bulgaren in Cavalla gegen ihre Flotte abgefeuerten Kanonenschüsse beklagten, durch die ruhmlose Vernichtung von zwölfhundert Bulgaren in Saloniki ihr Ansehen in gleicher Weise geschädigt hätten. In jedem Fall hatten die Balkanvölker rings um Bulgarien ihren festen Willen bekundet, den kurz zuvor von ihnen unterzeichneten Londoner Vertrag zu stürzen; Ferdinand, nicht von jeder Schuld freizusprechen, mußte an die verbrieften Rechte und Bulgariens Verteidigung denken. Die Meinung der

Welt verurteilte die Bundesgenossen von einst, deren Taten noch vor kurzem ein allseitiges ruhmreiches Echo gefunden hatten, und stellte die gemeinsame Schuld an diesem Bruderkriege fest.

Im ersten Anlauf hatten die bulgarischen Armeen neue Erfolge zu verzeichnen. Ihre Aktionen wurden dennoch durch die Order zur Einstellung des Kampfes, die aus Sofia erging und nicht befolgt wurde, gehemmt. Der bulgarische Generalstab hatte die Hoffnung gehabt, sich nur gegen Serbien wenden zu müssen und hatte die eigenen Truppen den serbischen für überlegen gehalten. Die Griechen, die in den Kampf eingriffen, waren aber offensichtlich unterschätzt worden. Dazu kommt für Ferdinand eine große Ueberraschung. Am 3. Juli machen auch die Rumänen mobil und greifen in den Kampf ein. Die Türken brechen ebenfalls den Londoner Vertrag und finden in dem nunmehr völlig eingekreisten Bulgarien einen durchaus geschwächten Gegner. Das bulgarische Heer ist abgekämpft und verzweifelt und hält den von allen Seiten anstürmenden Gegnern nicht stand. Der Feind im Rücken und die Uebermacht der frischen rumänischen Truppen besiegeln das Schicksal.

Die Serben rückten immer weiter vor, Griechen und Rumänen bedrängten die Grenzen, die Türkei nahm Adrianopel wieder. Ferdinand telegraphierte verzweifelt um Unterstützung; es fand sich für ihn kein Bundesgenosse. Oesterreich konnte nicht eingreifen, denn Deutschlands Sympathien waren mit Griechenland und Rumänien, Karol von Rumänien war der Freund Franz Josephs, es wäre bei jeder Parteinahme schon jetzt zum Weltkrieg gekommen. Bereits Ende Juli war der Krieg für Bulgarien verloren. Radoslawow übernahm als Nachfolger Danews die Regierung. Bulgarien muß sich auf schwere Bedingungen für diesen demütigenden Frieden gefaßt machen.

König Ferdinand ruft die europäischen Monarchen, den französischen Präsidenten um ihre Vermittlung an, weist auf den Türkeneinbruch hin, doch er findet überall kühle Ablehnung. Nur Oesterreichs Kaiser rät ihm, sich mit Karol von Rumänien zu einigen; dann werde Franz Joseph für ihn zu wirken suchen.

Rußland, auf das die bulgarische Regierung so große Hoffnungen gesetzt hat, versagt jede Unterstützung und weist in Sofia nur auf die Verständigung mit den Gegnern hin. Oesterreich ließ am 18. Juli in Belgrad und Athen erklären, „daß eine völlige Erdrosselung" Bulgariens seinen Wünschen nicht entsprechen könne. Gewißlich war die Idee des Eingreifens zugunsten Bulgariens am Wiener Ballhausplatz erwogen worden. Die Beziehungen zu Rumänien aber, das sich in diesem Kampf mit engagiert hatte, machten dieses Eingreifen unmöglich, das Rücksichtnahme auf Deutschland und Rußland sowieso erschwert hätte. Ein Groß-Serbien schien aber direkt die Lebensinteressen der Donaumonarchie zu bedrohen, so daß schon in diesem Augenblick klar war, daß Bulgarien in Oesterreich die einzige tatkräftige Unterstützung zu erwarten hatte. Der österreichische Botschafter Thurn berichtet aus Petersburg über eine Unterredung mit Sasonow. Dieser erwähnte auch „die Gefahr, die eventuell der bulgarischen Dynastie drohen könnte, wenn Bulgarien allzusehr gedemütigt werden und die öffentliche Meinung in Bulgarien den König für die erlittenen Niederlagen und Verluste verantwortlich machen würde. Dies wäre allerdings nach der Ansicht des Herrn Sasonow sehr ungerecht, da der König der einzige gewesen sei, der die Gefahren der von seiner Regierung verfolgten Politik von Anfang an erkannt habe, und der stets für eine friedliche Verständigung mit seinen früheren Alliierten gewesen sei. Der einzige Vorwurf, der ihn in dieser Beziehung treffe, sei der, daß er nicht die Kraft und die

Energie gehabt habe, sich der chauvinistischen Stimmung seiner Regierung und der Oeffentlichkeit zu widersetzen". Ferdinand ist keineswegs gebrochen. Im Gespräch mit dem österreichischen Gesandten in Sofia entwirft er eine Schilderung der letzten Ereignisse; er erklärt, er sei von Türken und Rumänen verraten worden; wären sie ihm nicht in den Rücken gefallen, so hätte es nie zu dieser Niederlage kommen können. Die Türken rücken nach der Einnahme Adrianopels, das kaum verteidigt werden konnte, unaufhaltsam vor. Die Griechen, von denen Ferdinand erklärt, sie seien auf Befehl Danews, gegen seinen ausdrücklichen Befehl angegriffen worden, drängen immer bedrohlicher den Grenzen zu.

Ferdinand versucht alles, um die einzige Chance der Anlehnung an Oesterreich auszunutzen, weist immer wieder auf den durch die neuen Erfolge genährten Traum von einem Groß-Serbien hin und macht darauf aufmerksam, daß man in Wien die von Rumänien Oesterreich dargebrachte Freundschaft überschätzt. Er prophezeit den Weltkrieg fast mit dem genauen Datum des Ausbruchs. Er deutet — und die Ereignisse werden ihm recht geben — auf die Austrophobie des rumänischen Thronfolgers hin, der den Kurs des alten Karol bald umstürzen werde. Aber von Wien aus wird Ferdinand immer wieder auf die Verständigung mit Karol gelenkt, die die Vorbedingung sei, um das größte Unglück zu vermeiden. Ferdinand macht Karol auch Versprechungen. Doch in Bukarest ist man von allen seinen Zusagen nicht befriedigt. Diese Katastrophe — das ist bereits jetzt deutlich — wird Bulgarien große Opfer kosten. Ferdinand schreibt an Karol einen verzweifelten Brief in deutscher Sprache; Karol erwidert deutsch in durchaus freundlicher Weise. Die bulgarische und die rumänische Königin verständigen sich untereinander. Aber der Kriegszug der Rumänen ist nicht sobald zum Halten zu bringen.

Die Lage wird immer verzweifelter. Ferdinand sagt zu dem österreichischen Gesandten, „die durch Cholera, Hunger und blutige Schlachten dezimierte bulgarische Armee könne sich auch gegen die Serben nicht mehr halten. Ganze Divisionen seien verschwunden, es sei ein Beresina, wo Hitze und Cholera das Werk der Kälte verrichten. Truppen bekämen seit Wochen nur ein Viertel Ration Brot, sonst nichts. Wenn — was von dieser Armee zurückbleibt — nach Sofia zurückströmen werde, werde letzte Stunde Königs und Thronfolgers schlagen. Die Tage Seiner Majestät wären gezählt und König hoffe, von uns erwarten zu können, daß wir, wenn König und Thronfolger ermordet, Königin und Kinder unter unsere Protektion nehmen und nicht Gnade Rußlands überlassen würden". Radoslawow übernahm die Regierung, die österreichisch gesinnt war, während die Rumänen bis auf einen Tagesmarsch an Sofia heranrückten. Ferdinand bereitet sich bereits auf die Flucht in ein entlegenes Kloster vor. Die Türken rückten brennend und plündernd immer weiter in das wehrlose Bulgarien ein.

Am 30. Juli, nachdem ein kurzfristiger Waffenstillstand zustande gekommen war, in dessen Laufzeit die gesamten neuen Friedensverhandlungen bewältigt werden sollten, traten in Bukarest die Vertreter der kriegführenden Mächte zusammen. Oesterreich versuchte, zugunsten Bulgariens auf diese Verhandlungen einzuwirken; es wurde bei solchen Bemühungen jedoch kaum von Deutschland unterstützt, es entstehen kleine Meinungsverschiedenheiten und Verstimmungen wegen der österreichischen Absicht, den in Bukarest entstehenden Vertrag nach Abschluß zu überprüfen. Wilhelm II., dessen Abneigung gegen Ferdinand die deutsche Außenpolitik in Hinsicht auf Bulgarien wesentlich beeinflußt, ist viel zu sehr eingespielt auf die Rolle des Protektors Griechenlands, um über die Lebensinteressen Bulgariens nachzudenken.

Am 10. August findet die Besiegelung der bulgarischen Niederlage mit der Unterzeichnung des Friedensprotokolls von Bukarest statt. Der Vertrag regelt die Grenzen neu.

Er zerstört alle Hoffnungen, nimmt alle wichtigen Eroberungen. Bulgarien hat in riesige Gebietsabtretungen zu willigen. Rumänien erhält die südliche Dobrudscha, die seit 1878 zu Bulgarien gehört hat. Mazedonien wird zwischen Serbien und Griechenland geteilt. Dieser harte Frieden trug schon wieder den Keim künftiger Kriege in sich. Das bulgarische Volk ist, nach so vielen Opfern, im Augenblick froh, wenigstens Frieden zu haben. Ferdinand, der am 11. August einem Gottesdienst in der Kathedrale von Sofia beigewohnt hat und zu Fuß zurückkehrt, wird vom Volk mit Achtung begrüßt.

Es gibt auch jetzt noch einige Freunde des gedemütigten Bulgarien in der Welt. Der Markgraf Pallavicini, österreichischer Botschafter in der Türkei, äußerte zu dem amerikanischen Botschafter, der Vertrag von Bukarest sei eine „flagrante Ungerechtigkeit" gegen die Bulgaren. Wie er denken auch andere.

Nach anfangs häufig bedrohlichen Differenzen mit den Türken wegen der neuen Grenzregulierung war es schließlich sogar zu Bündnisverhandlungen mit diesen gekommen. Das geschlagene Bulgarien muß sich um Anlehnung bemühen. Im allgemeinen hat man jedoch die Ueberzeugung, Bulgarien werde sich bald von der erlittenen Niederlage erholen. Die innere Entwicklung des Landes, die berühmte Arbeitsamkeit des starken Bauernvolkes hatten an diesem Punkt des Balkan einen Staat geschaffen, zu dem trotz allen Unglücks das Vertrauen nicht fehlte. Ein Rückfall in die dunklen Zeiten vor Ferdinands Thronantritt war kaum zu befürchten.

Der Friede von Bukarest drängt das Land mit allen Kräften zu Oesterreich hin. Rußland hat die Bulgaren enttäuscht. Man hat verständliche, offen zutage tretende Ressentiments gegen das „Befreiervolk", das ohne Zweifel die rumänische Mobilisation gegen Bulgarien angeregt hat. So haben die Russen, die diese Folgen vielleicht nicht voraussahen, zur bulgarischen Niederlage des zweiten Balkankrieges wesentlich beigetragen. Sicher wird man im geeigneten Augenblick auch wieder an das rassenverwandte Zarenreich denken; russischer Einfluß wird im Lande immer eine gewisse Rolle spielen, doch im Augenblick schäumt der Unwille des Volkes gegen Rußland über. Serbien betreibt seine Ansprüche auf Bosnien und Herzegowina im Rausch des Sieges mit erneuter Kraft und schürt bei Slowenen und Kroaten gegen die Donaumonarchie. Der alte Karol von Rumänien hat zwar gesagt, zu seinen Lebzeiten würde es nie eine Zwistigkeit mit dem Hause Habsburg geben. Aber er ist alt. Er kann eines Tages sterben, und das rumänische Volk wird nicht zögern, seine Ansprüche auf Siebenbürgen geltend zu machen. Oesterreich ist der gegebene Bundesgenosse für Bulgarien, Bulgarien für Oesterreich. Seitdem nun die ehemals türkischen, von Bulgaren bewohnten Gebiete fast alle in den Händen der Balkannachbarn sind, kommt auch die Türkei für ein Bündnis in Frage.

Doch vor allen politischen Erwägungen muß das Land jetzt sehen, seine Wunden zu heilen. Man versucht, eine große Anleihe aufzunehmen, und es gilt, die Weltfinanz von der Kreditwürdigkeit des erschöpften Landes zu überzeugen.

Am 6. Oktober spricht der österreichische Gesandte Tarnowski zum erstenmal wieder ausführlich mit Ferdinand, den die letzten Monate vom Gipfel des Ruhms gestürzt haben. Er berichtet:

„Geheim. Meine Audienz bei König Ferdinand verlief ungefähr wie folgt: König gedachte zuerst in warmen Worten Seiner k. u. k. Apostolischen Majestät und des Telegrammes, das er von unserem Allergnädigsten Herrn in der Stunde höchster Not erhalten. Dann sprach der König von seiner bevorstehenden Reise und ersuchte mich, seinen Dank für Hofsalonwaggons erneuert an Allerhöchster Adresse zu vermitteln. Nach ausgestandenen unsagbaren Qualen sei Seine Majestät physisch und moralisch erschöpft, brauche Ruhe und bitte, daß wir ihm Asyl gewähren. Hoffentlich werde sein Aufenthalt in Grenzen der Monarchie nicht lästig. Er verspreche, nicht störend zu sein und bloß in Abgeschlossenheit in seinen Wäldern Erholung zu suchen und trachten, die vielen Feinde, die sich gegen ihn verschworen und gegen die er von Haß erfüllt, vorübergehend zu vergessen. Nun passierte der König en revue seine Feinde, zuerst seine Nachbarn, dann einzelne Großmächte und Monarchen und am vehementesten war die Sortie Seiner Majestät gegen Kaiser Wilhelm, dessen Politik ‚niederträchtig'; Deutschland hätte Bulgarien mehr geschadet als selbst Rußland. Es folgten anzügliche Bemerkungen über unsere Friedfertigkeit und über unsere Schwäche Serbien gegenüber, dessen Ausrottungspolitik wir die Albanesen, die natürliche Stütze der Monarchie und Bulgariens, nicht ausliefern sollten. Dem Prinzen Wied als vermutlichen Fürsten Albaniens und dessen rumänischer Verwandtschaft wurde ein Seitenhieb versetzt, wonach Seine Majestät einige Sarkasmen dem Wiener Besuch Herrn Pasic' widmete, zugleich aber bemerkte, er finde es begreiflich, daß wir mit Serbien modus vivendi suchten. Nach diesen Boutaden kamen lange retrospektive Betrachtungen über Schicksalsschläge, die König getroffen. Allmählich kam der König auf aktuelle Lage zu sprechen und gedachte mit Dankbarkeit unserer für bulgarische Regierung leider — da wir ganz vereinsamt gewesen — wenig erfolgreichen Unterstützung, zuletzt in türkischer Frage. Seine Majestät anerkannte, daß wir was möglich getan hätten, bedauerte aber, daß wir Bulgarien keinen eklatanten Dienst hätten erweisen können, der von Oeffentlichkeit gewürdigt wäre. König Ferdinand versuchte dann, mich sprechen zu machen und stellte Fragen, ob ich ihm keine Mitteilung zu machen hätte, ob und was wir von Seiner Majestät verlangen, wie wir Situation auffassen, was unsere Absichten wären und so weiter. Ich beschränkte mich darauf, daß ich auf unsere unwandelbare Bulgarophilie, auf unsere Unterstützung in allem und jedem und auf Parallelismus der Interessen hinwies. Seine Majestät bemerkte, daß es ihn freue, dies zu hören und sprach ganz allgemein und vag von schwierigen Aufgaben, die Bulgariens harren, von großer Vorsicht, die geboten und von Notwendigkeit Entwerfung eines gemeinsamen politischen Planes. Ich erwähnte, daß Seine Majestät während des Aufenthaltes in Ungarn vielleicht Wien besuchen würde, was der König als nicht ganz sicher, aber doch als möglich bezeichnete, und meinte, daß es ihm dort leicht sein werde, in der gewohnten unauffälligen Weise mit maßgebenden Persönlichkeiten und auch mit Baron Conrad Fühlung zu nehmen. Seine Majestät der König sprach auch von Rumänien und betonte wiederholt, er hoffe, daß wir dortiger Politik nicht mehr trauen. Ueber Frieden mit Türkei drückte sich König Ferdinand mit Befriedigung aus, vom Accord sprach er aber nur flüchtig, wie von etwas noch nicht Perfektem und fragte, was ich von Möglichkeit türkischen Angriffes gegen Griechenland meinte und was Frankreich und England dazu sagen würden. Die Rancune gegen Serbien und Griechenland und die Revanchelust kam in Aeußerungen

Seiner Majestät deutlich zum Ausdruck. Gegen Ende der Audienz besprach König mit mir die inneren Verhältnisse und tauschten wir Gedanken über Regierung, einzelne Minister, die innere Politik aus, wobei Seine Majestät Sorge ausdrückte, daß Kabinett — welches unersetzlich — Fehler, die dessen Stellung schaden könnten, begehe. Ich hatte Gelegenheit, mich zu meinen Beziehungen zu der gegenwärtigen Regierung und deren Loyalität zu beglückwünschen und spielte auf frühere Schaukelpolitik an. Seine Majestät erwiderte, daß er vor dem Krieg mit Rußland zu rechnen gehabt hätte, que nous avons eu aussi des embrassades avec les Russes, daß aber nunmehr für Bulgarien nur ein Weg offen wäre. Einige Aeußerungen König Ferdinands werde ich Euer Exzellenz mündlich zu melden die Ehre haben. T a r n o w s k i."

Ferdinand hat den dringenden Wunsch, einige Zeit auf seinen österreichischen Besitzungen zuzubringen. Auf seiner Reise berührt er auch Wien, wo er Franz Joseph und Berchtold spricht. Berchtold macht die folgenden Aufzeichnungen:

„Geheim. Seine Majestät der König von Bulgarien geruhte, mich am 6. November vormittags im Palais Coburg zu empfangen und am Nachmittage desselben im Ministerium des Aeußern zu besuchen, bei welchen Gelegenheiten der Höchste Herr die durch die Balkanereignisse geschaffene Situation in eingehender Weise besprach, die sich für Bulgarien daraus ergebenden politischen Consequenzen hervorhob und die Rückwirkung erörterte, welche sich daraus für die Beziehungen des Königreiches zur Monarchie ergeben.

Nach Ansicht des Höchsten Herrn können Oesterreich-Ungarn und Bulgarien mit dem Endergebnisse der Umgestaltung gleichmäßig unzufrieden sein. Bulgarien habe den Krieg (Er meinte offenbar den zweiten Balkankrieg) nicht nur für Bulgarien, sondern auch für die Monarchie

Das Rilo-Kloster

geführt. Wenn es nach seinen Intentionen gegangen wäre, hätten wir den Weg nach Saloniki freibekommen sollen. Statt dessen sei ein Großserbien geschaffen worden, das uns die Handelsstraße versperre und von Haß gegen uns erfüllt sei ebenso wie gegen Bulgarien. Die ganze serbische Armee denke nur an den Zukunftskrieg gegen Oesterreich-Ungarn und keinen Serben gebe es, der nicht die Gewinnung Bosniens und der Herzegowina als das nächste Ziel der serbischen Politik betrachte. Albanien sei in unerhörter Weise beschnitten worden und die schaudererregenden Grausamkeiten der Serben gegen die Albanesen im occupierten Gebiete spotten jeder Beschreibung. Nach authentischen Informationen seien dem Gemetzel des vorigen Spätherbstes über 20 000 Albanesen zum Opfer gefallen und in den letzten Kämpfen circa 27 000 hingeschlachtet worden. Serbien gehe auf die Ausrottung dieses edlen, tapferen und glaubensstarken Stammes aus. Wie anders wäre es gekommen, wenn es nach den Intentionen des Königs Ferdinand gegangen wäre!

Ich bemerkte, daß mir diese Intentionen unbekannt gewesen seien und ich nicht begreifen könne, warum dann Seine Majestät eine Allianz mit Serbien geschlossen hätte. Bei uns mußte der Balkanbund anders ausgelegt werden und konnte man sich des Eindruckes nicht erwehren, daß derselbe auch eine Spitze gegen die Monarchie habe.

‚Je sais d'où ça vient', warf der König ein. ‚Je connais bien ces infames calomnies qui toutes viennent de la même source. C'est la vengeance de la Russie qui ne veut pas me pardonner que j'ai détruit les rêves panslavistes.'

Der König ließ sich dann in längere Auseinandersetzungen über die Unzuverlässigkeit Rußlands ein, das Bulgarien zugrunde gerichtet habe. Man sei aber in Bulgarien für immer bekehrt von der unseligen Russenpolitik und wünsche nur Eines: Anlehnung an die Monarchie! ‚Helfen Sie uns, wir werden Ihnen Dank wissen!'

Als Seine Majestät deutlicher wurde und direkt die Frage stellte, ob ich eine Annäherung Bulgariens an Oesterreich-Ungarn für durchführbar hielte, entgegnete ich, daß eine solche Orientierung bei unseren Beziehungen zu Rumänien nur in einer diesen Verhältnissen Rechnung tragenden Weise möglich wäre.

Diese Einwendung schien auf Seine Majestät einen ungünstigen Eindruck zu machen. Er bezeichnete es als ‚sehr sonderbar‘, daß ein freundschaftliches Verhältnis zwischen Oesterreich-Ungarn und Bulgarien nur über Bukarest herzustellen sei.

Ich betonte, daß ein ‚freundschaftliches Verhältnis‘ bereits derzeit bestehe. Darum handle es sich nicht. Eine Vertiefung oder Konkretisierung dieses freundschaftlichen Verhältnisses aber verlange besondere Rücksichtnahmen, worunter jene auf Rumänien an erste Stelle zu setzen sei. Ich sehe übrigens nicht ein, warum dieser Weg nicht gangbar gemacht werden könnte. Das Verhältnis zwischen Bulgarien und Rumänien sei ja wesentlich gebessert und werde dies vielleicht gestatten.

Ich hatte damit ein heikles Thema berührt. König Ferdinand hat noch den Bukarester Frieden — ‚cette boucherie cruelle‘ — zu lebhaft in Erinnerung, um auf diesem Ohre willig zu hören. In bitteren Worten führte er Klage über das erpresserische Vorgehen Rumäniens gegenüber dem zu Boden geworfenen Bulgarien. König Karol selbst habe sich nur widerwillig zu einem Schritte entschlossen, der für immer die Geschichte Rumäniens beflecke. Nur mit Ekel könne er an diese Episode denken, um mit Abscheu dieses Geschichtsblatt umzuwenden. Bulgarien habe sein reichstes Gebiet geopfert und Rumänien die Hand zur Freundschaft gereicht. Die Haltung des Nachbarkönigreiches sei trotzdem kühl und reserviert. Es sei nicht anzunehmen, daß man sich unter diesen Umständen verstehen werde.

Als das Ziel der Wünsche Bulgariens bezeichnete König Ferdinand den Besitz von Cavalla und Drama. Seit Jahrzehnten sei der Blick Bulgariens auf dieses Gebiet gerichtet gewesen und Rußland habe es in dieser Richtung unterstützt. Es sei eine Lebensfrage für Bulgarien, von dort nicht verdrängt zu werden.

Auf meine Bemerkung, daß dies ohne Krieg mit Griechenland nicht denkbar sei, wo sich dann Serbien dem Gegner Bulgariens anschließen werde, meinte Seine Majestät, daß es vielleicht doch im Wege der Revision des Bukarester Vertrages zu erreichen wäre, wobei er auf unsere Unterstützung rechnen möchte.

Ich verwies den König auf die Erfahrungen, die wir in dieser Richtung gewonnen, wie auf die wohl auch derzeit bestehende Abneigung des europäischen Areopags, sich mit dieser Sache zu befassen.

Im weiteren Verlaufe der Konversation frug mich der König, wie wir uns zur Uniatenbewegung in Mazedonien stellen. Es sei ein starker Zug unter den Mazedo-Bulgaren nach Vereinigung mit der römischen Kirche wahrnehmbar, der auch in Bulgarien Widerhall finde. Dies sei von größter Bedeutung für die Zukunft Bulgariens, das dadurch vom Untergange im Orthodoxismus gerettet werden könne. Die griechische Orthodoxie müsse ‚zerschmettert'*) werden und Bulgarien auf lateinischer Grundlage groß und unabhängig werden. König Ferdinand verfolge dies mit Sympathie, wenn er sich auch wegen Rußland nicht exponieren könne. Er sei der einzige katholische Monarch am Balkan, denn König Karol, der nie seiner religiösen Pflicht nachkomme, müsse als Renegat angesehen werden. Um ihn — König Ferdinand — als den Brennpunkt der katholischen Idee konzentriere sich die religiöse Bewegung. Es sei unbegreiflich, daß sich der

---

*) Zar Ferdinand erklärt striktest, nichts dergleichen gesagt zu haben.

päpstliche Stuhl bisher dieser Erscheinung gegenüber passiv verhalten. Auch für uns sei es von großer Wichtigkeit, dieselbe im Auge zu behalten und einvernehmlich mit Rom zu fördern.

Ich entgegnete Seiner Majestät, daß wir mit Interesse die Symptome, deren er gedacht, verfolgt haben und auch weiterhin verfolgen werden. Es wäre jedenfalls wünschenswert, wenn sich auch die Kurie der Sache annehmen würde. Daß Seine Majestät sich so lebhaft für die Konvertierung der bulgarischen Nation zum Katholizismus interessiere, sei für mich ein Novum, welches mich aber mit lebhafter Befriedigung erfülle. Gewiß wäre es uns sehr sympathisch, wenn die Vereinigung der bulgarischen Kirche mit der römischen zur Tatsache würde. Eine Fühlungnahme unsererseits in Rom könne vielleicht der Sache förderlich werden.

Der König sprach mir seinen Wunsch aus, mit Seiner k. u. k. Hoheit dem Herrn Erzherzog Franz Ferdinand eine Begegnung haben zu können. Er lege hierauf einen besonderen Wert, da er wünsche, daß in Bulgarien der Eindruck gewonnen werde, das gegenwärtige ‚austrophile' Regime finde ungeteilten Rückhalt in der Monarchie.

Bei dem Besuche, welchen mir dann König Ferdinand am Nachmittage machte, drückte sich der Höchste Herr in warmen Worten über den gnädigen Empfang aus, den er bei Seiner Majestät, unserem Allergnädigsten Herrn, in Schönbrunn gefunden. Nur Eines habe ihn stutzig gemacht und ‚beunruhigt'. Es sei die Rede gewesen von der Eventualität zukünftiger ‚militärischer Kooperation' Bulgariens mit der Monarchie und da habe Seine Majestät die Bemerkung gemacht, einer solchen müßte eine Verständigung mit Rumänien vorausgehen. Dies sei so viel wie eine Ablehnung. Denn bei der Stimmung, die trotz allen Entgegenkommens bulgarischerseits noch immer in

Rumänien gegen Bulgarien herrsche, sei an ein Einvernehmen derzeit nicht zu denken.

Trotz dieser skeptischen Auffassung sprach der Höchste Herr die Absicht aus, hier eventuell mit maßgebenden militärischen Persönlichkeiten Kontakt zu nehmen. Er beklagte sich, unter dem Eindrucke zu stehen, seine Eröffnungen seien bisher mit kühler Reserve von uns aufgenommen worden. Es sei unbedingt zu vermeiden, daß die gleiche Impression in Sofia gemacht werde. Sollten hierüber Zweifel aufkommen und in Sofia die Impression geweckt werden, Bulgarien könne nicht auf die Freundschaft der Monarchie zählen, so müßte dies zum Verhängnis werden. Es würde dies das gegenwärtige Regime unmöglich machen und ihm — dem Könige — der sich bedingungslos mit demselben identifiziert habe, würde nichts übrig bleiben, als zu abdizieren. Dies wäre aber gleichbedeutend mit dem Untergange des selbständigen Bulgariens und dessen Unterordnung unter Rußland.

Berchtold."

Ferdinand versucht alles, um Bulgarien zu stärken. Es ist aber nicht anzunehmen, daß Ferdinand über die orthodoxe Kirche, der sein Sohn angehörte, derartige Bemerkungen gemacht hat. Er hat ganz recht, wenn er den Weg der Annäherung über Rumänien für ungangbar hält. Abgesehen von persönlichen, leicht begreiflichen Ressentiments der Bulgaren, hat Ferdinand erkannt, welch deutlicher Umschwung in der rumänischen Politik stattgefunden hat. In Oesterreich ist man allerdings nach wie vor der festen Ueberzeugung, daß die Bundestreue der Rumänen unerschütterlich sei. Doch, wenn auch der Wiener Besuch Ferdinands ohne Resultat verlaufen ist, so haben seine Unterhaltungen mit Franz Joseph und Berchtold dennoch auf verschiedenen Seiten, speziell in Serbien, lebhafte Beunruhigungen hervorgerufen. Die Fühlungnahme zwischen Türkei und Bulgarien, von der man weiß, kommt hinzu, um Gerüchten von einem Aggressivbündnis der drei Mächte gegen Serbien neue Nahrung zu geben. Der Inhalt der vorstehend wiedergegebenen Besprechungen erweist deutlich, daß von einem solchen Vertrag keine Rede sein kann.

Der merklich sichtbare Kurs der Anlehnung an Oesterreich und die traurige Lage des Landes nach dem verlorenen Kriege wecken alle möglichen Angriffe, vor allem der russophilen Presse, gegen Ferdinand. Am 26. November verbreitet die französische Botschaft in Petersburg bereits die Nachricht von seiner Abdankung. Man spricht von dem Thronantritt des Kronprinzen Boris, der dann mit einer russischen Großfürstin verheiratet werden soll. Die Gerüchte werden bald zerstreut.

Am 27. November wird Ferdinand noch einmal von Franz Joseph in Schönbrunn empfangen, was um so mehr ins Gewicht fällt, als der „Matin" gerade Enthüllungen über den bulgarisch-serbischen Bündnisvertrag gebracht hat, der dem Balkanbund zugrunde lag. Aus diesem Vertrag ging hervor, daß das Bündnis auch eine Spitze gegen Oesterreich gehabt habe. Die russisch-französischen Versuche, Ferdinand zu stürzen, gingen immer weiter, und es zeugt von seinem Geschick, daß er sich dennoch durchaus zu behaupten wußte; es zeugt von dem Gewicht dessen, was er für Bulgarien getan hat, daß nicht nur die mißtrauische, sparsame, ehrgeizige Balkannation ihm den Verlust des Krieges verzieh, sondern, daß auch Franz Joseph im Vertrauen zu einem bald wieder erstarkten Bulgarien diese Bundesgenossenschaft so hoch einschätzte, daß er die Erklärungen des „Matin", die ihm wohl schon vorher von russischer Seite her bekannt waren, übersah. Wilhelm II. in seiner alten Abneigung gegen Ferdinand betonte zu dem Zeitpunkt von dessen Empfang in Schönbrunn, daß, wenn der bulgarische Zar nach Berlin gekommen wäre, er den Rat erhalten haben würde, ‚schleunigst die Lokomotiven zur Abreise heizen zu lassen".

Auch die Regierung Radoslawow hatte mit großen Schwierigkeiten zu kämpfen. Da der Bündnisvertrag mit Oesterreich immer noch nicht zustande kam, wurden Zweifel laut, ob Oesterreich überhaupt diese Bindung wünsche. Der ewige Hinweis auf die Allianz mit Rumänien als Vorbedingung wirkte verstimmend, da diese Allianz von beiden Seiten schwer realisabel erschien. Oesterreich wollte nicht bemerken, was Ferdinand schon vor einiger Zeit prophezeit hatte und jetzt fest behauptete: den Umschwung in Rumänien zugunsten Rußlands. Im Gefühl des Vertrauens zur eigenen militärischen Kraft, äußerten sich die rumänischen Forderungen immer heftiger, und von Siebenbürgen war hier ebensoviel die Rede, wie in Serbien von Bosnien-Herzegowina. Rußland unterstützte nach Ferdinands Behauptungen diese gegen Oesterreich gerichteten Bestrebungen. Schon im August 1913 hatte Iswolsky an Sasonow geschrieben: „Ich habe es immer als Ihr politisches Meisterstück betrachtet, daß Sie Rumänien von Oesterreich getrennt haben." Indessen waren die Beziehungen zu Rußland im geheimen immer enger geworden. Durch eine Reihe ausgesuchter Höflichkeiten gegen den alten Karol gelingt es, diesen immer mehr auf die russische Seite zu ziehen. Auch in Sofia hörten die Russen keineswegs mit ihren Versuchen auf, mit dem „rollenden Rubel" verlorenes Terrain zurückzugewinnen. Der neue russische Gesandte für Bulgarien, Savinsky, war mit geheimen Aufträgen versehen in Sofia angelangt.

Die Russen versuchen mit allen Mitteln, verlorenes Terrain zurückzugewinnen. Radoslawow arbeitete weiter auf den Anschluß an Oesterreich hin, wobei Bulgarien wie Oesterreich jedoch immer Deutschland und Rumänien im Wege fanden.

Bei allen innen- wie außenpolitischen Schwierigkeiten, in denen sich der Interessenkampf der Großmächte so deutlich spiegelt, hieß es doch vor allem, die inneren Wunden Bulgariens zu heilen. Ferdinand, der sich übrigens von Anfang an mit seinem Privatvermögen stark in Bulgarien engagiert hatte, dem das Land wissenschaftliche Institute, Lungenheilanstalten und manche segensreiche Einrichtung, die aus der Privatkasse bestritten worden war, verdankt, mußte suchen, Bulgarien eine Anleihe zu verschaffen, deren Betrag die Höhe des eigenen Vermögens um ein Vielfaches übersteigen mußte. Bisher hatte man sich wegen solcher Anleihen stets an Frankreich gewandt. Jetzt aber gibt es große Schwierigkeiten bei der Geldbeschaffung. Rußland würde wohl für eine bulgarische Anleihe in Frankreich gutsagen, findet aber die eigene Position in Sofia allzusehr geschwächt. So erklären die französischen Banken auf einmal, eine Militärkonvention Bulgariens mit Rußland sei Voraussetzung für das Zustandekommen der Anleihe. Nach den im zweiten Balkankrieg gemachten Erfahrungen konnte es dazu natürlich nicht kommen.

In diesem Augenblick jedoch schien es, als ob die österreichischen Bemühungen, in Berlin freundlichere Stimmung für Bulgarien zu machen, endlich von einigem Erfolg gekrönt würden. Tarnowski berichtet am 10. März 1914 aus Sofia:

„Geheim. Hatte zwei längere unverbindliche Gespräche mit deutschem Gesandten. Herr Michahelles war zwar nie bulgarophob, aber doch immer kühl und mißtrauisch. Jetzt finde ich ihn von wohlwollendem und warmem Interesse für Bulgarien erfüllt. Er sagte unter anderem, Abneigung, die sich in Berlin seit Krieg gegen Bulgarien manifestiert, sei eigentlich nur von Kaiser Wilhelm ausgegangen. Oeffentliche Meinung in Deutschland habe für starke Rasse der Bulgaren Sympathie nie verloren. Kaiser würde gewiß Auffassung ändern und dieser Umschwung scheint sich bereits zum Teile vollzogen und insbesondere Hellenophilie des Kaisers bedeutend abgenommen zu haben. Herr Michahelles, der von Unmöglichkeit Trennung Griechenlands von Frankreich fest überzeugt, hält es für notwendig, zum Dreibund gravitierende bulgarische Regierung zu unterstützen und heranzuziehen, was umso notwendiger, als Rußland gewiß große Aktivität entwickeln werde, um hier verlorenes Terrain wieder zu gewinnen. Placierung Anleihe in Deutschland sei schwierig, da durch ungarische und rumänische Anleihe bereits in Anspruch genommener deutscher Markt sich noch für unseren Bedarf reservieren müsse. Herr Michahelles zweifle aber nicht, daß sich in Deutchland, respektive unter deutscher Führung nötiges Geld für Bulgarien finden werde; wenn nur Kabinett Radoslawow mit Majorität aus Wahlen hervorgehen werde, werde man in Deutschland ganz anders Bulgarien betrachten. Wir kamen auf König Ferdinand zu sprechen. Stimmten überein, daß Mißtrauen, mit dem man ihm in Berlin und Wien begegnet, Politik mit Bulgarien kompliziert. Deutscher Gesandter meinte aber, daß Unverläßlichkeit Königs doch kein Hindernis bilden dürfe, da Höchstderselbe gut wisse, daß er in Petersburg Kredit gänzlich verloren und Rußland seinen Sturz wünsche, was genügende Garantie böte, daß König vom Dreibund nicht abschwenken würde. Ich finde die guten Dispositionen meines deutschen Kollegen äußerst erfreulich und hoffe nur, daß dieselben in Berlin wirklich Echo finden werden. Sollte Deutschland Anschluß Bulgariens an Dreibund wirklich wünschen und daraus Konsequenzen ziehen wollen, so hätte dies nicht nur absolut genommen größte Bedeutung, sondern wäre auch dadurch unsere dilatorische Taktik gegenüber dem Wunsche bulgarischer Regierung nach formellem Abkommen — insoferne eine solche fortgesetzt werden müßte — wesentlich erleichtert. Wenn Bulgarien nicht nur von uns, sondern auch von Berlin konsequent Freundschaftsbeweise erhalten sollte, würde Kabinett Radoslawow in

Vertrauen in seine Politik gekräftigt und etwa notwendige dilatorische Antworten auf Drängen Bulgariens auf formelle Abmachungen hätten, wenn sie einvernehmlich von uns und von Berlin kommen würden, anderen Charakter und wären mit viel weniger Risiko verbunden, hier stutzig zu machen. T a r n o w s k i."

Die schwebende Anleihefrage wurde indessen von immer größerer Bedeutung für das Kabinett Radoslawow. Der frühere Finanzminister Todorow konnte in der Sobranje behaupten, Radoslawow fände nirgendwo Kredit, seine Schatzscheine würde er nicht bezahlt bekommen. Die Russen erklären, sie würden die Anleihe für Bulgarien erreichen, wenn Radoslawow und sein österreichfreundliches Kabinett abtreten. Erneut versuchen sie, Ferdinand zu stürzen. Eine Reihe von Telegrammen gibt über diese, auch den Russen so wichtige Angelegenheit Auskunft. Die Anleihe scheint nämlich jetzt in Berlin zustande zu kommen, und es sollen Gelder aus Frankreich, England, Belgien dabei zur Verwendung kommen, was die offiziellen Kreise in Petersburg und Paris besonders ärgert.

Telegramm des russischen Gesandten in Sofia an den russischen Außenminister vom 13./26. April 1914. —
Es erscheint immer wahrscheinlicher, daß die Anleihe zustande kommen wird. Zusammen mit dem hiesigen französischen Gesandten bemühe ich mich, dem Könige und der hiesigen öffentlichen Meinung zu beweisen, daß die Finanzpolitik der jetzigen bulgarischen Regierung in wirtschaftlicher und politischer Hinsicht für das Land verhängnisvoll ist. Meinen Nachrichten zufolge steht anzunehmen, daß englisches und belgisches Geld zur Anleihe verwandt werden wird. Halten Sie es nicht für möglich, dies zu verhindern? Der französische Gesandte behauptet, seine Regierung tue alles mögliche, um das französische Kapital nicht nach Bulgarien zuzulassen.

Der hiesige Finanzminister hat dem französischen Gesandten gegenüber offen zugegeben, daß diese Anleihe unbedingt notwendig sei, um die Stellung des jetzigen Kabinetts zu befestigen. Um letzteres zu vermeiden, müssen wir die größten Anstrengungen machen und die Pläne von Radoslawow und Tontschew hintertreiben.

Telegramm des russischen Botschafters in Paris an den russischen Außenminister vom 16./29. April 1914. —
Doumergue hat mir soeben bestätigt, daß er den französischen Banken die kategorische Weisung erteilt hat, Bulgarien keine Mittel in der Form einer bulgarischen Anleihe in Deutschland zur Verfügung zu stellen. Den Informationen der französischen Regierung aus Berlin zufolge sind die Verhandlungen in Berlin ergebnislos verlaufen, was Doumergue der Weigerung der französischen Banken zuschreibt.

Telegramm des russischen Außenministers an den russischen Botschafter in London vom 23. April/6. Mai 1914.
Ich halte es für äußerst wichtig, die Absicht Bulgariens, eine Anleihe in Deutschland aufzunehmen, zu vereiteln, und bitte die englische Regierung, ihrem Vertreter in Sofia vorzuschreiben, unsern Gesandten bei der Erfüllung des Auftrages zu unterstützen, Bulgarien von einer unvorteilhaften finanziellen Operation zurückzuhalten, welche zur vollen wirtschaftlichen Unterwerfung Bulgariens unter Deutschland führen müßte. Der französische Gesandte in Sofia hat bereits mit Erfolg Schritte in dieser Hinsicht unternommen.

Telegramm des russischen Gesandten in Sofia an den russischen Außenminister vom 30. April/13. Mai 1914. —
Dringend. Nach den in Paris und London unternommenen Schritten haben wir alle Mittel, das Zustande-

kommen der Anleihe zu verhindern, erschöpft. Aber die Notwendigkeit einer Anleihe macht sich hier immer mehr fühlbar. Infolge dieser Erwägung und um der Erstarkung des hiesigen österreichisch-deutschen Einflusses vorzubeugen, entschließe ich mich, Ihnen ein letztes Mittel vorzuschlagen, nachdem ich mich heute ausführlich mit meinem französischen Kollegen und den Vertretern der französischen Banken ausgesprochen habe. Wir könnten zur Kenntnis des Königs bringen, daß Rußland, welches zwar der jetzigen Regierung nicht traut, aber nach wie vor um Bulgarien und seine politische und finanzielle Unabhängigkeit besorgt ist, ihm jetzt folgenden Vorschlag macht: Frankreich wird veranlaßt werden, den für das Land notwendigen Vorschuß, ungefähr 100 Millionen, dem Könige persönlich vorzustrecken, ohne die schweren Bedingungen zu stellen, über die jetzt in Berlin beraten wird. Gleichzeitig muß man erklären, daß bis zum Abschlusse einer Anleihe Frankreich auf die Bezahlung der 75 Millionen Schatzscheine und Rußland auf 45 Millionen Schatzscheine für militärische Lieferungen verzichtet. Der Vertreter der französischen finanziellen Interessen in Sofia ist überzeugt, daß eine derartige Operation der Realisation der Anleihe gleichkommt und es den Berliner Banken unmöglich machen wird, die Anleihe zu erhalten. Abgesehen davon, daß wir Bulgarien dem österreichischen Einflusse in Zukunft entziehen, wird auf diese Weise auch der hiesige Einfluß Oesterreichs und Deutschlands geschwächt, und früher oder später wird auch der Sturz des jetzigen Kabinettes eintreten, während eine unmittelbare Entfernung der uns mißliebigen Minister große Schwierigkeiten nach sich ziehen würde. Hiervon habe ich mir völlige Rechenschaft gegeben, als ich gestern durch die Vermittlung von Dobrovitch dem König riet, das Ministerium zu wechseln, und ich habe deshalb die Möglichkeit eines Kompromisses und die Bildung eines Koalitionsministeriums angedeutet. Ich darf annehmen, daß die französische Regierung wie früher, so auch diesmal auf unsere Wünsche eingehen wird, wobei man natürlich im Auge behalten muß, daß Paris viel günstigere Bedingungen als Berlin für eine eventuelle Anleihe stellen muß, wovon übrigens der hiesige Vertreter der französischen Banken überzeugt ist. Es ist dies ein sehr erfahrener Mensch, der jederzeit alle Einzelheiten nach Paris übermitteln kann. Wenn dieser, ich gebe allerdings zu, nicht ganz gewöhnliche Plan Ihre Billigung findet, so müssen wir uns ohne Verzug mit Paris verständigen, da der Finanzminister die Anleihe jeden Tag unterzeichnen kann und dann die ganze Frage wegen der deutschen Regierung verwickelter werden würde. Ich habe mir diesen Schritt lange überlegt, bin aber zur Einsicht gekommen, daß uns kein anderer Ausweg bleibt, wenn wir die Interessen sowohl Bulgariens als auch Rußlands wahren wollen.

Telegramm des russischen Botschafters in Paris an den russischen Außenminister vom 5./18. Mai 1914. —
Die französische Regierung ist der Ansicht, daß es im Interesse sowohl Rußlands als auch Frankreichs liegt, nicht zuzulassen, daß Bulgarien sich dem finanziellen und folglich auch politischen Einflusse Deutschlands und Oesterreichs unterwirft; deshalb ist sie bereit, dem von unserem Gesandten in Sofia vorgeschlagenen Plane zuzustimmen. Man nimmt an, daß ein Kompromiß durch die Bildung eines Koalitionskabinetts Malinow-Gnenadiew gefunden werden könne. Die unverzügliche Gewährung eines Vorschusses schließt die Möglichkeit einer Anleihe an einem anderen Orte aus; die Gewährung einer Anleihe kann dann von der Aenderung des politischen Kurses abhängig gemacht werden. Wenn Rußland hiermit einverstanden ist und sein Veto zurückzieht, glaubt die französische Regierung, die französischen Banken bewegen

zu können, Bulgarien einen Vorschuß von 80 oder 90 Millionen Franken zu gewähren und auf der Bezahlung der 75 Millionen Schatzscheine nicht weiter zu bestehen. Die Anleihe kann dann gegen Ende des Jahres erfolgen.

Telegramm des russischen Botschafters in Paris an den russischen Außenminister vom 10./23. Mai 1914. — Margerie hat mir soeben gesagt, daß die Kreditinstitute, die bis jetzt die bulgarischen Anleihen übernommen haben, nämlich Banque de Paris et des Pays Bas, Crédit Lyonnais, Société Générale, Comptoir National d'Escompte und andere, sich hartnäckig weigern, Bulgarien einen Vorschuß zu gewähren, indem sie sich auf den unbefriedigenden Zustand des Geldmarktes berufen. Margerie hat die Absicht, sich noch heute an andere Finanzgruppen zu wenden, die zu Creuzot und der Regie Générale Beziehungen haben und die an bulgarischen Lieferungen und Eisenbahnbauten interessiert sind; er hofft, mir morgen eine Antwort geben zu können.

Telegramm des russischen Botschafters in Paris an den russischen Außenminister vom 12./25. Mai 1914. — Die Verhandlungen des französischen Außenministeriums mit den Banken stoßen immer noch auf Hindernisse. Margerie sagte mir, daß eine gewisse Beteiligung der russischen Banken an dem Bulgarien zu gewährenden Vorschusse die Verhandlungen erleichtern könnte. Ich bitte um dringende Instruktionen.

Telegramm des russischen Botschafters in Paris an den russischen Außenminister vom 17./30. Mai 1914. — Die Verhandlungen mit den Banken sind immer noch nicht beendet. Margerie hofft auf einen günstigen Ausgang, wird aber die Antwort kaum vor Dienstag erhalten, da Montag ein Pfingstfeiertag ist. Was den Text der dem Könige zu machenden Mitteilung anbelangt, so ist die französische Regierung der Ansicht, daß diese Mitteilung einen durchaus freundschaftlichen Charakter haben muß und die traditionellen Gefühle Rußlands zu Bulgarien zum Ausdruck bringen soll. Deshalb glaubt man hier, es wäre unzweckmäßig, jetzt schon, namentlich ehe die deutsche Anleihe endgültig ausgeschlossen ist, vom Könige eine bestimmte Verpflichtung zu verlangen, das Ministerium Radoslawow durch ein anderes zu ersetzen. Die französische Regierung schlägt folgenden Text vor, welchen unser Gesandter dem Könige mitteilen könnte: „Eure Majestät wissen, daß die bulgarische Regierung auf Grund privater Informationen es nicht für nötig gehalten hat, sich an die französische Regierung zu wenden, um den Pariser Geldmarkt zur Befriedigung der finanziellen Bedürfnisse Bulgariens zu benutzen. Die bulgarische Regierung hat sich an deutsche Banken gewandt, und man ist im Begriffe, ein Uebereinkommen unter für Bulgarien besonders schweren Bedingungen abzuschließen. Ein derartiges Uebereinkommen droht die ökonomische und bis zu einem gewissen Grade auch die politische Unabhängigkeit des Landes für eine ziemlich lange Zeit in Frage zu stellen. Die Regierungen Rußlands und Frankreichs, vom Wunsche beseelt, Bulgarien den Beweis ihrer uneigennützigen Freundschaft zu geben, haben sich an Pariser und Petersburger Banken gewandt, um sich zu vergewissern, ob es nicht möglich sei, der bulgarischen Regierung diejenigen Mittel zur Verfügung zu stellen, deren sie augenblicklich bedarf, bis günstigere Umstände es nach Ablauf einiger Monate erlauben werden, eine definitive Anleihe abzuschließen. Die französischen und russischen Banken sind diesem Ansuchen entgegengekommen und sind bereit, unverzüglich ungefähr 60 Millionen Franken vorzustrecken. Außerdem sind sie damit einverstanden, daß die Einlösung der Schatzscheine bis zum Abschlusse der Anleihe aufgeschoben wird. Ich bin beauftragt, Euerer Majestät diese Mitteilung zu machen, die die Teilnahme Rußlands und Frankreichs für Bulgarien beweist. Meine Regierung hofft, daß Eure Majestät die Bedeutung dieses Schrittes richtig einschätzen wird."

Telegramm des russischen Botschafters in Paris an den russischen Außenminister vom 17./30. Mai 1914. — Fortsetzung meines Telegramms. Die französische Regierung ist überzeugt, daß eine derartige Mitteilung die von Rußland und Frankreich beabsichtigte Wirkung haben und dem König die Möglichkeit geben würde, einen Wechsel des Ministeriums vorzubereiten. Solange wir uns auf einen Vorschuß beschränken und die Anleihe nicht abgeschlossen ist, werden Rußland und Frankreich die Möglichkeit haben, in wirksamer Weise auf die Richtung der bulgarischen Politik einzuwirken; was das definitive Verlangen anbelangt, der König solle sich verpflichten, ein anderes Kabinett zu ernennen, so können wir dieses später vorbringen, nachdem Bulgarien, nach Empfang eines bedeutenden Vorschusses, nicht mehr die Möglichkeit haben wird, sich in finanzieller Beziehung freizumachen, und nur in dem Falle, wenn der König bis Ende des Jahres, d. h. bis zum Abschlusse der Anleihe, keine günstige Gelegenheit gefunden haben wird, die Regierung andern Ministern zu übergeben. Margerie fügt hinzu, daß ein schrofferes Vorgehen im jetzigen Augenblicke den König beleidigen und das entgegengesetzte Resultat hervorrufen könne.

Zar Ferdinand und Kronprinz Boris

Telegramm des russischen Botschafters in Paris an den russischen Außenminister vom 24. Mai/6. Juni 1914. — Die Verhandlungen mit den Banken sind immer noch nicht beendet, doch hofft Margerie, morgen eine endgültige und zwar günstige Antwort zu erhalten. Hier ist man auch der Ansicht, daß es nicht gelingen wird, die Unterzeichnung der Anleihe in Berlin zu verhindern, daß es einstweilen zwecklos sein würde, dem Könige den genannten Vorschlag zu machen, und daß alle unsere Anstrengungen darauf gerichtet sein müssen, zu verhindern, daß das Parlament die Anleihe annimmt. Margerie ist mit der Meinung unseres Gesandten in Sofia einverstanden, daß die Nachricht, Frankreich habe sich geweigert, Bulgarien Geld zu leihen, kategorisch dementiert werden müsse.

Telegramm des russischen Botschafters in Paris an den russischen Außenminister vom 6./19. Juni 1914. —
Eine Finanzgruppe, an deren Spitze die Bank Périer steht, hat die Absicht, Bulgarien nicht einen Vorschuß, sondern eine sofortige Anleihe von 200 Millionen Franken zu gewähren. Sie rechnet hierbei auf die Teilnahme der russischen Banken, und zwar würde diese darin bestehen, daß unsere Banken ihre bulgarischen Schatzscheine gegen Obligationen der neuen Anleihe eintauschen, so daß sie keine neuen Auslagen haben werden. Ich bitte Sie, mich zu benachrichtigen, ob ein derartiger Plan von der russischen Regierung gebilligt wird.

Frankreich und Rußland versuchen also, im Verein mit England die bulgarische Anleihe in Deutschland zu hintertreiben. Mit allen Mitteln bemüht man sich, Bulgarien an die Entente anzuschließen. Aber die Höhe der Vorschüsse, die von französischer Seite genannt wird, ist gar nicht imstande, den Anforderungen des Landes zu genügen. So werden die Verhandlungen in Berlin weiter betrieben. Erst als begründete Aussicht bestand, daß eine Fünfhundert-Millionen-Anleihe für Bulgarien durch die Berliner Disconto-Gesellschaft und das Hamburger Haus Warburg zustande kommen würde, beginnt mit voller Kraft das allgemeine Liebeswerben um Bulgarien. Schließlich handelte es sich um Aufträge an Creuzot oder Krupp, um die französische oder deutsche Maschinenindustrie, um die französische oder deutsche Handelsvorherrschaft in Bulgarien. Rußland erbot sich jetzt, die Durchführung der Anleihe in Frankreich zu garantieren, und in Frankreich, wo das Haus Périer auf einmal sogar 700 Millionen Franken geben wollte, forderte man erneut ein Militärbündnis Bulgariens mit Rußland als Bedingung für die Anleihe. Nach längerem Zögern, besonders von seiten Ferdinands, kommt im Juli 1914 schließlich die Anleihe in Berlin zustande und räumt Deutschland wirtschaftliche Vorrechte von Bedeutung in Bulgarien ein.

Die Disconto-Gesellschaft erhielt die Erlaubnis, die bulgarischen, noch nicht richtig ausgenutzten Kohlengruben zu betreiben, als Gegenleistung für die Bewilligung der Fünfhundert-Millionen-Anleihe, die in Frankreich nur durch militärische Bindungen zu erreichen gewesen wäre. Schon jetzt äußerten einige Unzufriedene, der Vertrag gäbe Bulgarien völlig in deutsche Hände. Man wies auf einen Ausspruch Stambulows hin, der auch nichts vom Betrieb dieser Gruben durch Fremde hatte wissen wollen, und der gesagt habe: „Laßt die Bergwerke unseren Kindern, die mehr davon verstehen werden als wir." Das Bauernland Bulgarien brachte erst langsam eine neue Generation von Technikern hervor, und gerade die Anhänger des Bauernführers Stambuliski sahen in den Fremden die Ausbeuter der bulgarischen Bodenschätze.

Die Bluttat von Serajewo hat Europa in die größten Verwicklungen gestürzt, ohne daß die Diplomaten und Kabinette aller interessierten Länder leidenschaftlich genug dafür arbeiteten, um die Katastrophe zu verhindern. Bulgarien sieht neue Schrecken vor sich, Ferdinand, der die serbische Mörderorganisation kennt, der ihr vor kurzem im Orientexpreß auf der Durchreise fast selbst zum Opfer gefallen wäre, sieht mit größter Spannung auf die Entwicklung der Dinge.

Nachdem durchaus feststeht, daß die österreichische Politik Serbien gegenüber eine scharfe sein würde, wird von Wien aus alles versucht, möglichst ohne Zeitverlust den Bündnisvertrag mit Bulgarien unter Dach und Fach zu bringen, damit nicht an diesem Punkte noch Ueberraschungen zu erwarten wären. Ferdinand, der Mitte Juli nach Bayreuth reisen möchte, wird durch den österreichischen Gesandten zurückgehalten, wiederholt auf den Ernst der Lage aufmerksam gemacht. Wer weiß, ob er wenig später seine Rückreise noch über Serbien wird nehmen können.

ACHTES KAPITEL

Die Katastrophe, die Ferdinand fast auf den Tag seit Jahren vorausgesagt hat, bricht wirklich über die Welt herein. Juli und August 1914 stürzen halb Europa in Krieg. Sofort nach den Kriegserklärungen der Großmächte hatte die bulgarische Regierung ihre strikte Neutralität erklärt. Die Serben, die schon sicher damit gerechnet hatten, eine revanchelustige bulgarische Armee in ihrem Rücken zu finden, waren äußerst angenehm überrascht von der Haltung der Sofioter Regierung und auf einmal des Lobes voll über die Bulgaren.

Der Weltkrieg hat Bulgarien in eine völlig neue Situation gebracht. Von allen Seiten her ist man auf einmal bemüht, die Gunst des Landes zu erlangen; denn von Bulgariens Neutralität hängt die Neutralität Rumäniens und die Griechenlands ab und damit die wichtigsten Entscheidungen für die Türkei, die seit kurzem völlig deutsch organisiert ist und ihr Heer von deutschen Offizieren hat schulen lassen. Bulgariens Stellungnahme ist wieder einmal von Bedeutung für die Welt. Der feste Entschluß zur Neutralität, die allen Kämpfenden gleich wichtig ist, wird bei Ferdinands Geschick wohl beträchtliche Gewinne für Bulgarien ergeben müssen.

Andrerseits ist Bulgarien seiner geographischen Lage nach isoliert; die Rumänen erschweren den Warentransport nach Bulgarien soweit nur irgend möglich und tragen dazu bei, für Bulgarien eine Art Blockadezustand zu schaffen. Es konnte Ferdinand kein Zweifel darüber bleiben, wie schwer es sein würde, inmitten kriegführender oder mißtrauisch mobilisierender Staaten die gewünschte Neutralität zu bewahren. Der Ton russischer diplomatischer Mitteilungen hatte immer mehr etwas Drohendes und Polterndes. Am 11. August 1914 ersuchte Sasonow den russischen Gesandten in Sofia, die folgende Mitteilung an die dortige Regierung zu machen:

„Erklären Sie der bulgarischen Regierung, daß wir eine genaue und umgehende Antwort auf den russischen Vorschlag über die Neutralität mit der Verpflichtung zum Widerstand gegen das Vorrücken der Türkei erwarten. In diesem Augenblick ist jede Zweideutigkeit außerordentlich gefährlich.

Wenn die Bulgaren wohlwollende Neutralität mit der oben erwähnten Verpflichtung wahren, können wir ihnen weite territoriale Erwerbungen sichern, die ihren Volksidealen und Bestrebungen entsprechen.

Falls wir eine nicht ganz präzise Antwort bekommen, machen wir die bulgarische Regierung darauf aufmerksam, daß Rußland sich das Recht auf freies Handeln vorbehält, das aus dem Bündnisverhältnis mit Serbien resultiert und die persönliche Verantwortung für die Folgen auf die Leiter der heutigen bulgarischen Politik überträgt.

Sollte sich Bulgarien auf die Schwierigkeit, sich jener Aufgabe zu entledigen, berufen, können Sie sagen, daß es im Falle einer bejahenden Antwort auf die Mitwirkung unserer Schwarzmeer-Flotte rechnen könne."

Wenn auch eine bedeutende Anzahl von Bulgaren trotz der gemachten Erfahrungen noch immer russenfreundlich empfindet und das Land in Petersburg durch den extrem russophilen General Radko Dimitriew vertreten wird, kann die bulgarische Regierung dennoch nur mit der Erklärung antworten, daß sie fortfahren werde, „strengste Neutralität zu beachten und auf die Verteidigung des bulgarischen Territoriums bedacht zu sein." Dimitriew, der übrigens einige Zeit später seinen Posten als bulgarischer Gesandter aufgab und in die russische Armee eintrat, übergibt seine Orders Sasonow, der aufs „kategorischste erklärt, daß Rußland die bulgarische Neutralität für einen feindlichen Akt halte". Von allen Seiten bietet man Bulgarien an, ihm dabei behilflich zu sein, wesentliche Teile des im zweiten Balkankrieg verlorenen Gebiets zurückzugewinnen. Das sind die Regierungen, die vor kurzem noch so kühl und ablehnend waren, die den Frieden von Bukarest als gerecht angesehen hatten. Italien wurde ebenfalls bestürmt und bekam von allen Seiten Landangebote.

Ferdinand hatte schon am 8. August 1914 an Karol von Rumänien telegraphiert: „Die furchtbare Krise, die Europa durchmacht, verstärkt sich von Tag zu Tag und bürdet unseren beiden Ländern zahlreiche Gefahren auf. Im Einverständnis mit meiner Regierung plante ich, daß Rumänien und Bulgarien ihr Verhalten in Uebereinstimmung bringen müßten." Karol hatte nur mündlich antworten lassen. Er stand dem Anerbieten Ferdinands, der gemeinsame Neutralität wünschte, scheinbar kühler gegenüber. Wenige Tage vor Kriegsausbruch war der russische Zar in Begleitung von Sasonow in Konstanza mit Karol zusammengetroffen, und wichtige politische Besprechungen hatten stattgefunden. Aus den Mitteilungen Karols nach Wien, in denen er davon sprach, er könne für das rumänische Volk nicht mehr garantieren, ging hervor, daß die Politik des ehemaligen Bundesgenossen eine starke Schwenkung erfahren hatte. Das war auch für Ferdinand ein besorgniserregendes Moment, und es kam nicht zu den von ihm gewünschten Verhandlungen.

Die Ententemächte formulierten nun ihre Angebote wegen Gebietsvergrößerungen an Bulgarien. Am

3. November übergab der englische Gesandte in Sofia die folgende Note: „Wenn Bulgarien damit einverstanden ist, sich an die Mächte des Dreiverbandes gegen die Türkei anzuschließen, werden ihm diese die Linie Enos—Midia, den Teil Mazedoniens östlich des Flusses Vardar und südlich von der im serbisch-bulgarischen Vertrag bestimmten Linie garantieren und ihm ferner ihre finanzielle Unterstützung sichern."

Ferdinand, der gefühlsmäßig immer nach Frankreich tendiert hatte, und von dem Bismarck gesagt hatte: „Mehr Orléans und Kohary als Coburg", hatte schon in den Tagen unmittelbar vor Kriegsausbruch, als die deutsche Anleihe kurz vor der Unterzeichnung stand, Radoslawow kommen lassen und ihm dringend geraten, die Verhandlungen mit den Franzosen fortzusetzen. Wie in Berlin Abneigung gegen ihn bestand, so hatte auch er verständliche Gründe, eine gewisse Zurückhaltung vor dem deutschen Kaiser zu üben. Radoslawow hatte damals mit dem Rücktritt gedroht, und Ferdinand mußte nachgeben. Ferdinands Stellung war jetzt, wo es das Interesse des Staates galt und nicht irgendwelche Sentiments, außerordentlich schwierig. Einerseits machten die raschen deutschen Siege in Belgien und Frankreich in den ersten Kriegsmonaten großen Eindruck auf die Bulgaren. Andererseits entfalteten die Russen, die einen großen Teil der Presse hinter sich hatten, eine große Propaganda für die Sache der Entente, und es gelang ihnen, Einfluß auf die öffentliche Meinung zu nehmen. Beide Parteien im Lande sprachen vom Krieg in der Erwartung, vielleicht leer auszugehen oder zu kurz zu kommen, wenn sich der Krieg ohne den Eintritt Bulgariens entscheiden sollte. Es fiel Ferdinand durchaus nicht immer leicht, seine Idee zu propagieren, daß die strikteste Neutralität den Interessen des Staates am dienlichsten sein mußte.

Die Entente, die Ferdinand so oft Falschheit vorgeworfen hat, gibt bindende Erklärungen ab, sie werde für Gebietsrückgabe durch Serbien, den Bundesgenossen, Garantien übernehmen. In Sofia weiß Ferdinand, daß ein siegreiches Serbien niemals in diesen Kuhhandel willigen wird. Doch er wägt geschickt ab, was die allen im Krieg befindlichen Mächten so wichtige Neutralität ihm für Bulgarien einbringen muß. Versprechungen Rußlands gegenüber hat er gelernt vorsichtiger zu sein. Er will keineswegs in den Krieg eintreten, hat von der Politik seines Nachbarn Karol gelernt, der mit geringsten Opfern, mit dem Abwarten und erst im geeigneten Augenblick Eingreifen soviel gewonnen hat. Im Oktober 1914 stirbt Karol. Jetzt wird niemand mehr für den Anschluß Rumäniens an die Mittelmächte wirken können.

Nachdem die Entente ihre Versprechungen für ein Bulgarien, das an ihrer Seite in den Krieg ziehen würde, ausgesprochen hat, gilt es diejenigen der Mittelmächte zu prüfen. Die Gesandten Deutschlands und Oesterreichs erklären in Verhandlungen mit den Bulgaren, daß ihre Regierungen für den Fall des Kriegseintritts an ihrer Seite den folgenden Vorbedingungen sympathisch gegenüberständen: Zusicherung der Vereinigung aller bulgarischen Gebiete mit dem Königreich, Rückendeckung gegen Rumänien und die Türkei, Kriegsbeihilfe in Geld.

Im November tritt die Türkei an die Seite Oesterreichs und Deutschlands. Sir Edward Grey schreibt einen persönlichen Brief an den bulgarischen Ministerpräsidenten Radoslawow, um ihn zum gemeinsamen Vorgehen gegen die Türkei zu animieren. Doch, wenn auch Radoslawow offiziell noch mitunter eine gewisse Russenfreundlichkeit zeigen muß, ja noch Ende März 1915 in der Kathedrale von Sofia die Einnahme Przemysls durch die Russen mit einem Dankgottesdienst gefeiert wird, gelingt es deutsch-österreichischen Bemühungen gegen schwere Bedenken des Königs doch immer mehr, die Bulgaren auf die Seite der Mittelmächte zu ziehen.

Anfang Februar 1915 trifft der Herzog von Guise, Thronanwärter der Orléans, Neffe Ferdinands, mit einer geheimen Mission Delcassés in Sofia ein. Er soll Ferdinand zum Anschluß an die Ententemächte bewegen. Er spricht von den Pflichten des bulgarischen Königs als Enkel Louis Philipps. Ferdinand läßt ihn sprechen; dann sagt er: „Jetzt, nachdem die Mission, mit der Du beauftragt bist, ihr Ende erreicht hat, werde wieder mein Neffe." Er spricht nun nicht weiter über den Krieg. Wie sollte er andere als bulgarische Politik betreiben. In Frankreich macht man ihm die bittersten Vorwürfe über diesen Mangel an Sentiments. Ferdinand braucht nur an so manches harte Wort aus Frankreich zu denken, an die jahrelangen Presseangriffe; sicher, in Deutschland und Oesterreich ist er oft nicht besser behandelt worden. Um so mehr Grund, alle Gefühle aus dem Spiele zu lassen und einzig und allein an den Vorteil Bulgariens zu denken.

Kurze Zeit vor dem Besuch des Herzogs von Guise war der Militärattaché der türkischen Gesandtschaft in Sofia, Kemal-Pascha, eines Abends bei Frau Sultane Petrow, der Frau des ehemaligen Ministerpräsidenten, eingeladen. Der Wein, so erzählt Frau Petrow, machte ihn redselig und gebefreudig. So bot er dem General Petrow an, er wolle Bulgarien, wenn es an der Seite der Zentralmächte in den Krieg ginge, Adrianopel und Chataldja geben. Er war gerade dabei, Konstantinopel abzutreten, als der türkische Gesandte, Fethi Bey, ihn unterbrach und Kemal Pascha aufforderte, seinen Rausch auszuschlafen. Der junge Kemal hätte wohl kaum gedacht, daß er wenige Jahre später die Geschicke seines Landes zu leiten haben und daß er die Hauptstadt der Türkei nach Angora verlegen würde.

Mit dem Kriegseintritt der Türkei hatte sich die Situation für Bulgarien wieder einmal sehr verändert. Schon Anfang Januar 1915 behaupteten die Ententevertreter, Bulgarien gäbe den Mittelmeerhafen Dedeagatsch zur Versorgungsbasis für die Türken her. Es war schwer, das Gegenteil zu beweisen. Alle Bemühungen der Entente gingen nun mit verdoppelter Kraft darauf aus, Bulgarien gegen die Türkei zu hetzen, indem man ihm türkisches Gebiet versprach. Beiden Mächtegruppen war jetzt noch unendlich viel mehr an der Bundesgenossenschaft Bulgariens gelegen, und in dem Maße, in dem die Bedeutung von Bulgariens Stellungnahme wuchs, verringerte sich die Wahrscheinlichkeit, bei der Neutralität verbleiben zu können. Zum mindesten wünschten alle Kämpfenden, die Neutralität solle eine für jeden einzelnen wohlwollende sein. Hier lag die Hauptschwierigkeit des Problems. Schon jetzt wurde jede Handlung der bulgarischen Regierung einer strengen Kritik unterzogen; bei jeder Gelegenheit wurde ihr der Vorwurf der Begünstigung des anderen gemacht. Schon jetzt war der Tag vorauszusehen, an dem das Drängen der Kämpfenden diese Neutralität illusorisch machen würde. Ferdinand war übrigens mit den Erklärungen beider Mächtegruppen nicht zufriedengestellt. Er wünschte Erklärungen, welche Belohnung Bulgarien für seine wertvolle Neutralität, nicht für den Kriegseintritt, erhalten sollte.

Standhaft weigerten sich die Bulgaren, Munition und Lebensmitteltransporte für eine der kämpfenden Gruppen durch ihr Land zu lassen. Die Regierung Radoslawow, der das Volk bei den Wahlen sein Vertrauen bezeugt hatte, richtete schließlich an Entente und Mittelmächte die Aufforderung, ihre Versprechungen für Bulgariens Neutralität in einer schriftlichen, bindenden Form bekanntzugeben. Am 23. Mai gaben die Mittelmächte die folgende Erklärung ab:

„Die Regierung Oesterreich-Ungarns schätzt die Neutralität hoch, die die bulgarische Regierung in der gegenwärtigen europäischen Krise wahrt, und erklärt, daß, wenn diese Neutralität bis zum Friedensschluß durchgehalten wird, sie Bulgarien schon jetzt, als Kompensation für sein wohlwollendes Verhalten gegenüber den Verbündeten, den Besitz des serbischen Mazedoniens, einschließlich der strittigen und unbestrittenen Zonen garantiert, so wie sie in dem serbisch-bulgarischen Bündnisvertrag von 1912 und den Anlagen dazu abgegrenzt sind.

Die oben erwähnten Territorien bleiben Bulgarien beim Friedensschluß garantiert, unabhängig davon, ob sie bis dahin von den bulgarischen Truppen besetzt werden oder nicht.

Außerdem sichert Oesterreich-Ungarn Bulgarien einen Teil der Territorien zu, die sich gegenwärtig im Besitz von Griechenland und Rumänien gemäß dem Bukarester Vertrag vom 27. Juli 1913 befinden, wenn eines von diesen Ländern oder beide in den Krieg gegen die Verbündeten, oder nur gegen einen von ihnen, eintreten sollten. Die Größe dieses Teils der Territorien wird auf Grund der vorliegenden Deklaration, nach einer besonderen Vereinbarung zwischen Oesterreich-Ungarn und Bulgarien, bestimmt werden."

Die bulgarischen Beziehungen zur Türkei hatten sich außerordentlich gebessert. Die Zentralmächte wollten zwar keineswegs über den Kopf der türkischen Bundesgenossen Versprechungen machen, die türkisches Gebiet betrafen, doch schien die Konstantinopler Regierung ihrerseits einer Grenzregulierung zugunsten Bulgariens nicht völlig abgeneigt. Ihr mußte ja besonders viel an der bulgarischen Freundschaft liegen.

Am 3. August übergaben die Entente-Gesandten in Sofia die Erklärungen ihrer Regierungen.

„Die Regierungen der vier verbündeten Mächte haben mit besonderer Sorgfältigkeit und wohlwollender Aufmerksamkeit die Note geprüft, die die Königlich bulgarische Regierung am 14. Juni an deren Vertreter gerichtet hat. Beseelt von dem starken Wunsche, die Lage der Balkanstaaten auf eine dauerhafte Weise geregelt zu sehen, beehren sie sich heute, der bulgarischen Regierung folgende Erklärung zu geben, die ihre Politik bestimmt.

Die vier verbündeten Mächte garantieren Bulgarien die unstrittige Zone in Mazedonien in den Grenzen, welche auf der Landkarte verzeichnet sind, die dem serbisch-bulgarischen Vertrag von 1912 beigegeben ist, indem sie sich verpflichten, darüber zu wachen, daß jede territoriale Vergrößerung Serbiens als Ergebnis des gegenwärtigen Kriegs vollkommen in Abhängigkeit von der unstrittigen Zone Bulgariens bleibt. Sie rechnen damit, daß diese Erklärung für Bulgarien ein sicheres Pfand für die künftige Erwerbung dieser Zone bietet.

Was Cavala anbelangt, ist es fast unmöglich, unter den heutigen Umständen auch nur annähernd diejenigen territorialen Erwerbungen abzugrenzen, die Griechenland in Kleinasien bekommen könnte. Von der Größe dieser Erwerbungen wird ohne weiteres auch der Umfang des Hinterlandes von Cavala abhängen, dessen Abtretung die verbündeten Mächte von Griechenland verlangen werden.

Jedenfalls kann Bulgarien davon überzeugt sein, daß es in den Absichten der vier verbündeten Mächte liegt, dem Begriff eine weitgehende und gerechte Auslegung zu geben, indem sie sich gleichzeitig verpflichten, jede territoriale Vergrößerung Griechenlands in Kleinasien, als Ergebnis des gegenwärtigen Krieges, in Abhängigkeit von der Abtretung Cavalas an Bulgarien zu stellen, zugleich mit einem Hinterland, das an Umfang den anderweitigen Erwerbungen Griechenlands entspricht. Die unverzügliche Besetzung Thraziens bis zur Linie Enos—Midia ist Bulgarien mit der Note der Vertreter der vier verbündeten Mächte vom 29. Mai garantiert worden.

Indem die vier verbündeten Mächte der bulgarischen Regierung diese Mitteilung machen, wollen sie betonen, daß die Frist, die abgelaufen ist, bevor die Antwort auf die von der Regierung gestellten Fragen erfolgte, nicht etwa den Wunsch oder die Absicht einer Aenderung der am 29. Mai an Bulgarien gemachten Angebote bedeutet. Es lag auch nicht der Wunsch vor, einige unklare Punkte in den Angeboten zu lassen.

Die verbündeten Mächte glauben, daß die Garantien, die heute Bulgarien gegeben werden, und die auf dem Verzicht beruhen, jede Erweiterung der gegenwärtigen Grenzen Serbiens und Griechenlands anzuerkennen, außer in den Fällen, wenn diese die Bulgarien garantierten Territorien abtreten, für Bulgarien ein Pfand für die vollständige und genaue Erfüllung des Versprechens sein werden, das ihm in dieser Note gemacht wird.

Wenn die bulgarische Regierung diese Vorschläge annimmt, werden die verbündeten Mächte in nächster Zeit den Abschluß einer Abmachung fordern, die das Datum, an welchem Bulgarien an die Türkei den Krieg zu erklären haben wird, festsetzt, sowie die Stärke der Militärkräfte, die es gegen die Türkei aufzustellen hat, bestimmt. Unternimmt Bulgarien die kriegerischen Operationen in der festgesetzten Zeit und in der abgemachten Weise nicht, so werden die in dieser Note enthaltenen Vorschläge, in gegenseitigem Einvernehmen, für ungültig erklärt.

Falls diese Vorschläge angenommen werden, werden die verbündeten Mächte von der bulgarischen Regierung fordern, alle möglichen Maßnahmen zu treffen, um den

Durchgang der für die Türkei bestimmten Kriegsmunition vorzubeugen."

Am nächsten Tage überreichte der russische Gesandte A. Sawinski dem bulgarischen Außenminister eine Notiz folgenden Inhalts:

„Als ich gestern von Ihnen wegging, fand ich ein Telegramm von S. D. Sasonow vor, mit dem Auftrag, Ihnen, wenn ich Ihnen persönlich die identische Note überreiche, folgendes zu sagen: ‚Obwohl die in der neuen Note angezeigten Garantien keinen Zweifel an dem Entschluß der verbündeten Staaten zulassen, Serbien unter ihren Willen zu zwingen, haben die Verbündeten auch andere äußerste Mittel ins Auge gefaßt, auf Serbien einen Druck auszuüben, die die Möglichkeit von Verwicklungen zwischen ihm und Bulgarien ausschließen.'

Ich bin überzeugt, daß diese Ergänzung sowie auch jene, die Ihnen gestern mein englischer Kollege gebracht hat, Sie endgültig von der Aufrichtigkeit der Verbündeten überzeugen und Sie zu dem hochpatriotischen Schritt veranlassen werden. Ich zweifle nicht daran, daß Sie unsere gestrigen Vorschläge in demselben aufrichtigen Geist, in dem sie gemacht wurden, prüfen werden und mit dem Wunsche, endlich zu praktischen Ergebnissen zu kommen, die endgültig und für lange Zeiten für Bulgarien jene Lage sichern, an die Rußland seit dem 22. Juli alten Stils des vorigen Jahres unaufhörlich denkt."

Die nach langem Zögern von der Entente formulierten Bedingungen zeigen den Bulgaren, von denen man statt der angebotenen Neutralität den Kriegseintritt fordert, Versprechungen, auf deren Realisation sie nach den bisher gemachten Erfahrungen kaum rechnen können. Die Entente will also den eigenen Bundesgenossen „Serbien unter ihren Willen zwingen". Delcassé soll übrigens zu Iswolsky gesagt haben, die Entente werde für den Fall des Kriegseintritts Bulgariens an der Seite der Entente

Ferdinand für seine österreichischen Besitzungen entschädigen. Es war von einem Betrag von 25 Millionen Francs die Rede. Ferdinand weiß, daß ein siegreiches Serbien nie in Gebietsabtretungen willigen wird. Eine Garantie könnte noch nicht einmal die jetzt durch die Entente-Bundesgenossen etwa von Serbien erzwungene Erlaubnis sein, daß Bulgaren die in Aussicht gestellten Teile Mazedoniens bei Kriegsausbruch besetzten. Aber die Entente hat sich ja nicht einmal hierzu bereit erklärt.

Am 17. Juli war Fürst Hohenlohe bei Ferdinand gewesen. Ende Juli wurde der damalige Oberst Gantchew, der längere Zeit in Berlin als bulgarischer Militärattaché gewirkt hatte, in geheimer Mission in das Große Hauptquartier geschickt, unter dem Vorwand, den erkrankten Militärattaché, seinen Nachfolger, zu vertreten. Er hatte den Auftrag, zu erklären, Bulgarien sei unter gewissen Bedingungen zur Militärkonvention bereit. Ende August war die Paraphierung dieser Konvention schon beendet, Gantchew hatte aber den Auftrag, mit der Unterzeichnung zu warten. Einerseits mußte man auf die Fertigstellung parallel laufender Zivilverträge warten, andererseits hatten sich noch andere, unerwartete Schwierigkeiten ergeben. Am 27. August trifft der Herzog Johann Albrecht von Mecklenburg bei Ferdinand ein. Geheimrat von Rosenberg vom Auswärtigen Amt trifft mit den beiden Fürsten zusammen, und die Verhandlungen über einen Vertrag mit den Mittelmächten werden mit Eifer betrieben. Der bulgarische Gesandte in Berlin hat indessen an das Außenministerium in Sofia telegraphiert, es sei Eile nötig, um mit den Türken zu einem Vertragsabschluß zu kommen. Man sei in maßgebenden Berliner Kreisen davon überzeugt, daß die endgültige Niederwerfung Rußlands nur noch eine Frage von Wochen sei. Dann werde die Türkei sehr entlastet und zu Konzessionen kaum noch bereit sein.

Die Türkei erklärt sich bereit, einen Streifen Landes sofort bei Vertragsabschluß an die Bulgaren abzutreten, und das Kabinett Radoslawow wird mit dieser friedlichen Eroberung einen bedeutenden, entscheidenden Prestigegewinn für seine Regierung und seine Maßnahmen erreichen können.

Schließlich kommt der Vertrag mit der Türkei zustande und übereignet den türkischen Teil des Maritzagebietes Bulgarien. Das Bekanntwerden dieser Abmachung ruft serbische Truppenkonzentrationen an der bulgarischen Grenze hervor. Die Militärverhandlungen in Pleß waren auf folgende Schwierigkeiten gestoßen: Man konnte sich über den Oberbefehl über die Truppen die am Balkan operieren sollten, nicht einigen. Gantchew hatte verlangt, die Leitung solle in deutscher Hand liegen. Conrad von Hötzendorff war anderer Meinung. Man verhandelte lange zwischen den Hauptquartieren von Pleß und Teschen, wer den „effektiven" und wer den „repräsentativen" Oberbefehl haben sollte. Falkenhayn gab nach und erklärte sich mit dem „repräsentativen" Oberbefehl der Oesterreicher einverstanden. Schon war alles für die Abschließung der Konvention bereit, als Gantchew noch einmal erklärte, Bulgarien werde nur unter deutschem Oberbefehl in den Krieg ziehen. Conrad erklärte dem deutschen Militärbevollmächtigten Cramon, er sei nicht bereit, sich weitere Demütigungen gefallen zu lassen. Zur Wahrung des Prestiges sei er eher willens, auf das Bündnis mit Bulgarien zu verzichten. Fast wäre es zu diesem unglaublichen Resultat gekommen. Gantchew war nicht umzustimmen. Falkenhayn mußte schließlich persönlich nach Teschen fahren. Es wurde eine Vereinbarung getroffen, durch die das Prestige des österreichischen Militärs nicht geschädigt wurde; der tatsächliche Oberbefehl Mackensens blieb garantiert.

Am 6. September 1915 kommt das Militärabkommen

Wilhelm II. und Ferdinand in Sofia

zwischen Bulgarien und den Mittelmächten zustande, das im Deutschen Hauptquartier in Pleß durch den bulgarischen Militärbevollmächtigten Oberst Gantchew unterzeichnet wird. Am gleichen Tag findet in Sofia der Vertragsabschluß zwischen Radoslawow und dem deutschen Gesandten statt. Deutschland und Oesterreich garantieren hierdurch Bulgarien den Erwerb der Serbien zugesprochenen Teile von Mazedonien, für den Fall des Kriegseintritts Rumäniens die südliche Dobrudscha, für den Fall des Kriegseintritts Griechenlands die an dieses durch den Frieden von Bukarest abgetretenen Gebiete. Deutschland und Oesterreich geben Bulgarien eine erst einmal für eine Kriegsdauer von vier Monaten bestimmte Kriegsbeihilfe von 200 Millionen Franken, die bei längerer Dauer entsprechend erhöht werden soll. Die Militärkonvention verabredet gemeinsames Vorgehen gegen Serbien. Die verbündeten Heere sollten für diese Aktion unter dem Befehl Mackensens stehen. Es soll ein Durchgangsgebiet zwischen Ungarn und Bulgarien zum ungehinderten Transitverkehr zwischen Deutschland und der Türkei geschaffen werden.

Ferdinand hat schweren Herzens zu diesen Verträgen seine Zustimmung gegeben. Zum Eintritt in den Weltkrieg hatten auch die Mazedonier viel beigetragen. Bevor noch Verhandlungen zwischen Bulgarien und den Mittelmächten begonnen worden waren, hatten schon die Führer der Mazedonier Protogerow und Totschkow Verträge mit der deutschen Regierung abgeschlossen, die die Bewaffnung der mazedonischen Division ins Auge faßten. Wie auf jede Regierung übten auch auf die jetzige die Mazedonier den Haupteinfluß aus. Schließlich wurde dem König fast die Pistole auf die Brust gesetzt. Er, der früher die bulgarische Außenpolitik geleitet hatte, war seit dem Ende des zweiten Balkankrieges etwas mehr in den Hintergrund getreten. Bis zum letzten Augenblick soll das Bündnis geheim bleiben, um die Ententemächte nicht vorzeitig auf die geplante Balkan-Aktion aufmerksam zu machen. Zum Gelingen dieses Planes muß Ferdinand beitragen. Er wird aufgefordert, sein Privatvermögen, das Vermögen der Kohary, das sich auf einen stattlichen Millionenbetrag beläuft, und das seit Generationen auf der Bank von England deponiert ist, dort weiter ruhen zu lassen. Ferdinand stimmt den Verträgen zu, die der von ihm so sehr gewünschten Neutralität ein Ende setzen. Die nächsten Tage zeigen deutlich, daß es ihm schon sowieso nicht mehr möglich gewesen wäre, den bulgarischen Frieden gegen das Drängen der Mächte zu verteidigen.

Am 17. September erschienen die Führer der Opposition, die Russophilen Geschow und Danew und der Bauernführer Stambuliski, beim König. Besonders der letztere führte eine scharfe Sprache und prophezeite, das Volk werde sich dem Mobilisationsbefehl widersetzen und Revolution machen.

Ferdinand sagt zu Stambuliski, er glaube dem Volk durch seine Politik zu dienen.

Stambuliski: „Das bleibt abzuwarten!"

Ferdinand (mit einer Anspielung auf Gerüchte von Unregelmäßigkeiten, die sich Stambuliski bei Getreidetransaktionen habe zuschulden kommen lassen): „Ihre Art, dem Volk zu dienen, läßt viele Fragezeichen zu."

Stambuliski: „Ah, Sie versuchen mich zu beleidigen, Majestät. Sie tun es in einem Augenblick, wo Sie die Unterstützung aller brauchen; doch Ihre Beleidigungen treffen mich nicht. Ich bin glücklich, aus Ihrem Munde zu erfahren, was das ganze Volk behauptet und was Sie leugnen wollten. Sie haben vor, Ihren Weg zu gehen. Gut, gehen Sie ihn, ich werde dem meinigen folgen."

Ferdinand: „Ich werde ihm folgen, weil ich glaube, damit Bulgarien zu dienen."

Stambuliski: „Mein Weg hat zu keinen Katastrophen geführt. Wenn Sie in dem Ihren fortfahren, werden Sie Ihren Kopf riskieren."

Ferdinand: „Bekümmern Sie sich nicht um meinen Kopf. Ich bin alt. Denken Sie an den Ihrigen, Sie sind jung!"

Die heftige Auseinandersetzung machte auf Ferdinand den größten Eindruck. Mit seinen starken Gefühlen für Frankreich fällt es ihm nicht leicht, in diesen Kampf einzutreten. Mit seinen Söhnen begibt er sich noch einmal zu Radoslawow, um sich von dem verantwortlichen Minister die Zwangslage darstellen zu lassen.

Da läuft am 4. Oktober ein Ultimatum der Entente ein, die keine Ahnung von den Geheimverträgen zwischen Bulgarien und den Mittelmächten hat, und die hauptsächlich von den Fakten der Nichtannahme ihrer Vorschläge in Sofia und der bulgarisch-serbischen Mobilisation ausgeht. In diesem Ultimatum wird Bulgarien von Rußland aufgefordert, „binnen 24 Stunden die Beziehungen zu den Feinden des Slawentums abzubrechen und Maßnahmen zu treffen für die unverzügliche Entfernung der Offiziere derjenigen Staaten, die gegen die Entente Krieg führen". Diesem Ultimatum, das den Abbruch der Beziehungen zu den Mittelmächten fordert, hätte Bulgarien nur folgen können, wenn es geglaubt hätte, der sofortige Krieg gegen die Mittelmächte entspräche den Interessen des Landes. Bulgarien entschied sich gegen die Entente, seit es feststand, daß es zum Kriege kommen mußte.

Ferdinand hat den Wunsch ausgesprochen, den französischen Gesandten Panafieu vor seiner endgültigen Abreise nach Paris noch einmal zu sprechen. Er sagt zu ihm: „Sie sind der letzte Franzose, den ich sehe, mein lieber Minister. Ich kann außerdem während dieses Krieges verschwinden. Ich habe Wert darauf gelegt, einem alten Freund Bulgariens ‚Auf Wiedersehen' zu sagen. Ich kann nicht vergessen, daß in meinen Adern französisches Blut fließt, und Sie werden mir glauben, wenn ich Ihnen sage, wie sehr es mich schmerzt, daß es soweit zwischen Frankreich und mir gekommen ist."

Der Vorwurf, der Ferdinand so häufig gemacht wurde, er habe das Leben seiner Bulgaren leichtfertig auf das Spiel gesetzt und habe selbst in voller Sicherheit von den Ereignissen profitiert, ist eine flagrante Ungerechtigkeit. Durch die Ereignisse gezwungen, vor den ultimativen Forderungen der Großmächte kapitulierend, tritt er in den Krieg ein; er bringt selbst große Opfer. Fraglich konnte nur sein, an welche Mächtegruppe er sich anschloß. Sicher war Ferdinand Pazifist; es ist jedoch durchaus ungerecht, ihm Feigheit vorzuwerfen. Als er 1887 auf seine Mission ging, war er der einzige, der den Mut hatte, sich einem Lande zu widmen, in dem rings um den Fürsten die Führer des Staates von Mörderhand erledigt wurden. Während seiner ganzen Regierungszeit hörten die Attentäter nicht auf, nach seinem Kopf zu zielen. Der politische Mord auf der offenen Straße gehörte keineswegs zu den Seltenheiten. Wer in diesem Lande Verantwortung übernahm, hatte bis zum äußersten für seine Handlungen einzustehen. Erst nach dem Kriegseintritt Ferdinands wurden ihm von der deutschen Regierung die Anerbietungen gemacht, die heute so heftig kommentiert werden. Ueber sie kann man denken, wie man will. Es kann aber dem Kampf um eine Weltanschauung unmöglich dienlich sein, ihn auf eine Fülle krasser Ungenauigkeiten aufzubauen. Eine sachliche und leidenschaftslose Geschichtsschreibung wird sich kaum einem jüngst gefällten Urteil anschließen, der „Coburger werde in künftigen Geschichtsbüchern neben jenen älteren deutschen Landesfürsten figurieren, die ihre Untertanen als Soldaten an England verkauften, da er seiner geliebten Bulgaren Gut und Blut erst riskierte, nachdem er sich durch Privatvertrag gesichert hatte, daß ihn das Wagnis persönlich nichts kosten werde". Diese Behauptung ist schon deswegen hinfällig, weil die Verpflichtung, von der die Rede ist, erst nach Kriegsausbruch eingegangen wurde. Hierdurch verpflichtete sich die deutsche Regierung in Anerkennung des finanziellen Opfers, das Ferdinand gebracht hatte, dazu, den bulgarischen König für sein englisches Vermögen zu entschädigen und für seinen standesgemäßen Unterhalt zu sorgen. Es scheint nicht unbedingt ein Zeichen von „moralischer Verwahrlosung" zu sein, wenn Ferdinand akzeptierte. Ueber die Auszahlung von Geldern nach dem Kriege, ihre juristische und moralische Berechtigung auf Grund pathetischer Ungerechtigkeiten zu urteilen, kann unmöglich die Aufgabe des Historikers sein, welchem politischen Lager er auch immer angehören möge. Fest steht, daß Ferdinand in keiner Hinsicht zu den Gewinnern des Weltkrieges zu rechnen ist.

NEUNTES KAPITEL

Der 14. Oktober 1915 rief die Bulgaren erneut ins Feld. Das durch zwei Kriege erschöpfte Volk stellte sich willig unter die Fahnen und strafte so die Prophezeiungen Stambuliskis Lügen. Die Führer der Demokraten und der Bauernpartei hätten auch sonst wohl kaum den Krieg verhindern können. Wie es im Jahre zuvor der deutschen Sozialdemokratie und den sozialistischen Parteien der Welt nicht gelungen war, die internationalen Beziehungen zur Verhütung des Unglücks wirksam zu benutzen, so konnten auch die Bulgaren den Ereignissen nicht Halt gebieten. In diesem Jahre sollte das erstemal im deutschen Reichstag gegen das Blutvergießen Einspruch erhoben werden. Und der Stamm der Sozialdemokratie, die 1914 die vier Milliarden Kriegskredite bewilligt hatte, protestierte bei dieser Gelegenheit gegen den abtrünnigen, unabhängigen Karl Liebknecht. Hier wie dort folgte die Masse den tönenden Posaunen des Ruhms, die in Bulgarien um eine Note dunkler gestimmt waren. Denn hier suchte man den Ruhm in der Wiedergewinnung verlorenen Landes, in der Vereinigung mit Stammesgenossen, die auf Grund ihres moralischen Selbstbestimmungsrechtes zu Bulgarien gehören wollten, wenn auch die mazedonische Frage durch die Vermischung der Nationalitäten sicher schwer zu aller Befriedigung gelöst werden konnte.

Ferdinand ist in den Jahren nach der Niederlage so häufig der Vorwurf der „Kriegsschuld" gemacht worden, daß die vorhergehenden Sätze zur Erörterung dieses Begriffes wichtig scheinen. Wenn es eine Kriegsschuld an diesem Weltenbrand gibt, so verteilt sich diese sicher auf eine ungeheuerliche Anzahl von Köpfen. Die Dokumente erweisen, daß der Weltkrieg schon im Jahre 1887, zur Zeit von Ferdinands Thronantritt, hätte ausbrechen können und in einer ähnlichen Konstellation wie 1914. Seitdem hatte es genug Komplikationen zwischen den Großmächten gegeben, genug Augenblicke, in denen es hätte losgehen können, und die Rüstungen aller Völker, wie ihre imperialistische Politik, hatten die Möglichkeiten zum Kriegsausbruch immens vermehrt. Sicher gab es im Sommer 1914 eine besondere Anhäufung von Ungeschicklichkeiten und bösem Willen der Diplomatie, und die Verantwortlichen an allen Plätzen werden diese Verantwortung für das Unglück nicht ablehnen können. Aber es lag etwas Elementares in den kriegerischen Bewegungen der Massen, die sich mitschuldig machten an dem Unglück der Welt. Ungerecht ist es, einzelnen die Alleinschuld beizumessen. Der politische Sinn der Masse mochte wohl nicht genügend ausgebildet sein; doch die meisten Führer versagten bei der Erfüllung ihrer Parteiprogramme. Der Verbrauch an Phrasen ist seit 1914 nirgendwo geringer geworden. Selbst die verantwortungsbewußtesten Führer der Masse haben nie ohne sie auskommen können; es bleibt wenigen das Schicksal erspart, einmal Angeklagte ihrer Zeit zu sein. Der Umstand, daß die Bulgaren nach dem so unglücklich verlorenen zweiten Balkankrieg so bald wieder willig ins Feld rückten, spricht Ferdinand von einem großen Teil der ihm beigemessenen Schuld frei.

Am 12. und 13. Oktober überschritten serbische Truppen nach Herausforderungen in der Gegend von Widin die bulgarische Grenze bei Küstendil, und der allgemeine Kampf entspann sich. Die bulgarischen Truppen rückten in schnellem Sturm in Mazedonien vor. Die sich tapfer verteidigenden Serben konnten sich kaum gegen zwei Fronten behaupten. Die Heere Mackensens drängten unaufhaltsam weiter. Bereits am 26. Oktober war zwischen Bulgaren und Deutschen einige Verbindung erreicht. Die Bulgaren nahmen binnen weniger Tage Uesküb und Nisch. Ein Zeppelin überkreuzte Serbien und ging in Sofia nieder; die Stadt war geschmückt und im Siegestaumel. Die Erfüllung der nationalen Ideale schien nahe.

Die Armee der Serben war bis auf einen kleinen Rest vernichtet, die französisch-englischen Hilfstruppen waren entscheidend geschlagen. Mackensen hatte sich seiner Aufgabe glänzend entledigt. Nur unbedeutenden Truppenmengen gelang es, die königlich serbische Hofhaltung mit sich führend, über albanisches Gebiet nach Griechenland zu entkommen. Bei der Verfolgung bis an die griechische Grenze taten sich die bulgarischen Truppen glänzend hervor. Es bestand sogar die Absicht, der Armee Sarrails nachzudringen, und man wäre bis Saloniki vorgedrungen, so den Feind von der ganzen Balkanhalbinsel verjagend, wenn nicht Rücksichten auf die — der Entente gegenüber allerdings nicht so streng gewahrte — Neutralität Griechenlands die Oberhand gewonnen haben würden. Trotz aller gegenteiligen Nachrichten aus Griechenland wiegte man sich in Berlin in der Hoffnung, die Griechen seien wie ihr König deutschfreundlich gesinnt und würden früher oder später an der Seite der Zentralmächte in den Krieg eintreten.

Die bulgarischen Mazedonier empfingen nach jahrelanger Unterdrückung ihre stammverwandten Befreier mit Enthusiasmus. Mazedonien wurde unter bulgarische Verwaltung gestellt und eigentlich schon jetzt mit dem Königreich vereinigt. Ferdinand konnte mit dem ganzen Volk den Sieg feiern.

Er weilte unerkannt in Uesküb, sah das Schlachtfeld von Prizren, überall vom Grauen des Krieges gepackt. Auf einer Höhe nahe Prizren konnte er die verunglückte Kutsche des geflohenen Serbenkönigs Peter bewundern. Die serbische Krone und die Insignien dieser Monarchie lagen im Staub. Hier in Mazedonien grüßte Ferdinand, der unter dem schweren Eindruck des Gesehenen stand, der Ruf „Zarbefreier". Ende Dezember wird Mackensen mit Begeisterung in Sofia empfangen. Während er anerkennend über den Wert der bulgarischen Bundesgenossenschaft spricht, möchten die Bulgaren nach Erreichung ihrer Hauptkriegsziele vielleicht lieber abrüsten. Dennoch erklärt sich trotz Stambuliskis Voraussage die Sobranje mit der Regierung völlig solidarisch. Radoslawow sieht seine Entschlüsse von der Vertretung des bulgarischen Volkes vollkommen gebilligt.

Am 18. Januar 1916 trifft Wilhelm II., begleitet von Mackensen, Falkenhayn und Seeckt, in der eroberten alten Stadt Nisch ein, wo Ferdinand seinen Hofzug erwartet. Während der Fahrt nach Nisch hatte Wilhelm fleißig Bulgarisch gelernt. Der Militärbevollmächtigte Gantchew brachte dem deutschen Kaiser einige Worte bei. Die beiden Gegner von einst schütteln sich herzlich die Hand. Ferdinand wird zum preußischen Feldmarschall ernannt. Wilhelm hat seine Sympathien für das siegreiche bulgarische Heer von 1912 wieder entdeckt. Den paradierenden Truppen seines Bundesgenossen ruft er zu: „Zdravejte Junazi!" „Seid gegrüßt, ihr Helden!" Ferdinand küßt seinen neuen Kollegen Mackensen auf beide Wangen. Am 9. Februar besucht Ferdinand den deutschen Kaiser im Großen Hauptquartier, kurz darauf Franz Joseph in Wien. Seit 1911 hat Ferdinand den Orden vom Goldenen Vließ, jetzt erhält er den österreichischen Marschallstab. Franz Joseph, der ihn voller Huld empfangen hat, ist schon vom Tode gezeichnet. Er hat nur noch kurze Zeit zu leben. Auch Ferdinands Gattin, Eleonore, siecht an einem schweren, unheilbaren Leiden dahin.

Die Eroberung Serbiens hat, wie es der Kriegsplan voraussah, den Weg zwischen Deutschland und der Türkei auf dem Lande und den Weg auf den Wassern der Donau freigelegt. England und Frankreich werden durch den nun verstärkten Widerstand der Türken gezwungen, die gemeinsame Flotte von den Dardanellen zurückzuziehen. Dafür hatten die Oesterreicher an der Ostfront schwere Verluste erlitten. Das Vordringen russischer Heere ermutigte diejenigen Elemente in Rumänien, die schon immer für die Auseinandersetzung mit Oesterreich gewesen waren. Bei Saloniki sammeln sich die Streitkräfte der Entente, die von der deutschen Obersten Heeresleitung außerordentlich unterschätzt werden. Die Heere der Mittelmächte waren nicht nach Saloniki vorgedrungen, aber die Hoffnung, Griechenland werde an ihre Seite treten, wurde immer geringer. Andererseits waren an der Zurückhaltung der Armeen Erwägungen schuld gewesen, die Falkenhayn, der Chef des deutschen Generalstabes, folgendermaßen formuliert:

„Gewiß hätte die Vertreibung der Entente aus Saloniki die für Bulgarien sehr willkommene Folge gehabt, sich von jeder unmittelbaren Bedrohung frei zu wissen. Für die allgemeine Kriegsführung war das aber nur bedingt vorteilhaft. Die Ententekräfte, die dadurch verfügbar wurden, standen zur Verwendung auf anderen Kriegsschauplätzen bereit, die bulgarischen nicht. Weder eigneten sich diese dazu, noch war die bulgarische Regierung verpflichtet, sie zu stellen. Eine Abänderung des Vertrages in diesem Punkte wäre unter dem Druck der solchen Unternehmungen in der Fremde durchaus abholden öffentlichen Meinung in Bulgarien schwer durchzusetzen gewesen. Es konnte auf die Haltung des bulgarischen Volkes nur günstig wirken, wenn es sich ferner bedroht und verpflichtet fühlte, und wenn es ein ihm erstrebenswertes Kriegsziel noch vor Augen behielt."

Mitte August 1916 hatten bulgarische Armeen auf den Rat der deutschen Obersten Heeresleitung hin einen groß angelegten Angriff gegen den Feind über Mazedonien hinaus versucht, ohne weiter als bis zur Struma zu gelangen. Die Rumänen sahen die Situation als für die Mittelmächte ungünstig an und erklärten am 27. August an diese den Krieg. Zwei Tage darauf wurde Falkenhayn durch Hindenburg als Chef des Generalstabes ersetzt. Rumänien, dem niemand eine so große Bedeutung für Europa zugemessen haben würde, war in einem Augenblick, wo die deutsche Westfront und die österreichische Ostfront die Anstrengung aller Kräfte erforderten, ein gefährlicher Gegner; man hatte keine rechten Vorbereitungen für diesen neuen Feldzug getroffen. Vielfach sieht man es als einen besonders schweren Fehler an, daß Truppen, die die Lage auf dem Balkan durch die Besetzung Salonikis und die Vertreibung der feindlichen Armeen von der Halbinsel hätten klären können, in Verdun eingesetzt wurden, ehe hier ganze Arbeit getan war. Falkenhayn war allerdings der Meinung, die Bulgaren hätten auch gar nicht nach Saloniki vordringen wollen, da sie ihr Kriegsziel, die Eroberung und Befreiung Mazedoniens, ja erreicht hätten. „Es ist nicht Gewohnheit der Balkantruppen, sich gut für Zwecke zu schlagen, deren unmittelbarer Nutzen für das eigene Volk ihnen nicht einleuchtet."

Conrad von Hötzendorff war der Vater der Idee des Durchdringens bis Saloniki. Hier konnte die Entente eines Tages riesige Truppenmengen ungestört landen und eine große Offensive beginnen. Deswegen mußte seiner Meinung nach dieser wichtige Platz in die Hände der Mittelmächte kommen. Zur oben wiedergegebenen Stellungnahme Falkenhayns trug vielleicht auch die

Kenntnis von Vorgängen bei, über die Radoslawow berichtet: „Aus Küstendil wird mir mitgeteilt, daß der Chef des bulgarischen Generalstabs, Jostow, dem Oberkommandierenden der verbündeten Truppen, Feldmarschall von Mackensen, ohne Wissen der Regierung mitgeteilt habe, daß es nicht nötig sei, mehr Truppen nach Mazedonien zu schicken, weil es für die Verpflegung der Truppen Schwierigkeiten gebe. Dies war nur ein schönfärbender Vorwand. Jostow hielt den Zweck der bulgarischen Kriegseinmischung für erreicht, und nun könne Bulgarien auf die Seite der Entente treten, sagte er mir nach seiner Rückkehr von den Fronten im Westen und in Italien. Diese Meinung Jostows teilte ich rechtzeitig dem König mit."

Jostow stand übrigens mit seiner Meinung keineswegs allein. Auch andere Stimmen wurden laut, geeignet, Unfrieden zwischen den Verbündeten zu säen, wenn auch alle diese Dinge jetzt durchaus in Grenzen blieben. Kriegslieferungen, die bisher gegen Verrechnung auf die Kriegsausgaben von Deutschland an Bulgarien gemacht worden waren, sollten nach neueren Anweisungen aus Berlin bar bezahlt werden. Bei kleinen Gereiztheiten auf beiden Seiten schenkte man in Berlin auch dem Gerücht Glauben, Bulgarien lehne ab, in den Krieg gegen Rumänien einzugreifen, da sich die Kriegserklärung um ein paar Tage verzögerte. Ueber die Beweggründe dieses Zögerns konnte sich die Oeffentlichkeit nicht klar werden. Erzberger schreibt darüber, es sei ihm folgendes mitgeteilt worden:

„Der maßgebendste Faktor in dieser Krise war nur der König. Es darf als sicher gelten, daß der König, vor die neue Situation gestellt, keinen Moment schwankte, die Bündnispflicht zu erfüllen, und er in dieser seiner Auffassung von dem Generalissimus Jekow unterstützt wurde. Wenn aber der König doch die Kriegserklärung an Rumänien um einige Tage hinzog, so hatte dieses Manöver seinen bestimmten Zweck, und zwar, um einerseits von den Mittelmächten gewisse strategische Garantien zu erlangen, andererseits, um die Rumänen und die Entente zu täuschen. Radoslawow war auch in diesem Falle nichts anderes als das gut funktionierende Werkzeug des Königs. Er hat es ausgezeichnet zustande gebracht, den rumänischen Gesandten, der die Bedingungen für die bulgarische Neutralität nicht nur der Regierung, sondern auch dem Kabinettschef des Königs überreicht hatte, bis zum letzten Moment über die wahre Haltung Bulgariens zu täuschen, ihn sogar im Gegenteil glauben zu machen, daß die Verständigung wahrscheinlich sei. Die Entscheidung lag allein beim König, und es steht gänzlich außer Frage, daß die Regierung nur das gemacht hätte, was der König gewollt. Der König hat den einzig möglichen Weg gewählt, und es war ihm leicht, über alles Parteigezänk hinweg die Dinge klar zu entscheiden, da er wußte, daß das Bündnis festsitze und die Vorbedingungen sowohl militärisch wie politisch, in der Armee wie im Volke, sehr gut waren. Tatsächlich wurde die Erklärung des Krieges an Rumänien in allen Schichten des Volkes sowohl in der Hauptstadt wie in der Provinz mit großer Genugtuung begrüßt."

In Wahrheit hatten noch andere Gründe das Zögern der Bulgaren bestimmt. Unstimmigkeiten wegen der Kriegsbeihilfe Deutschlands sollten nach den Wünschen der Bulgaren erst beigelegt werden, ehe sie in den Krieg gegen Rumänien eingreifen wollten. General Gantchew wurde damit beauftragt, diese Forderungen durchzusetzen. Er telegraphierte nach Hause, seiner Meinung nach sei der Augenblick unpassend, um derlei Forderungen zu stellen. Die Deutschen könnten die Bulgaren als Erpresser ansehen. Er setzte durch, daß nun die bedingungslose Kriegserklärung an Rumänien erfolgte.

Am 1. September gingen die bulgarischen Soldaten willig in den neuen Kampf gegen Rumänien, trotz einiger Mißstimmung darüber, daß dem bulgarischen Wunsch nicht willfahren worden war, einige deutsche Divisionen zur Unterstützung der mazedonischen Truppen entsandt zu sehen. Während man gegen Rumänien vorrückte, ging den Bulgaren Monastir verloren; sie hatten unter Hunger und Entbehrungen, unter dem Artilleriefeuer der Armee Sarrails viel zu leiden, hielten aber dennoch stand.

Die Bulgaren eroberten im Sturm die Festung Tutrakan, deren Einnahme man für unmöglich gehalten hatte. Die Erbitterung der Bulgaren gegen Rumänien war seit dem zweiten Balkankrieg, seit dem Frieden von Bukarest, so stark, daß die unterlegenen bulgarischen Streitkräfte im Sturm vorgingen und einen beispiellosen Sieg errangen.

Die Rumänen setzten ihre Hauptstreitkräfte gegen Siebenbürgen ein. Mackensen machte im Rücken dieser Armeen von Rustschuk aus eine groß angelegte Offensive, so daß die Rumänen Truppen aus Siebenbürgen abberufen mußten, um sie gegen Mackensen einzusetzen. Falkenhayn gelang es am 29. September, den westlichen Flügel der Rumänen bei Hermannstadt entscheidend zu schlagen; am 8. Oktober folgt der deutsche Sieg von Kronstadt. Am 21. schlägt Mackensen die Rumänen nahe bei Konstanza. Am Tage darauf fällt die Stadt in die Hände der Bulgaren.

Der Feldzug wurde siegreich fortgesetzt. Mackensen erreicht Ende November das Donauufer. Die Schlacht bei Argesch bringt den Rumänen eine besonders empfindliche Niederlage. Bukarest, von dem man geglaubt hatte, es sei eine bedeutende Festung, fällt ohne nennenswerten Widerstand und erweist sich als vollkommen unbefestigt. Die Bulgaren haben nicht nur diesen Sieg zu feiern, sie rücken auch an der Donau bis an die Schwarze-Meer-Mündung vor. Am Jahresende ist Rumänien vollkommen Beute der Mittelmächte.

Indessen war von diesen ein Friedensangebot herausgegangen, ohne jedoch Erfolg zu haben. Ferdinand sah trotz aller Erfolge düster in die Zukunft. Er wußte, daß die bulgarischen Truppen — Bauern, die sich um ihren Acker sorgten — einem jahrelangen Feldzug nur dann gewachsen sein konnten, wenn ihnen tatkräftige Unterstützung zuteil würde. Die ablehnende Antwort der Entente auf das Friedensangebot war ihm ein Beweis dafür, daß dieser von beiden Seiten hartnäckig geführte Krieg nur mit der völligen Unterwerfung eines der Kriegführenden enden sollte.

Eine Abordnung deutscher Reichstagsabgeordneter mit Stresemann und Erzberger — zwei entschiedenen Freunden Ferdinands über das Unglück der Ereignisse hinaus — erscheint in Sofia, um anfeuernd die deutsch-bulgarische Zusammengehörigkeit zu feiern. Zur Freude der Mazedonier wird ihr Land in immer engere Verbindung mit Bulgarien gebracht. Die Opposition der Sobranje scheint durch die Erfolge eher im Abnehmen begriffen. Der Führer der Demokraten, Malinow, sagt zu den Mitgliedern der Volksvertretung, das Bündnis mit den Mittelmächten sei unumgänglich für den Staat gewesen; er erntet den Beifall der Versammlung.

Noch vor der Beendigung des rumänischen Feldzuges hatten sich die ersten Streitigkeiten wegen der den Rumänen abgenommenen Dobrudja ergeben. Ein Teil dieser Provinz war unter deutsche Verwaltung gestellt, die häufig wenig Gefühl für die innere Verfassung der Bulgaren bewies. So wurde angeordnet, die Bulgaren hätten ihre Gesuche in rumänischer Sprache an die Verwaltung zu richten. In den Schulen ließ man rumänisch lehren, während die Bulgaren, die über einen vorbildlichen Schulapparat verfügten, sich grollend zurückzogen. Bulgarien verlangte die ganze Dobrudja für sich; die Türkei stellte jedoch auch Forderungen, und besonders der Besitz des Hafens Konstanza und der zu ihm führenden Eisenbahnlinie war heftig umstritten. Wilhelm II. hatte zu Radoslawow gesagt, er gratuliere Bulgarien zum Erwerb von Konstanza. Anwesend bei der Abgabe dieser Erklärung waren sonst noch General Gantchew, Dobrovitch, der Geheimsekretär Ferdinands, und der Staatssekretär Zimmermann vom Deutschen Auswärtigen Amt. Radoslawow war froh, die Nachricht nach Hause zu bringen, der deutsche Kaiser erkenne das Recht der Bulgaren auf Konstanza an. Bald aber mußte er hören, daß das Große Hauptquartier die Meinung des Kaisers nicht teile. Die Türken verlangten nun als Entschädigung die Gebiete um die Maritza, die sie Bulgarien für den Kriegseintritt zediert hatten.

Der bulgarische Bevollmächtigte im Großen Hauptquartier, General Gantchew, erzählt, wie zu dieser Zeit Ludendorff über die Dobrudja dachte. Gantchew war mit dem Baron Lersner zusammen zu Besuch bei Ludendorff, als dieser ihm sagte, ein Streifen der Dobrudja mit einem Schwarzen-Meer-Hafen müsse deutsch bleiben. Es müsse einen deutschen Hafen am Schwarzen Meere geben. Gantchew wies auf die Unmöglichkeit einer Ausführung dieser Idee hin, indem er auf die Isoliertheit der dort zu stationierenden deutschen Truppen aufmerksam machte.

Ludendorff sagte: „Wenn Sie mir Schwierigkeiten machen, dann desinteressiere ich mich überhaupt für diese Wünsche Bulgariens!"

Gantchew, der Baron Lersner als Zeugen seines Mutes anführen kann, erwiderte:

„Es wäre tatsächlich außerordentlich günstig, wenn Exzellenz sich für diese Frage nicht mehr interessieren würden und ihre Erledigung dem Auswärtigen Amt überließen."

Ferdinand auf dem Ornithologen-Kongreß, Amsterdam 1930, mit Professor Louis Bureau.

Ludendorff erhob sich mit hochrotem Kopf, wies auf die Tür und sagte zu den erstaunten, vor ihm sitzenden Besuchern mit einer nicht mißzuverstehenden Geste: „Adieu!"

Später muß sich Ludendorff jedoch über Gantchew ein besseres Urteil gebildet haben. In seinen Kriegserinnerungen schreibt er über ihn: „Ein ungemein kluger Kopf und gewandter Mann, der die bulgarischen Interessen mit Geschick vertrat, ohne die großen Gesichtspunkte aus dem Auge zu verlieren. Er war ein treuer Anhänger des Bündnisses."

In den ersten Januartagen des Jahres 1917 erschien in Bad Pistyan bei Ferdinand ein Sondergesandter aus Deutschland, der dem König Ferdinand in Gegenwart des Militärbevollmächtigten die Ankündigung überbrachte, man werde deutscherseits den uneingeschränkten Unterseebootkrieg erklären. Zar Ferdinand sah mit großen Sorgen in die Zukunft. Er sagte dem deutschen Sondergesandten, seine Meinung sei, man solle durch Konzessionen in Elsaß-Lothringen, vielleicht durch ein Plebiszit den Friedensabschluß zu beschleunigen suchen. Am 9. Januar gab Wilhelm II. seine Zustimmung zum uneingeschränkten Ubootkrieg.

Während die bulgarischen Truppen in Mazedonien den dauernden Angriffen des Generals Sarrail Widerstand zu leisten hatten und sich tapfer und siegreich behaupteten, ging Ferdinand an eine Generalrevision der Lage. Die Situation der Oesterreicher schien keineswegs eine glänzende. Es war Ferdinand bekannt, daß seit dem Thronantritt des jungen Kaisers Karl, mit dem ihn nahe Verwandtschaftsbande verknüpften, und seit dem gleichzeitigen Beginn der politischen Einwirkung von Karls Gattin, seiner Schwägerin Zita, Ideen über einen Sonderfrieden in Oesterreich erwogen wurden. Diese Ideen erfuhren eine Verstärkung durch den Pessimismus des

Außenministers Czernin. Von Deutschland her versuchte man, durch optimistische Berichte ermutigend auf die Bundesgenossen einzuwirken.

Der General Sarrail hat mit französischen Truppen Erfolge in Serbien zu verzeichnen. Kaiser Karl, der Nachfolger Franz Josephs, sieht den Krieg bereits als verloren an. Er versucht durch seinen Schwager Sixtus von Parma, der auch der Schwager Ferdinands ist, einen Separatfrieden abzuschließen. Er erkennt die Ansprüche Frankreichs auf Elsaß-Lothringen als begründet an. Sein Versuch mißlingt und wird bekannt. Man glaubt, Ferdinand, der nahe Verwandte des Kaisers, wäre Mitwisser des Geheimnisses gewesen. Bulgarien hätte nach Erreichung seiner Kriegsziele Anschluß an die Entente gesucht. Mißverständnisse und Fälschungen erschüttern das gegenseitige Vertrauen. Ferdinand hat selbstverständlich nichts von Karls Angebot gewußt, das ja die Wiederherstellung Serbiens miteinbeschloß, was für Bulgarien den Verlust des erwarteten Gebietszuwachses bedeutete.

Wenn Kaiser Karl in seinen Briefen an den Prinzen Sixtus einen höchst ungeschickten Schritt für den Frieden unternahm, so stützte er sich dabei vielleicht auf die Ideen seines Schwagers. Keineswegs aber konnte Ferdinand, der kluge Diplomat, zu derartigen schriftlichen Missionen geraten haben. Denn es war vorauszusehen, daß die Entente eines Tages von den Briefen des Kaisers Karl Gebrauch machen würde, um, abgesehen von der Elsaß-Lothringischen Frage, auf den Friedenswillen des Kaisers als Beweis des österreichischen Kräfteverfalls und des Bruches zwischen den Bundesgenossen hinzuweisen.

Am Tage nach der französischen Veröffentlichung des Briefwechsels Kaiser Karls mit seinem Schwager Sixtus von Parma, trafen Wilhelm II. und Karl in Spa zusammen. Nachmittags ließ der österreichische Kaiser den General Gantchew rufen und sagte zu ihm, er möchte nach Sofia drahten, daß die Veröffentlichung eine Fälschung sei, daß der bei dieser Affäre auch genannte Name des Zaren Ferdinand in keinem Zusammenhang mit der Angelegenheit stünde, und daß der Zar, dem er baldigst einen Besuch machen wollte, nicht an diese Entstellungen glauben sollte.

Wenig später ließ Wilhelm Gantchew rufen und sagte zu ihm: „Ich weiß ganz gut, weswegen Sie Kaiser Karl so lange gesprochen hat. Sicher hat Karl mächtige Angst, daß Ihr König, wenn er nach Sofia kommen wird, durch einen Gichtanfall außer Stande sein könnte, ihn zu empfangen."

Wilhelm II. erklärte dem General, er glaube nicht an die Beteuerungen Karls. Als der österreichische Kaiser wenig später in Sofia eintraf, fand er seinen Schwager Ferdinand nicht an der Bahn. Er hatte die Gicht.

Wie lange werden die Bulgaren noch standhalten können? Eine große Gefahr lag darin, daß dieses Volk lange unterdrückter, zäher Bauern den ganzen Krieg nur von Balkangesichtspunkten aus betrachtete. Man sieht nur nach den Kriegsschauplätzen in der näheren Umgebung, wo die versprochenen deutschen Hilfsdivisionen fehlen. Der uneingeschränkte Ubootkrieg soll zwar nach deutscher Voraussage in wenigen Monaten England völlig erledigen, aber hat man nicht zu allen Zeitpunkten dieses Krieges den Sieg in ein paar Monaten prophezeit? Die Blockade hat allgemeine Not und Unterernährung hervorgerufen. Die Mittelmächte haben gegen einen vielfach überlegenen Feind zu kämpfen; die Vereinigten Staaten treten auf der Seite der Entente in den Krieg. Uebrigens vermied die bulgarische Regierung ihrerseits die Kriegserklärung an Amerika.

Inzwischen bereitet sich wohl die russische Revolution vor, die den Gegenstoß der Mittelmächte ermutigt. An der bulgarischen Front ruft diese

Volksbewegung jedoch eher einen gegenteiligen Eindruck hervor. Die Opposition im Lande verstärkt sich. Die sozialistischen Gruppen in den Ländern der Mittelmächte finden sich über die Grenzen hinaus mächtig zusammen. Die Angriffe Sarrails gegen die bulgarische Front wiederholen sich in den letzten Monaten des Sommers 1917. Zur gleichen Zeit trat der deutsche Reichskanzler Bethmann-Hollweg zurück und wurde durch Michaelis ersetzt.

Gleich die erste Manifestation des neuen Kanzlers, in der von Verzicht auf Annexionen die Rede war, wirkte verstimmend auf Bulgarien. Erzberger fühlte sich, mit Rücksicht auf seine freundschaftlichen Beziehungen zu Bulgarien, veranlaßt, nach Sofia zu telegraphieren, daß man in Deutschland keineswegs aufgehört habe, die Vereinigung aller Bulgaren in einem Staate als Voraussetzung für den Frieden zu fordern. In diese schwere Zeit fällt das dreißigjährige Regierungsjubiläum Ferdinands, der sich kaum in der Stimmung befindet, Feste zu feiern. Die politische Abteilung der Obersten Heeresleitung telegraphiert am 1. August 1917 an den Sonderzug des Kaisers: „Militärbevollmächtigter Sofia drahtet: ‚Ueber das am 15. August stattfindende 30jährige Regierungsjubiläum Seiner Majestät des Königs erklärte der Ministerpräsident vertraulich: Ob Seine Majestät der König hierzu aus Ungarn zurückkehrt, ist noch ungewiß. Auf alle Fälle wird an diesem Tage von allen Festlichkeiten abgesehen werden wegen des Krieges und der schweren Krankheit der Königin, die ein plötzliches Ende nehmen kann'." Ferdinand, der zur Kur nach Wiesbaden geht, erbittet an dem Tage nur, man möchte in seiner Gegenwart in Frankfurt am Main eine Messe lesen.

Auch in Bulgarien wurde jetzt der Lebensmittelmangel immer größer. Die Fronten schienen schon öfters zu wanken, so daß sich die Deutschen im Herbst 1917 entschließen, in der Dobrudjafrage ein wenig nachzugeben, um die Bundesgenossen wenigstens in dieser Hinsicht nicht weiter zu entmutigen. Mit dem fortschreitenden Erstarken der Bauernpartei Stambuliskis wächst die Opposition gegen Radoslawow. Anfang Februar hat der bulgarische Gesandte in Berlin, Rizow, mit Wissen Ferdinands und der deutschen Regierung, wenn auch nur mit mündlichen Aufträgen ausgestattet, einen Friedensversuch unternommen. In Berlin hatte er sich auf bulgarische, in Sofia auf deutsche Aufträge berufen. Rizow war nach Christiania und Stockholm gefahren, um dort mit den russischen Gesandten Gulkewitsch und Nekljudow, mit denen er von früher her in guten bekanntschaftlichen Beziehungen stand, über einen Sonderfrieden der Zentralmächte mit Rußland zu verhandeln. Die Russen lehnten zuerst ab, dann schlugen sie einen Sonderfrieden zwischen Bulgarien und Rußland vor. Die Russen wollten aus der Demarche Rizows schließen, es ginge Deutschland verzweifelt schlecht und Bulgarien beabsichtige nun, an die Seite der Entente zu treten. Der russische Gesandte in Christiania gibt am 22. Februar 1917 den folgenden Bericht über die Lage.

„Ich halte es für meine Pflicht, Euer Exzellenz zu bestätigen, daß Rizow mich nicht im geringsten Zweifel darüber gelassen hat, daß er als Abgesandter der Deutschen auftritt. Ich weiß nicht, was er dem kaiserlichen Gesandten in Stockholm gesagt hat, und bin auch nicht imstande, zu beurteilen, wie Nekljudow ihn empfangen hat. Aber von mir hat Rizow keine Hoffnung mitgenommen, zu erreichen, daß Rußland sich von seinen Verbündeten lossagt.

Im Gespräch mit dem bulgarischen Gesandten habe ich sehr vorsichtig die Frage der Möglichkeit einer Abschwenkung Bulgariens von den Zentralmächten angeschnitten. Rizow bekannte direkt und offen, daß die

Deutschen so umsichtig auf den verschiedenen Fronten und in Bulgarien selbst ihr eigenes Militär verteilt haben, daß die Möglichkeit für Bulgarien, seine Außenpolitik in dieser Zeit zu ändern, ausgeschlossen sei. Das Bekenntnis Rizows wird durch alle Mitteilungen vom Balkan bestätigt. Aus dem umfangreichen Material der russischen und verbündeten Agenten, ebenfalls von Bulgarien selbst, geht deutlich hervor, daß sich in Bulgarien eine Revolution vorbereitet, und daß diese Bewegung die Losung hat: Nieder mit dem Krieg! Das hat unterdessen ziemlich richtig der italienische Minister Sonnino verstanden, indem er bestätigt, daß alle Verhandlungen durch Ferdinand ausschließlich um seiner Krone willen angestiftet wurden.

Das folgende Geheimtelegramm des russischen Generalkonsuls in Saloniki kennzeichnete Rizows Aufgabe besser als alle anderen Bekenntnisse: „Das Verweilen an der Front unserer Brigaden gab mir die Möglichkeit, mich nochmals davon zu überzeugen, daß das bulgarische Militär vollkommen demoralisiert ist, und daß die Deutschen keinerlei Vertrauen zu ihm haben. Alle bulgarischen Regimenter, die sich bei unserer zweiten Brigade befinden, sind mit deutschen Abteilungen vermischt. Die bulgarischen Deserteure und Gefangenen, die in den letzten Tagen unseren Truppen in die Hände fielen, bestätigen einmütig, daß die Stimmung in Bulgarien sehr niedergedrückt ist. Die Soldaten glauben nicht mehr an den Sieg und sind gegen die Deutschen und gegen ihre eigene Regierung sehr aufgebracht, weil nicht ein Brief aus der Heimat an die Front durchgelassen wird, um die gegenwärtige Lage des Landes zu verheimlichen."

Der russische Gesandte in Christiania sandte am 1. April 1917 an das russische Außenministerium folgendes Geheimtelegramm:

„. . . Ich sehe in der Gegenwart Rizows eine Bestätigung der schwierigen Lage Deutschlands. Ich denke nicht anders, als daß er auch die Absicht hatte, uns von unseren Verbündeten zu trennen. Ich verharre dabei auf meinem früher eingenommenen Standpunkt und bin der Ueberzeugung, daß es uns nicht ziemen würde, auf den Antrag Rizows zu erwidern und wenn, so nur dann, wenn sich die inneren Zustände in Deutschland so verwickeln, daß die Bulgaren imstande wären, das deutsche Joch abzuschütteln. In solchem Falle werden die Bemühungen Rizows nicht mehr von der deutschen Regierung, sondern von Bulgarien selbst ausgehen. Bei der Aufstellung irgendwelcher Bedingungen kann man schon eher die Interessen der Serben und Rumänen befriedigen, weswegen sich, wie mir bekannt ist, die französische Regierung beunruhigt."

Nekljudow telegraphierte aus Stockholm an den russischen Außenminister:

„Heute morgen um 11 Uhr war Rizow bei mir. Seine ersten Worte waren ein Glückwunsch zu der Umwälzung, die bei uns in der Regierung stattgefunden hat. Nachdem ich ihm gedankt hatte, sagte ich ihm, daß ihn mein Telegramm schon benachrichtigt habe, was er von mir hören solle, d. h., daß ich ihm nur zu wiederholen habe, was er bereits durch die von mir aus Petersburg erhaltene Antwort wisse: daß von irgendeiner separaten Verständigung mit Deutschland keine Rede sein könne. Ich fügte hinzu, daß sich unsere neue Regierung auch als Verbündete der Entente betrachte. Die frühere politische Tätigkeit der Minister sei eine Garantie dafür, daß ausschließlich die Interessen des Vaterlandes sie leiteten. Rizow sagte dann, daß die Revolution für das russische Volk ungünstig ausfallen könne."

Für den Augenblick konnte der Versuch Rizows auch beim demokratischen Rußland zu keinem Erfolge führen. Ein Brief des Bulgaren an Maxim Gorki, durch den er hoffte, für die Versöhnung zu arbeiten, bewirkte das

Gegenteil und wurde von Gorki mit scharfen Kommentaren veröffentlicht.

Ende November trat die russische Revolution in ein neues Stadium. Die Sowjetregierung, an ihrer Spitze Lenin, richtete ein Telegramm „An Alle", in dem sie ihre unbedingte Friedensbereitschaft kundgab.

„Der Friede, den wir vorschlagen, ist ein Völkerfriede. Er wird ein ehrenvoller Verständigungsfriede sein, wird Freiheit für die wirtschaftliche und kulturelle Entwicklung eines jeden Volkes garantieren . . .

Wir haben die Geheimverträge des Zaren und der Bourgeoisie mit den Verbündeten veröffentlicht und erklären sie als nichtig für das russische Volk.

Wir schlagen vor, mit allen Völkern öffentlich einen neuen Vertrag zu schließen, auf Grund gegenseitiger Verständigung und Mitwirkung.

Auf den Vorschlag, die Sowjetregierung anzuerkennen und mit ihr in Verhandlungen über einen Verständigungsfrieden einzutreten, haben die offiziellen und offiziösen Vertreter der herrschenden Klassen in den verbündeten Ländern ablehnend geantwortet.

Die Regierung der siegreichen Revolution hat es nicht nötig, die berufsmäßige Diplomatie anzuerkennen; aber wir fragen die Völker, ob die reaktionäre Diplomatie ihre Gedanken und Bestrebungen unterdrückt, und ob die Völker ihren Diplomaten erlauben, die große Friedensmöglichkeit, die die russische Revolution dargeboten hat, zu vereiteln."

Nachdem es zum Waffenstillstand gekommen war, bestimmte auch die bulgarische Regierung ihre Delegierten zu den Friedensverhandlungen, die am 12. Dezember in Brest-Litowsk begannen. Die Grundlage der Verhandlungen bildete die Erklärung, keine Annexionen machen zu wollen, so daß Bulgarien mit Angst sah, daß es auch diesmal wenig Aussichten haben würde, die eroberten und versprochenen, von Bulgaren bewohnten Gebiete mit dem Lande vereinigt zu sehen, wenn sie nicht heftigen Widerspruch einlegten. Sie protestierten, wußten allerdings nicht, daß die Oesterreicher schon bindende Erklärungen auch für sie abgegeben hatten. Auf ihr Verlangen erhielten sie dann eine von Kühlmann und Czernin unterzeichnete Erklärung, daß die Verträge mit Bulgarien und die Gebietsversprechungen unbedingt respektiert werden würden.

In Brest-Litowsk schienen die Verhandlungen nicht weiter zu kommen; fast schien es, als wollten die Russen abwarten, bis die Revolution auch in den Ländern der Zentralmächte siegen würde. So kam es zu neuen Feindseligkeiten. Die deutschen Truppen konnten, fast ohne Widerstand zu finden, weit in das russische Land einrücken. Schließlich kam es unter dem Druck der Ereignisse am 3. März 1918 zum Friedensschluß zwischen den Mittelmächten und Sowjet-Rußland.

Stambuliski, der Führer der Bauernpartei, hatte unterdessen mächtigen Zuwachs an Anhängern gefunden. Die bulgarischen Bauern waren besonders unzufrieden, da ihnen die Arbeitskräfte für die Landwirtschaft fehlten. Es gab allerlei Not im Lande. Der Krieg dauerte schon soviel länger, als man geglaubt hatte, und je mehr von den Erfolgen der Entente die Rede war, desto mehr verbreitete sich die Anschauung, man hätte sich ihr, nicht den Mittelmächten anschließen sollen. In Sofia trafen wohl in kurzen Abständen hohe Fürstlichkeiten aus den Ländern der Verbündeten ein — unter ihnen Wilhelm II. in bulgarischer Uniform, Kaiser Karl von Oesterreich, die Könige von Sachsen und Bayern — und es wurden große Reden gehalten über die unerschütterliche Bundestreue. In Wirklichkeit aber war das Bundesverhältnis schon stark erschüttert. Außer den Dobrudja-Streitigkeiten gab es Unstimmigkeiten über die deutschen Hilfstruppen, die eigentlich, zwölf Divisionen stark, Bulgarien unterstützen sollten, die aber bis auf kleine Reste an anderen Fronten eingesetzt waren, so daß die Bulgaren gegen den andrängenden Feind einen immer schwereren Stand hatten.

Was die endgültige Grenzregulierung gegen Rumänien anbetraf, waren wieder neue Zweifel entstanden. Seit Beginn 1918 ratschlagte Oesterreich mit Rumänien über einen ehrenvollen Friedensschluß, bei dem von größeren Abtretungen kaum die Rede sein sollte. Kühlmann und Czernin verhandelten am 24. Februar 1918 im Schloß des Fürsten Stirbey mit dem rumänischen Ministerpräsidenten Averescu. Czernin traf sogar persönlich mit König Ferdinand von Rumänien zusammen. Bei den endgültigen Verhandlungen erwies sich die Dobrudja als Streitobjekt zwischen Türken, Bulgaren, Rumänen.

All dies befeuerte die Opposition gegen Radoslawow, der, wie man behauptete, „die Dobrudja an Deutschland verkauft habe", genau, wie man sagte, daß er den Deutschen die bulgarischen Bergwerke in die Hände gespielt habe. Am 7. Mai kam der Bukarester Vertrag durch ein Kompromiß zustande, durch das Bulgarien zwar nur die südliche Dobrudja erhielt, der nördliche Teil dieses Landes aber wenigstens unter ein Condominium der vier Verbündeten gestellt wurde. Dieses Condominium war an und für sich eine Unmöglichkeit. In Bulgarien war man tief enttäuscht, obgleich Kühlmann sofort nach der Unterzeichnung der Abmachungen Radoslawow eine schriftliche Erklärung übergab, wonach Deutschland auf die Rechte des Condominiums zugunsten Bulgariens verzichten wollte, wenn die anderen Mächte gleiche Erklärungen abgeben würden. Daran war wohl vor der Hand nicht zu denken. Es war aber nichts anderes übrig geblieben, um bulgarische Truppen aus Rumänien freizubekommen und sie zur Verstärkung der immer mehr gefährdeten mazedonischen Front zu benutzen.

Die Kriegsunlust der Bulgaren stieg immer mehr. Die Soldaten litten Not. Es gab schon vereinzelte Meutereien. Das Volk verlangte nach sechsjährigen, fast ununterbrochenen Kämpfen mächtig nach Frieden. Die deutschen Truppen hatten sich gegen die frischen Amerikaner zu verteidigen. Sie konnten keine Hilfstruppen nach Mazedonien schicken, überschätzten wohl auch die Widerstandskraft der dortigen Truppen. Im Juni wird das Kabinett Radoslawow gezwungen zurückzutreten. Malinow, der Führer der Demokraten, bildet die neue Regierung. Nun nimmt das Verhängnis seinen Lauf. Ferdinand sendet ein Telegramm um das andere, man solle endlich deutsche Hilfstruppen schicken.

Große Teile der Armee hatten erklärt, sie würden nur bis zum 15. September kämpfen. Dann würden sie den Krieg für beendigt ansehen und nach Hause zurückkehren. Am Morgen des 14. September begann auf einmal der Angriff der Entente-Armeen im Bergland von Mazedonien. Franzosen und Serben erringen den Tag darauf unter dem General Franchet d'Esperey einen entscheidenden Sieg. Wenn die Bulgaren auch an einzelnen Punkten der Front noch tapfer standhielten, so begann doch schon ein Rückzug, der von Tag zu Tag regelloser wurde. Die Bemühungen der Diplomatie hatten kaum noch mitzusprechen. Es klingt wie ein Hohn, daß am 25. September tatsächlich in Berlin der so langersehnte Vertrag zustande kam, in dem Oesterreich, Deutschland und die Türkei Bulgarien vorbehaltlos auch die so lange umstrittene nördliche Hälfte der Dobrudja abtraten, während an der Front der bulgarische Soldat seine Voraussage wahrmachte, dem Krieg Adieu sagte und auf dem schnellsten Weg zu Weib, Kind und Acker zurückzukehren suchte.

Im letzten Moment soll noch versucht werden, deutsche Truppen von der Westfront nach Mazedonien zu beordern. Doch am gleichen Tag, an dem in Berlin das historische Dobrudja-Problem zugunsten Bulgariens auf dem Papier gelöst wird, beschließt das Kabinett Malinow, daß der Feind um Waffenstillstand zwecks Friedensschlusses ersucht werden soll. Eine Delegation, mit Liaptschew an der Spitze, wird ausgesandt und verläßt Sofia, wo gerade die ersten zurückflutenden Soldatenscharen eintreffen.

Ferdinand hatte die Ereignisse kommen sehen. Schon am 8. August 1918 hatte die Regierung Malinow ihn davon in Kenntnis gesetzt, daß nur der Frieden Bulgarien retten könne. Ferdinand, der in der Erkenntnis seiner unzureichenden militärischen Erfahrung darauf verzichtet hatte, eine Rolle bei den strategischen Entschlüssen und der Leitung kriegerischer Manöver zu spielen, wie er überhaupt seit dem Ende des zweiten Balkankrieges mehr in den Hintergrund getreten war, wußte wohl, daß der Zusammenbruch schrecklich sein würde. Am 17. September hatte er noch einmal in Gegenwart des gerade zu Besuch weilenden Königs von Sachsen mit Radoslawow verhandelt, ob es möglich sein würde, eine neue Regierung Radoslawow zu bilden. Das Ministerium Malinow beabsichtigte, auf Grund von Wilsons vierzehn Punkten Frieden zu schließen. Die Verkündigung des amerikanischen Präsidenten wirkte mächtig auf die bulgarischen Staatsleute. Ferdinand, voller Mißtrauen, wünschte zumindest gewisse Garantien als Basis der Friedensverhandlungen.

Am 26. September ließ Ferdinand die Regierung davon in Kenntnis setzen, daß er bereit sei abzudanken, wenn man ihn als Hindernis für den Frieden betrachte. Die Regierung erwiderte augenblicklich mit dem Wunsch, er möchte nicht weiter an den Thronverzicht denken.

Am 5. Oktober erklärte Malinow, die Verbündeten

hätten seit November 1917 ohne Begründung noch Erklärung die Zahlung der vereinbarten monatlichen Kriegsbeihilfe von 50 Millionen eingestellt; seit dem 1. Februar 1918 sei die Lieferung von Kriegsbedarf für die bulgarische Armee völlig eingestellt worden, da Bulgarien die bisherigen Lieferungen nicht bezahlt hatte. Seit dem 12. August habe die bulgarische Regierung der deutschen wiederholt — zuletzt noch Ende September — erklärt, falls die vertraglich zu stellenden zwölf Hilfsdivisionen der Verbündeten nicht nach Mazedonien abgingen, sei die Katastrophe unvermeidbar. Hindenburg habe aber behauptet, die Lage an der Westfront gestatte nicht einmal die Fortnahme einer Division.

Die aufgelöste bulgarische Armee bewegte sich nun auf Sofia zu. Ferdinand war noch in Uesküb im deutschen Hauptquartier gewesen, um Hilfe zu suchen. Er kehrt aber am 22. September nach Sofia zurück und beruft einen Kronrat ein. Malinow fordert, Deutschland und Oesterreich sollten ersucht werden, sich dem allgemeinen Friedensschluß nicht zu widersetzen. Sollten sie ablehnen, so müßte Bulgarien eben allein einen Waffenstillstand nachsuchen.

So war es zum Waffenstillstand gekommen, den der Ministerrat von der Entente gefordert hatte, ohne Ferdinand auch nur um die Einwilligung zu bitten. Während er so von den Ereignissen beiseite geschoben wird und alles, was er in über dreißig Jahren geschaffen hat, zusammenzustürzen droht, muß sich Ferdinand immer wieder die Frage vorlegen, ob nun wirklich alles verloren ist, ob es nicht seine Pflicht besser erfüllen hieße, Widerstand bis zum allerletzten zu leisten. Er kann die Lage nicht völlig überblicken, war seit langem auf die Nachrichten der verbündeten Heeresleitungen angewiesen, die, stets gezwungen, die Lage günstig darzustellen, alles daran setzen, daß Ferdinand nicht wankt.

Ferdinand hat den Mut, Stambuliski entgegenzutreten, der ihm drei Jahre vorher gesagt hat, er riskiere seinen Kopf. Stambuliski war wegen Majestätsbeleidigung eingekerkert worden. General Gantchew holt ihn im Auftrag des Königs aus der Haft. Ferdinand wendet sich an den Patriotismus des Führers der Bauernpartei. Der König versucht ihn davon zu überzeugen, daß die Lage noch nicht völlig verzweifelt sei. Es gelingt ihm, auf Stambuliski einzuwirken. Der Volksführer eilt an die Front und versucht beruhigend zu wirken. Er stellt sich den Flüchtenden in den Weg. Aber man hört seine Stimme nicht. Mehr Glück hat der Kriegsminister, General Sawow. Diesem gelingt es, wenigstens die Truppen vor der Rückkehr in die Heimat zur Waffenablieferung zu bewegen.

Ferdinand rechnet immer noch auf die deutschen Hilfstruppen; er beharrt bis zum Ende bei seiner Bundesgenossenschaft und erklärt, er werde, wenn seine Regierung sich gegen die Mittelmächte entscheide, Sofia verlassen. Indessen treffen aus Radomir die ersten Nachrichten von der Revolution ein; es verbreitet sich das Gerücht, dort sei bereits die Republik unter Stambuliski ausgerufen. Ferdinand bringt die letzten Nächte des September im Schlafwagen seines Sonderzuges zu, da er sich im Palais von Sofia nicht mehr sicher fühlt. Doch kurz vor Sofia zerstreut die Nachricht vom Waffenstillstand die drohend anrückende Armee der meuternden Bulgaren. Mehr als es sie lockt, nach Sofia zu gehen, lockt es sie zu ihren Bauernhöfen. Ferdinand kehrt in das Palais zurück.

Liaptschew, der als Führer der Waffenstillstandsdelegation verhandelt, trifft mit dem General Franchet d'Esperey zusammen. Der General sagt ihm: „Wir würden uns besser mit dem Thronfolger Boris verständigen." Liaptschew erwidert, dies sei eine Frage der bulgarischen Innenpolitik, die nichts mit den übrigen Besprechungen zu tun habe. Außerdem sei er Minister Ferdinands.

„Sind Sie sicher, es noch zu sein?", fragt ihn der französische General.

Am 1. Oktober ist Liaptschew zurück. Er berichtet dem König von dem Erfolg seiner Mission; er hat erreicht, daß die Besatzungsarmee, die die Entente nach Bulgarien entsendet, keine griechischen oder serbischen Truppen enthalten wird. Tatsächlich ein Umstand von größter Bedeutung, die Verhinderung sonst unvermeidlicher Grausamkeiten.

„Und hat man nichts von mir gesagt?" fragt der König.

„Ich habe keine Unterhaltung über dieses Thema führen wollen", antwortet Liaptschew. „Aber die Alliierten haben sich außerordentlich lobend über den Thronfolger ausgesprochen. Außerdem sind hierüber Erklärungen an Mr. Walker von der amerikanischen Gesandtschaft gemacht worden — —"

In der Hauptstadt war das Gerücht verbreitet, die Franzosen hätten die Abdankung Ferdinands gefordert. Liaptschew erklärt, Franchet d'Esperey habe nur gesprächsweise den Thronfolger erwähnt. Liaptschew geht dann zu General Gantchew und sagt ihm:

„Das schwerste für den König wird die Bestimmung des Waffenstillstandes sein, nach der die Deutschen und Oesterreicher binnen vier Wochen Bulgarien verlassen sollen."

Gantchew möchte doch den König veranlassen, hierein zu willigen. Er, Liaptschew, werde dafür sorgen, daß während dieser vier Wochen die Bestimmung aufgehoben oder gemildert würde.

Am Tag darauf spricht Liaptschew vor der Regierung über die Verantwortlichkeit Ferdinands. Malinow ist indessen zu Ferdinand gegangen, der ihn über die Bedingungen des Waffenstillstands, die Nachrichten von der Armee, die Meinung der Regierung befragen will.

Malinow sagt: „Rufen Sie die Parteiführer, Majestät, und hören Sie ihre Meinung, wenn Sie es so wünschen."

Am Nachmittag spricht Ferdinand mit Todorow, dem späteren Friedensdelegierten Bulgariens, der ihm keine Hoffnung läßt, der sagt, die Soldaten würden eher ihre Bajonette gegen die eigenen Führer kehren, als den Kampf gegen Engländer und Franzosen fortsetzen. Todorow sagt auch, in seiner Partei sei schon hier und da von der Abdankung des Königs gesprochen worden. Er habe jedoch stets eingegriffen und erklärt, davon könne nicht die Rede sein.

Sicher kann niemand, der die bulgarischen Verhältnisse kennt, vom Verrat Ferdinands sprechen. Die Bulgaren haben sich heldenhaft gehalten, doch es ging über ihre Kraft. Ferdinand hört auch Radoslawow und Tontchew, die ihn beschwören, er solle seinen Thron behaupten.

Niemand weiß etwas über die Entschlüsse Ferdinands.

Ferdinand bringt eine schlaflose Nacht zu. Kein Mensch kann die Gedanken erraten, die ihn bewegen. Malinow versucht zweimal im Laufe des 3. Oktober, zum König vorzudringen; es gelingt ihm nicht. Am frühen Nachmittag dieses Tages ruft Ferdinand Gantchew zu sich. Er macht ihm Mitteilung von seinem Entschluß, abzudanken. Er will nicht als Verräter dastehen. Um drei Uhr war die Urkunde aufgesetzt und von Ferdinand unterzeichnet. Die Prinzen Boris und Kyrill sind anwesend. Gantchew soll noch das Geheimnis wahren. Um acht Uhr bittet Ferdinand Malinow zu sich. Dieser findet Ferdinand in heftiger Gemütsbewegung vor.

Kann Ferdinand nicht mit Recht sagen, daß er unendlich viel für dieses Land getan hat, daß er Bulgarien mit Chausseen, Eisenbahnen, Häfen und Brücken, mit wissen-

*Bei der Hochzeit des Königs Boris.
Ferdinand und die Königin von Italien, im Hintergrund
Victor Emanuel.*

schaftlichen Institutionen von Rang ausgestattet hat, daß er überall seine Hand mit angelegt hat, daß die Geschichte des bulgarischen Staates, der über alles Unglück triumphieren wird, von seiner Person unzertrennlich ist. Ferdinand sagt kein Wort zu seiner Entlastung. Er reicht Malinow ein Schriftstück herüber und sagt mit harter Stimme:

„Hier meine Abdankung! Nehmen Sie!"

Viertes Buch

IM EXIL

ZEHNTES KAPITEL

Der Thronfolger Boris tritt vor Malinow. Ferdinand wendet sich zu diesem: „Leisten wir als erste dem neuen Zaren den Treueid!" Der Minister sagt: „Gestatten Sie mir, als erster Sie als Zar der Bulgaren zu begrüßen, Zar Boris III."
Ferdinand umarmt den jungen Prinzen: „Ich bin Ihr Untertan, aber ich bin der Vater Eurer Majestät." Dann sammelt er sich.
Malinow ist durch die Abdankung Ferdinands überrascht worden. Er erkennt das Opfer an, das Ferdinand bringt. Sicher wird durch diesen Akt die Gesamtsituation eine große Entspannung erfahren. Malinow sagt: „Sire, die Geschichte wird eines Tages über Sie urteilen."
Ferdinand erklärt ihm, es sei sein fester Wille, noch am gleichen Tag Bulgarien zu verlassen. Für morgen, den 4. Oktober, ist der Zusammentritt der Sobranje beschlossen. Hier könnte es zu heftigen Diskussionen wegen seiner Person kommen. Er will freiwillig fortgehen.
Malinow, der von den Räumen des Königs hinabsteigt, begegnet dem Prinzen Kyrill, den er emphatisch als Thronfolger begrüßt. Gantchew und der Kabinettschef Dobrovitsch wohnen dieser Begegnung bei. Malinow ruft einen Ministerrat zusammen. Er hat den Gedanken gehabt, das gesamte Ministerium solle sich zum Abschied an der Bahn einfinden. Aber Ferdinand verzichtet.
Mit dem Wagen geht es noch einmal nach Vrana, der Besitzung, die sich Ferdinand so wundervoll eingerichtet

hat. Voller Wehmut streift er durch die Räume des Schlosses, durch den Park. Er geht unter den Bildern, die die Wände der Säle schmücken, von Gedanken beschwert. Er öffnet keinen Schrank, keine Schublade. Er will nur einen letzten Abschied nehmen. Von der nahebei liegenden königlichen Station geht der Sonderzug nach Sofia zurück.

Gegen elf Uhr abends wird der Bahnhof von Sofia geräumt. Malinow und Sawow erscheinen vor dem Zug des Zaren, begleitet von einem kleinen Aufgebot von Soldaten. Ferdinand und Boris treffen aus Vrana ein.

Schwebt ihm beim Anblick der halben Eskadron, die hier nur zu seinen Ehren steht, das Schicksal des Zaren Nikolaus vor, den man vor wenigen Wochen mit seiner ganzen Familie ermordet hat? Ferdinand nimmt von Malinow herzlichen Abschied. Sawow, den Kriegsminister, von dem er gehört hat, er habe alles mögliche Nachteilige über ihn geäußert, hat er noch einmal hierherbestellt, damit er ihm seine Vorwürfe ins Gesicht sagen möge. Ferdinand stellt ihn heftig zur Rede. Vielleicht läßt sich Sawow überzeugen.

Der Zug verläßt langsam den Bahnhof von Sofia, während Ferdinand am Fenster seines Salons mit einem langen Blick das Schattenbild der Stadt umschließt, die er vielleicht niemals wieder sehen wird und für die er so viel getan hat. Nur wenige Getreue begleiten ihn. Bald heißt es Abschied von Boris zu nehmen, der davon geht, einer ebenso schweren Aufgabe entgegen, wie sie sein Vater vor dreißig Jahren vorgefunden hatte. Ein kleines Detachement seiner Leibgarde begleitet Ferdinand. In Belgrad nimmt er mit einer Ansprache Abschied von den Gardisten, die ihm weinend die Hand drücken.

Langsam, vor Ueberraschungen kaum sicher, durchquert der Zug das Land. Auf dem Bahnhof von Budapest wird er von dem Platzkommandanten empfangen, der zu

Ferdinand sagt, wenn er beabsichtige, von hier auf seine ungarischen Besitzungen nach Murany zu gehen, so habe er ausdrücklichen Befehl, dies nicht zuzulassen. Ferdinand erklärt ihm, er wolle nach Ebenthal gehen. Am 5. Oktober trifft der Hofzug an der ungarisch-österreichischen Grenze in Marchegg ein, wenige Stunden nur von Ebenthal, dem nahe bei Wien gelegenen Schloß der Coburgs, wo sich die Töchter Ferdinands aufhalten.

Man brachte die Nacht in dem haltenden Zuge zu. Gegen zwei Uhr wird General Gantchew, der treue Freund des Königs, aus dem Schlafe geweckt. Ferdinand verlange nach ihm und wünsche ihn sofort zu sprechen. Gantchew fand seinen Herrn entkleidet im Bette liegend vor. Graf Berchtold stand vor ihm und verlangte strikt, Ferdinand solle mit seinem Zuge ohne weitere Verzögerung abfahren und Oesterreich verlassen. Ferdinand war außerordentlich erregt und empört. Man verweigerte ihm also wirklich das Asyl. Hatte er das um Oesterreich verdient?

Er sagte zu Berchtold, dessen Gesicht ihm höhnisch schien, und der ein gezwungen höfliches, ein klassisches Französisch sprach: „C'est une lâcheté, que d'avoir accepté une telle mission; la honte retombe entièrement sur mon beau-frère Charles."

Gantchew hörte die bitteren Vorwürfe seines Herrn und machte nun auch seinerseits Berchtold Vorhaltungen. Unmöglich könne man dem bulgarischen Zaren, der als Opfer seines Bündnisses mit den Mittelmächten Bulgarien habe verlassen müssen, das Asyl verweigern. Berchtold bestand auf seinen Anordnungen, nur mit großer Mühe gelang es Gantchew, das Verweilen in Oesterreich für eine Nacht zu erwirken, wobei er nach den von Berchtold gemachten Aeußerungen ganz unter dem Eindruck stand, man betrachte Ferdinand als österreichischen Gefangenen.

Ferdinand konnte eine halbe Nacht in Ebenthal verbringen, seine Töchter begrüßen, seine Koffer umdirigieren.

Am nächsten Morgen fuhr Gantchew nach Wien. Er wollte Burian sprechen, der so lange in Sofia gewirkt hatte, der Ratgeber Ferdinands in seinen ersten Regierungszeiten gewesen war. Bei ihm hoffte er endlich Verständnis für die Lage Ferdinands zu finden. Aber er konnte nicht zu Burian gelangen. Er wurde wieder von Berchtold empfangen, der ihm sagte, er habe schon mit Burian alles Notwendige besprochen. Wieder kam es zu einer heftigen Auseinandersetzung zwischen Berchtold und Gantchew.

„Die Reden vom Verrat Ferdinands sind eine Infamie", erklärte Gantchew. „Ist nicht der König wegen seiner Bundestreue des Thrones verlustig gegangen? Solche Behauptungen können doch unmöglich der Grund sein, weswegen man dem König, der alles verloren hat, das Asyl verweigert?"

Endlich gab Berchtold zu, der wahre Grund, weswegen man auf die schleunige Abreise Ferdinands dränge, sei der, daß Kaiser Karl durch die Anwesenheit des entthronten Zaren in Oesterreich fürchte, selbst zur Abdankung getrieben zu werden, da solch Beispiel auf die Volksmeinung wirken würde.

Gantchew sagte: „Wenn es sich darum handelt, daß Zar Ferdinand ein neues Opfer bringt, so werden Sie ihn sicher dazu bereit finden."

Es wurde hin und her telegraphiert. Endlich einigte man sich auf Coburg als Aufenthaltsort für Ferdinand. Am 6. Oktober ging die Reise dorthin weiter. Trotz aller Zusicherungen war es eine Reise ins Ungewisse. Prinz Philipp von Coburg, der Bruder des Königs, den er in Wien während der Reise einen Augenblick wiedersah, sprach schon von Gerüchten über die Abdankung Wilhelms II. Es konnte kein Zweifel darüber bleiben, daß die Widerstandskräfte der Mittelmächte zu Ende gingen. Ferdinand stellte dem deutschen Kaiser, als er nun ins Exil ging, seinen Feldmarschallstitel zur Verfügung. Wilhelm II. beläßt ihm jedoch seinen Rang und drahtet ihm über seine Abdankung: „Ich verstehe und ehre Deinen Entschluß."

In Coburg bietet man Ferdinand zuerst Schloß Ehrenburg als Wohnsitz an. Er zieht sich lieber in die Villa zurück, die er schon längere Zeit vor dem Krieg in Coburg erworben hatte.

Ferdinand sieht in Coburg, wo er das Leben eines Internierten führen soll, mit Schrecken, welche Fortschritte Unterernährung und Not aller Art in den kurzen Monaten gemacht hatten, seit er auf dem Balkon des Schlosses hier die Hochrufe der Menge für Bulgarien und den ruhmreichen Bundesgenossen entgegengenommen hatte. Es ist unmöglich, diesen Krieg noch weiter fortzusetzen. Man hätte allerspätestens vor zwei Jahren Frieden schließen müssen, wie er es damals gesagt hatte; das hungernde Land will endlich nach so langen, nutzlosen Opfern ausruhen. Die Armee drängt zurück. In den ersten Novembertagen bricht das kaiserliche Deutschland zusammen. Ferdinand sieht eine mächtige Welle die großen und kleinen Fürsten fortschwemmen. Auch das Stammhaus Coburg-Gotha hat aufgehört zu regieren.

Ferdinand ist nicht geflohen. Er hat sich seinem Land bis zum letzten zur Verfügung gestellt; er hat dem Friedensschluß nicht im Weg stehen wollen. Er hat den Mut gehabt, sich dem aus dem Gefängnis entlassenen Stambuliski gegenüber zu stellen, er hat bis zuletzt den redlichen Versuch gemacht, dem bulgarischen Volke zu dienen. Er macht es nicht wie sein Schwager Karl von Oesterreich, der unablässig darauf sinnt, durch seine Rückkehr, die die Mehrheit des

Volkes nicht wünscht, neue Unruhen über Oesterreich zu bringen. Ferdinand stellt sich den elementaren Bewegungen nicht in den Weg. Er mag wohl in den letzten Oktobertagen noch einige Hoffnung gehabt haben, daß man ihn — als Vater des Königs — früher oder später zurückberufen werde. Hat nicht Malinow beim Abschied von Sofia zu ihm gesagt: „Majestät werden als Gast Bulgariens stets willkommen sein"? Jetzt ist sein einziger Wunsch, unterzutauchen. Er sinnt über das schwere Schicksal nach, das Bulgarien traf, legt sich immer wieder die Frage vor, ob er selbst schuldig ist, ob er nicht seine Pflicht nach bestem Wissen und Gewissen erfüllt hat.

Die ersten Jahre, die dem Kriege folgen, sehen Ferdinand in völliger Zurückgezogenheit. Er spricht kein politisches Wort, verfolgt nur angstvoll die Geschicke seines Landes. In Neuilly war das Friedensdiktat von der bulgarischen Deputation, von Alexander Stambuliski, unterzeichnet worden. Stambuliski hatte die Regierung in Sofia übernommen und sich den größten Schwierigkeiten gegenüber gesehen. Am 9. November 1919 protestierte die bulgarische Nationalversammlung noch einmal gegen den Frieden von Neuilly, den sie ratifizieren mußte, und stellte fest, daß die Bedingungen unerfüllbar wären. Abgesehen von einer ungeheuerlichen Schuldenlast, die der Vertrag dem verarmten Bulgarien aufbürdete, waren Landesabtretungen erzwungen worden, die das Vermögen Bulgariens um ein Fünftel verringerten.

Seit dem August 1919 war Stambuliski ein ebenso uneingeschränkter Herrscher Bulgariens, wie es seinerzeit Stambulow gewesen war. Er stützte seine Macht auf den Bauernstand, der mit der Zeit alle anderen Bürgerklassen zu vernichten schien. Die Bauernschaft Bulgariens wurde immer mehr von der Sowjetrevolution beeinflußt. Es entstand eine heftige Opposition gegen die Intellektuellen, speziell gegen den Stand der Advokaten, der angeklagt wurde, er stelle eine Unterstützung des Verbrechens dar. Die Regierung Stambuliski arbeitete mit Gewalt; Brutalitäten waren an der Tagesordnung. Andererseits muß bedacht werden, daß ohne Stambuliski der Bolschewismus Bulgarien vielleicht ganz erobert hätte.

Während Bulgarien deutlich manifestierte, wie schwer es um die Existenz zu ringen hatte, ging es Deutschland nicht viel besser. Die Erbitterung über die ungeheuren, nutzlosen Opfer und Verluste machte sich hier wie dort häufig in Angriffen gegen Ferdinand Luft, den man in die Reihe der großen Kriegsschuldigen einreihte. Es gab Zeiten, wo sein Name, wenn er in der bulgarischen Volksvertretung genannt wurde, einen Sturm von Aeußerungen der Feindschaft hervorrief. Die Memoirenliteratur der Zeit, die Veröffentlichungen zur Vorgeschichte des Krieges nannten Ferdinands Namen häufig, und aus den Charakterschilderungen, die man in solchen Veröffentlichungen fand, ergab sich ein seltsames Bildnis.

Interessant ist da besonders ein Gespräch zwischen Paléologue — einem der vierzig „Unsterblichen" der Académie Française, der längere Zeit in Sofia als französischer Gesandter wirkte — und der alten Kaiserin Eugenie, das nach dem Tode der Gattin Napoleons III., wenige Jahre nach dem Weltkrieg veröffentlicht wurde. Dieses Gespräch schildert einen bösen Menschen von Format, einen auf seine Verbrechen stolzen Teufel, kurz ein Wesen, dem Ferdinand niemals ähnlich gesehen hat. Die Legende umriß aber immer schärfer dieses so ungerechte Bildnis.

Die Witwe Napoleons weilte im Juni 1908 in Paris. Sie erzählt Paléologue, der noch berufen sein wird, eine große Rolle in der französischen Außenpolitik zu spielen, von ihrer Reise nach Ceylon, von den Wundern der Natur, die auf die zweiundachtzigjährige, so rege Frau den größten Eindruck gemacht haben. „Jäh wendet sich ihre Neugierde Bulgarien zu", so erzählt Paléologue. „Aus den Korrespondenzen der ‚Times' kennt die Kaiserin recht genau den Balkanschauplatz, das verwickelte Spiel der verschiedenen Einflüsse, die sich im Raume zwischen Bosporus und Donau, zwischen dem Schwarzen Meere und der Adria kreuzen und die den jahrhundertealten Zweikampf zwischen Germanen und Slawen, den unversöhnbaren Gegensatz zwischen Oesterreich und Rußland nur notdürftig verhüllen. Aber ganz besonders interessiert sie sich für die Persönlichkeit des Fürsten Ferdinand.

„Ich habe über ihn oft mit seiner Tante, meiner großen Freundin, der Königin Victoria, gesprochen", sagt sie zu mir. „Und jedesmal hat sie sich über ihn in den wegwerfendsten Ausdrücken geäußert: ‚Er ist feig, treulos, eitel, verderbt... Uebrigens hat ihn die Katholische Kirche exkommuniziert.' Was den König Eduard anbetrifft, so hat er sich einmal auf meine Frage über seinen Vetter geäußert: ‚Ferdinand?... Ich halte ihn aller Verbrechen fähig. Um seinem Ehrgeiz oder seinem Groll zu genügen, würde er an allen vier Ecken Europas Feuer anlegen, das heißt, wenn das nur von ihm abhinge...'"

„O, Madame! wie glücklich er wäre, Sie so sprechen zu hören! Er kennt seinen Ruf eines teuflischen Machiavell und freut sich darüber ganz außerordentlich, denn er ist wirklich sehr verderbt, sehr haut gout. Aber über das Romantische in seinem Wesen, über seinen verfeinerten, bizarren Geschmack, über die vielfach gewundenen Irrgänge seines Geistes, über all das, was an ihm unbeständig und zweideutig, impulsiv und verkünstelt ist, könnte ich vieles sagen."

„Er amüsiert Sie?"

„Er amüsiert mich nicht; er beunruhigt mich...

Da er einen verrückten Ehrgeiz hat, da er der absolute Herr seines Volkes ist und über eine prachtvolle Armee verfügt, ist er eine ständige Gefahr für den europäischen Frieden... Das nächste Ziel seines Ehrgeizes, zu dem er schon bald gelangen wird, ist, die letzten Bande der Vasallität abzuschütteln, rein fiktive, nur mehr dem Namen nach bestehende Bande, die Bulgarien und die Türkei noch verbinden. Aber das ist für ihn nur ein Vorspiel, ein hors-d'œuvre. Das vornehmste Ziel seiner Begehrlichkeit, der Traum und die Halluzination seines Lebens, ist die Krone von Byzanz."

„Er hat Ihnen das gestanden?"
„Er gesteht niemals! Er läßt höchstens erraten!"
„Wie hat er sich diesmal erwischen lassen?"
„Durch ein sehr geschicktes Manöver... Er hatte mich rufen lassen, um sich mit mir über einen nichtssagenden Zwischenfall zu unterhalten, der ihn, wie er sagte, stark beschäftigte. Dabei ließ er mich unter einem nichtigen Vorwande in einen kleinen Salon seines Privatappartements eintreten. Während er mir hier den Gegenstand seiner Sorge auseinandersetzte, sah ich vor mir an der Wand ein Gemälde, das den Bosporus darstellte: Konstantinopel, die Hagia-Sophia, das asiatische Ufer und über diesem ganzen Panorama, im Wetterleuchten eines apokalyptischen Himmels, die siegreiche Galoppade eines glänzenden Reiters — des Zaren Ferdinand! Es fiel mir nicht schwer zu begreifen... Ein anderes Mal erging er sich in unerschöpflichen Lobhudeleien über Abdul Hamid, ‚den Sultan der Sultane, den Herrn von Mekka und Stambul... meinen kaiserlichen Souverän, meinen kaiserlichen Herrn... einen herrlichen Herrscher! ... Wir kommen so gut miteinander aus!...' Nach dieser Lobeshymne erzählte er mir, daß er bei seinem letzten Besuche im Yildiz-Kiosk die Ermächtigung erbeten hätte, die Hagia-Sophia allein betreten und eine

halbe Stunde allein darin verweilen zu dürfen, um nach Herzenslust das unvergleichliche Denkmal bewundern zu können. Der herrliche Herrscher hatte unter dem Vorbehalt zugestimmt, daß sich, um nicht die Vorschriften des Korans zu verletzen, ein Offizier seiner Leibgarde, also ein Muselmann, im Innern der Moschee, jedoch an der Türe aufhalte, ohne die Bewegungen und Betrachtungen des erlauchten Besuchers zu stören. Dann setzte Ferdinand fort: ‚Sie können sich meine Freude vorstellen, mich allein unter der wunderbaren Kuppel zu befinden, wo der Einbruch der Türken am 29. Mai 1453 jäh die Messe im erhabenen Augenblicke der Wandlung unterbrach... Aber daß ich Abdul Hamid um die Gunst alleinigen Verweilens in der Hagia-Sophia gebeten hatte — das hatte noch einen besonderen Grund. Ich wollte nach gewissen Zeichen eine bestimmte Porphyrplatte ausfindig machen, die den Platz der byzantinischen Selbstherrscher während der Gottesdienste bezeichnete. Während der Offizier des Sultans, an der Mauer klebend, mich mit erstaunten Blicken verfolgte, stieß ich mit der Spitze des Spazierstockes eine der den Boden bedeckenden Matten zurück. Da sah ich die Porphyrplatte, auf die der Basileus Justinian seine in purpurnen Schuhen steckenden Füße setzte. Und auch ich setzte meine Füße auf die Porphyrplatte!'... Das sind die Gedanken, die seine unruhige und verschmitzte Einbildungskraft beschäftigen."*)

Eitelkeit ist ein immer wiederkehrender Vorwurf für Ferdinand, über dessen Zeremoniell man sich lustig macht, in dessen gesamten großen Staatshandlungen für Bulgarien man den Ehrgeiz als einziges Motiv sehen will. Daneben ist es seine Schlauheit, die man auch häufig Falschheit nennt, die am meisten Kritik herausfordert.

---

*) Ferdinands Richtigstellung dieser Unterhaltung siehe: Anmerkungen.

Es gibt aber auch bei den ehemaligen „Feinden" gerecht Urteilende. Selbst Paléologue berichtet, er habe zu Ferdinand gesagt: „Seit den einundzwanzig Jahren, die Sie auf dem Thron sitzen, haben Sie ein bewundernswertes Werk vollbracht. Wenn man sich den Zustand von Misere und Anarchie vorstellt, in dem sich Bulgarien bei Ihrer Ankunft befand, ist es schwer, die Blüte von heute zu begreifen." Der ehemalige belgische Gesandte in Sofia, van der Heyde, der die großen Eigenschaften Ferdinands anerkennt, äußert im Jahre 1924 die Meinung, die Geschichte werde seine Vorzüge gegen seine Schwächen abzuwägen verstehen. Bismarck sagt von ihm: „Er ist zweifellos tüchtiger als die meisten anderen Fürsten." Der deutsche Kanzler Bülow spricht von Ferdinand in seinen Memoiren. Er sei „wie manche andere Sprossen des Hauses Coburg, geistig sehr begabt und zweifellos aus dem Holz, aus dem erfolgreiche Fürsten geschnitzt werden. Er war an Beweglichkeit, an Freiheit und Feinheit des Geistes den meisten Monarchen seiner Zeit überlegen." Die Heerführer des großen Krieges auf der deutschen Seite urteilen ähnlich über ihn. Aber auch Republikaner, wie Stresemann und Erzberger, äußern sich voller Bewunderung über den Schöpfer des neuen Bulgariens. Emil Ludwig nennt ihn einen „Politiker feinster Essenz".

Vorläufig, in den Wirren einer neuen Zeit, überwiegen jedoch die Verurteilungen von Ferdinands Regierungstätigkeit bei weitem. Es wird noch viel Zeit vergehen müssen, ehe leidenschaftslos ein gerechtes Urteil über Ferdinand möglich sein wird.

ELFTES KAPITEL

Nachdem Ferdinand wieder einigermaßen zur inneren Ruhe gekommen ist, kann er sich mit Muße seinen Lieblingsleidenschaften hingeben, der Ornithologie, der Botanik, der Entomologie, der Kunde von den Schmetterlingen. In seinem Hause in Coburg hält er in hundert großen Käfigen unzählige Vögel, die er selbst füttert, die er stundenlang beobachtet und studiert. Sein Interesse für die Schmetterlinge ist ebenso groß. Der junge Prinz Ferdinand von Coburg war gerade dabei, seltene Schmetterlinge zu jagen und befand sich zu diesem Zweck am Damm der Nordbahn bei Stilfried, als er die erste Nachricht von seiner erfolgten Wahl zum Fürsten erhielt. Als die berühmte Alexander-Newski-Kathedrale in Sofia eingeweiht wurde, entdeckte Ferdinand, der zum oberen Gewölbe der Kirche hinaufblickte, einen prächtigen Schmetterling. Nach Beendigung des Gottesdienstes ließ Ferdinand das Tier, ein „Rotes Ordensband", fangen und aus der Kathedrale bringen, damit es nicht im Gemäuer zugrunde ginge. Gelegentlich der Belagerung von Adrianopel entdeckte der König den schönen Schmetterling „Biston Graecarius".

Pflanzen interessierten Ferdinand nicht minder. Eine große Anzahl seltener Blumen und Gewächse sind nach Ferdinand genannt. Berühmt sind seine Pflanzungen in Euxinograd und Vrana. An den Chausseen wurden große Weidenbäume einer besonderen Beaufsichtigung

Bei der Beerdigung von Radoslawow

unterzogen, um die Bauern zu verhindern, sich billiges Brennholz zu besorgen.

Ferdinand kann seine Herbarien vermehren, kann reisen, kann sich der Lektüre widmen. Er geht zu den Festspielen nach Bayreuth, wo er als Ehrenbürger der Stadt immer herzlich empfangen wird. Er kehrt in der Villa Wahnfried ein, als Freund der Frau Cosima, als begeisterter Verehrer von Wagners musikalischem Genie. Ferdinand ist ein berühmter Theaterenthusiast. Als das alte Wiener Burgtheater abgebrochen wurde, ließ er sich den Sessel nach Sofia schicken, der solange in der Loge der Familie Coburg gestanden hatte, die er viele Jahrzehnte benutzte.

Ferdinand hat sich auch mit den okkulten Wissenschaften beschäftigt und bei seinen Studien mancherlei interessante Beobachtungen und Resultate verzeichnen können. In seiner Jugend sah er die berühmte Madame de Thèbes, die ihm über sein künftiges Leben Dinge sagte, die sich später großenteils bewahrheiteten. Madame de Thèbes, die europäische Berühmtheit, sagte mit Bezug auf ihn: „Il y a une main entre Vienne et Constantinople, qui est peut-etre la plus belle d'Europe et qui est d'une importance que sa structure ne trahirait pas."

Die Prinzessin Luise von Coburg, die älteste Tochter des Belgierkönigs Leopold II. und Gattin von Ferdinands Bruder Philipp, hat ihren Schwager Ferdinand aller möglichen kabbalistischen Praktiken geziehen. Luise schreibt: „Ich sehe in ihm eine Art von Geisterbeschwörer, einen Magier fin de siècle. Er war ebenso ein Kabbalist, wie der Schriftsteller Peladan Magier war." Sicher ist, daß Ferdinand sich viel mit Mystik beschäftigt hat. Bei ihm vereinigte sich der ausgesprochene Geschäftsgeist und das Genie des Diplomaten, das er solange für Bulgarien außerordentlich glücklich arbeiten ließ, mit einem ebenso hohen Maß von Phantasie und Romantik, wie es bei dem späten

Sprößling einer an berühmten Traditionen reichen, mit der großen Vergangenheit verketteten Familie durchaus verständlich ist. So erklärt sich auch Ferdinands Zeremoniell, sein Verlangen nach dem Orden vom Goldenen Vließ, seine mystische Leidenschaft für Edelsteine, von denen er stets eine Anzahl lose in der Hosentasche zu tragen pflegte. Ferdinand hatte in seiner Schmucksammlung auserlesene Stücke.

In den Jahren nach dem Kriege mußte allerdings das meiste veräußert werden. Ferdinands Vermögen in England war auf Reparationskonto enteignet worden; er hatte alle seine Besitzungen in Bulgarien, die großenteils aus seiner Privatschatulle erworben und erbaut worden waren, verloren, und die großen Güter und Schlösser der Familie in Ungarn fielen nach dem Friedensschluß an die Tschechoslowakei. Erst einige Jahre nach dem Kriege erhielt Ferdinand von der Deutschen Regierung auf Grund der von ihr 1915 eingegangenen Verpflichtung ansehnliche Beträge. Man hat ihm aus der Annahme solcher Gelder einen Vorwurf gemacht, jedoch kaum bedacht, wieviel Verpflichtungen — allein an Pensionen, die er auszuzahlen hat — auf ihm lasteten. Hätte er tatsächlich bei Kriegseintritt von seiten der Mittelmächte oder der Entente finanzielle Belohnungen haben wollen, so hätte er das außerordentlich leicht haben können, ohne Vertrag und ohne daß jemals ein Mensch etwas davon erfuhr. In jenen Zeiten, wo täglich Riesenteile des Volksvermögens an Kriegsmaterial in die Luft gingen, kam es bei einer so wichtigen Angelegenheit, wie der Bundesgenossenschaft Bulgariens, auf eine Anzahl Millionen gar nicht an. Ferdinand hat zu den Zeiten, wo er noch andere Besitztümer hatte, von den Rechten des nach Kriegsausbruch 1915 geschlossenen Vertrages keinen Gebrauch gemacht und erst im Augenblick der Not an diese Abmachungen gedacht.

Die Revolution in Coburg hatte sich im Winter 1918/19 auch für seine Person interessiert. Die Soldatenräte hatten ihm einen Besuch abgestattet — um ihm zu sagen, er sei ihnen als Menschenfreund bekannt. Es geschah ihm nichts. Seine Standesgenossen machten ihm dann den Vorwurf, er gehöre selbst zu den „Roten". Ferdinand pflegte solche Aeußerungen gern zu wiederholen. Zu einem Besucher sagte er: „Ich war sehr unbeliebt bei meinen Kollegen."

Er erklärte diese Unbeliebtheit dadurch, daß er häufig Revolutionen vorausgesagt, mit seiner Meinung nicht zurückgehalten hatte, vor allem aber, weil er sich von seinen „Kollegen" durch sein Wissen unterschied. Er hatte nicht unrecht, als er einmal von Wilhelm II., der ihm einen ornithologischen Vortrag in Deutschland aus Gründen der Hofetiquette unmöglich machte, sagte: „Er ärgert sich darüber, daß jemand einen Vortrag halten will, den er selbst nicht halten könnte!"

Aus der Kollegenschaft gefiel ihm am besten der König von Italien, dessen Gelehrtenarbeit als Numismatiker er außerordentlich hoch einschätzte. Wie er, Ferdinand, in Bulgarien berühmte zoologische und botanische Gärten angelegt hatte, die er während seiner ganzen Regierungszeit zum Gegenstand dauernder eigener Fürsorge machte, so verwaltete auch der Italiener seine Sammlungen selbst und machte wertvolle Veröffentlichungen. Man verargte Ferdinand auch nach dem Kriege, daß er häufig seine Bewunderung für einige der Führer der Revolution äußerte. Das Theater in Koburg bezog von ihm reichliche Zuschüsse. Hier ließ er Sternheims „Bürger Schippel" aufführen. Zu Roda Roda sagte der König: „Die Revolution hat mit den Hicketieren aufgeräumt." (Figur aus dem „Bürger Schippel").

Zu den übrigen Hauptleidenschaften Ferdinands gehörte vor allem das Eisenbahnwesen. Er war der Anreger des Orient-Expreß. Er hat Bulgarien mit zahlreichen Bahnen versehen. Er war mit allen Lokomotivführern der bulgarischen Linien befreundet, im übrigen Mitglied des Deutschen Lokomotivführer-Verbandes und hat häufig in seinem Lande die Züge, mit denen er reiste, selbst geführt. Ein bayerischer Lokomotivführer, der ihm einmal während der Fahrt seinen Platz abgetreten hatte, wurde von seiner vorgesetzten Behörde gemaßregelt. Ferdinand bot an, für ihn aufzukommen. Als ihm das nicht gestattet wurde, übernahm er den tüchtigen Beamten als Instruktor für sein Fach nach Bulgarien.

Ferdinand gehörte zu den begeisterten Lesern des Simplizissimus. In seinem Palais in Sofia hing eine ganze Kollektion von Originalen aus diesem Blatt, zahlreiche Karikaturen von ihm selbst und von den wichtigen bulgarischen Ereignissen. Es gab niemanden, der toleranter war als er. In Bulgarien hat es niemals Verfolgungen Andersgläubiger gegeben, wie in so vielen der Nachbarländer. Die Juden und Türken lebten außerordentlich zufrieden unter den Bulgaren, und die kleine, noch heute bestehende türkische Minderheit auf bulgarischem Boden fühlt sich dort so wohl wie in keinem anderen Lande der Welt, so daß man hier von einem Minderheitenproblem überhaupt nicht sprechen kann.

Dagegen hatte sich durch den Friedensvertrag von Neuilly eine andere Minderheitenfrage von größter Bedeutung für Bulgarien ergeben. Aus den abgetrennten Gebieten strömten Massen von Bulgaren in das Land, und diese Flüchtlinge wurden bald zu einem großen Problem für die Stambuliski-Regierung. Man hatte früher behauptet, die mazedonische Nationalitätenfrage sei deswegen so schwierig, weil sie von den finanziellen Unterstützungen durch die verschiedenen Staaten abhängig sei, so daß es vorgekommen wäre, daß sich drei Brüder von gleichem Vater und gleicher Mutter, der eine als Bulgare, der andere als Grieche, der dritte als Serbe bezeichnet hätten und auch statistisch so geführt worden seien. Aus der großen Zahl von Flüchtlingen, die sich nach dem Friedensschluß von Neuilly auf bulgarischen Boden retteten, ist zu ersehen, daß Mazedonien großenteils bulgarisch empfindet und diesem Empfinden Opfer zu bringen bereit ist. Die Flüchtlinge trafen zu vielen Hunderttausenden im größten Elend in dem verarmten Bulgarien ein, Sofia wuchs schnell zu einer Stadt von fast einer viertel Million Einwohnern an, doch man wußte nicht, wie man auch diese Stammesgenossen ernähren sollte.

Der Weltkrieg hatte Bulgarien in ein unerhörtes Elend gestürzt. Die Regierung Stambuliskis hatte die schwierigsten Probleme zu lösen. Eines der gefährlichsten war das des Bolschewismus. Bei der unmittelbaren Nähe Rußlands hatten sich die Ideen der Sowjets rasch verbreitet. Die Bauern mit ihren durchwegs kleinen Ackergütern nahmen diese Ideen begierig auf. Stambuliski versuchte mit den Bolschewisten zu arbeiten. Es gab allerlei Arten von Bedrückung und Brutalität, die Arbeitsdienstpflicht, drakonische Gesetze gegen die Advokaten, die den Hauptteil der Intelligenz des Landes repräsentierten. Nach Stambuliskis Meinung sollte die Klasse der Vermittler (Händler, Bankiers) völlig vom Erdboden verschwinden. Aerzte und Advokaten würden deshalb bald überflüssig werden, weil jeder genug Kenntnis erwerben sollte, um sein eigener Arzt und Rechtsanwalt zu sein. Lenin und Trotzki hätten deswegen nichts erreicht, weil sie die Intellektuellen zu Führern des Proletariats gemacht hätten. Sofia, dieses Sodom und Gomorrha, werde verschwinden; es sei besser, an seiner Stelle fände sich nur ein kleines Dorf. Unter Stambuliski wird die bulgarische Verfassung verletzt. Es geschehen grausame Verbrechen. Der Diktator hat auch gegen die Bolschewisten zu kämpfen, mit denen er hatte arbeiten wollen. Im Juni 1923 wird die Diktatur gestürzt. Alexander Zankow, der frühere Rektor der Universität Sofia, übernimmt die neue Regierung. Wenig später, nach schrecklichen Konvulsionen des gepeinigten Landes, wird Stambuliski ermordet.

Ferdinand sieht mit Angst aus der Ferne den bulgarischen Ereignissen zu, ohne seinem Lande helfen zu können. Sein Sohn Boris, der während der Stambuliski-Zeit beiseite gestanden hat, wird sein befähigter Nachfolger. Er hat viel von den Neigungen seines Vaters, von seinem Geschick geerbt. Im April 1925 wird sein Wagen auf der Straße nach Sofia überfallen und beschossen. Zwei seiner Begleiter, darunter der General Georgiew, fallen an seiner Seite. Boris übernimmt die Lenkung des Wagens, kehrt in kurzer Zeit mit einem kleinen Gendarmerietrupp zurück und geht an die Verfolgung seiner Angreifer. Drei Tage später wird in der Kathedrale von Sofia das entsetzlichste Attentat verübt, das die Welt in den letzten Jahrzehnten erlebt hat. Bei dem feierlichen Trauer-Gottesdienst für Georgiew wird von bulgarischen Kommunisten, die mit russischem Geld zu ihrer Tat angestiftet wurden, ein Bombenanschlag verübt, dem der König, der im letzten Augenblick absagte, wie durch ein Wunder entgeht. Es gibt hundertundfünfzig Tote, Hunderte von Verwundeten in der ehrwürdigen Kirche. Der Metropolit, der die Zeremonie leiten sollte, ruft den Versammelten, den Sterbenden zu: „Bulgarien wird dennoch nicht untergehen!"

Ferdinand, der vielen Attentaten getrotzt hat, möchte seinem Sohne so gerne zur Seite stehen; aber er kann nicht nach Bulgarien zurückkehren. Er unternimmt andere Reisen, um seine wissenschaftlichen Kenntnisse zu ergänzen, um Studien zu machen, um noch etwas von der Welt zu sehen. Seine Vitalität ist nicht geringer geworden.

In den letzten Dezembertagen 1927 tritt Ferdinand seine erste größere Auslandsreise an. Er fährt auf der „Sierra Morena" des Norddeutschen Lloyd in Begleitung der Gräfin Solms und des Neffen seines Freundes Roselius nach Südamerika. Das Schiff legt in Lissabon an. Ferdinand besucht von hier aus die Kirche Sao Vicente da Fora, wo das Haus Braganza-Coburg in Glassärgen den ewigen Schlaf schläft. Er sieht hier die Könige vergangener Jahrhunderte und die seiner eigenen Zeit ruhen, bis zu Don Carlos hinunter, der 1908 ermordet wurde und zu dessen Hochzeit er seinerzeit königlicher Gast von Lissabon gewesen ist. Als er das erstemal in die portugiesische Hauptstadt kam, lebte noch der Bruder seines Vaters, König Ferdinand. Der hatte dem jungen Prinzen Coburg zu Ehren rauschende Feste veranstaltet. Der Glanz Portugals hatte mächtigen Eindruck auf den jungen Ferdinand gemacht. Feuerwerk, Musik und Tanz schienen nicht enden zu wollen. In Stierkämpfen zeigten sich die edelsten Jünglinge des Landes. Diese grausamen Szenen gefielen Ferdinand weniger. Jetzt stand er, dem damals keiner dieses Leben voll Ruhm und Trauer vorausgesagt hätte, vor dem gläsernen Sarg mit der unversehrten Leiche des Onkels.

In Madeira, wenige Tage später, kniet Ferdinand in der Grabkapelle seines Schwagers, des Kaisers Karl. Der Bischof liest eine Messe zu seinem Andenken. Mit diesen Erinnerungen an das alte Europa, das die Familie Ferdinands in seiner und der vorhergehenden Generation ein Jahrhundert lang durch eine Reihe bedeutender Ereignisse geleitet hat, geht die Fahrt weiter in das neue Südamerika, den Erdteil unbegrenzter Entwicklungsmöglichkeiten. Am 18. Januar liegt das Schiff vor Rio de Janeiro. Ferdinand ist schwer krank an seine Kabine gefesselt, unfähig, das Land zu betreten.

Als das Schiff die Mündung des La Plata erreicht, ist der schwere Gichtanfall Ferdinands vorüber. In Montevideo wird der König von den Vertretern der Regierung begrüßt, der Bischof liest ihm zu Ehren in der Kathedrale eine Messe. Ferdinand sieht sich auch das berühmte Modebad Carasco, am La Plata gelegen, an, mit einer weltbekannten Spielhölle, einem bewegten Badeleben, Treffpunkt der Leute von Montevideo und Buenos Aires. Hier ist er eine Sensation. Die Reporter stürzen sich auf ihn. Die Presse bringt, wie auf der ganzen Reise, Interviews mit ihm, von denen kein Wort wahr ist; man verlangt seine Eindrücke von Argentinien, das er soeben zum erstenmal betritt. Eine Zeitung bringt ein großes Porträt, darunter seinen Namen. Es stellt leider Ferdinand von Rumänien dar. König bleibt schließlich König, und Argentinien hat noch keinen gesehen.

Ferdinand hält sich, wie stets seit 1918, vollkommen zurück und erklärt, „er fühle sich bei aller Wertschätzung des Landes als Privatmann nicht befugt, Worte an die argentinische Nation zu richten". Die Millionenstadt Buenos Aires macht einen gewaltigen Eindruck auf Ferdinand, der zum Besuch des argentinischen Staatspräsidenten Marcel de Alvear aufgefordert und zum Staatsgast erklärt wird. Hier hat Ferdinand auch hinreichende Gelegenheit zu wissenschaftlichen Studien. In Museen und Pflanzungen kann er seine Lieblingsneigungen betätigen. Die Reise führt ihn weiter durch Chile, das schönste Land der Welt, nach Valparaiso und Santiago zum Präsidenten Ibañez. In den Unterhaltungen mit den Staatsoberhäuptern Südamerikas lernt Ferdinand viel von der neuen Zeit, von der größeren Erkenntnis der wirtschaftlichen Weltzusammenhänge, von den nationalökonomischen Gesetzen, die die Linie der Politik feststellen.

Mitte Februar ist der König wieder in Buenos Aires, wo er mit dem argentinischen Außenminister Gallardo, dem Verfasser von sieben Büchern über Ameisen, über interessante Themen sprechen kann. Ferdinand wohnt in einem modernen Hotelpalast, in dessen großer Hall eine Negerkapelle den Charleston spielt, der sich mühelos die Welt erobert hat und nach dessen Rhythmus die Beschwingtheit entfernter Länder dirigiert wird. Ferdinand, bei dem der Erzbischof von Argentinien und der Metropolit der russischen Kirche zu Besuch sind, sitzt durchaus nicht fremd in einer solchen Hotelhalle. In ihm klingen Dezennien selbstgemachter Geschichte, klingen viele Jahrhunderte der Geschichte einer berühmten Familie nach. Finden sich nicht unter seinen direkten Vorfahren Heinrich IV. von Frankreich, Philippe Egalité, Maria Theresia? Aber er ist dem Leben dieser Zeit ebenso eng verbunden; seine Vitalität paßt in den Rahmen dieser Hotelhalle mit Charleston und Kirchenfürsten ohne jeden Mißklang hinein.

In Mar del Plata, dem mondänen Bad, wird gerade der berauschte und berauschende argentinische Karneval gefeiert, und der Wagen des Königs fügt sich dem Korso ein.

Gegen Ende des Monats geht es wieder nach Rio. Hier hat ihn einst vor fünfzig Jahren sein Bruder empfangen, August, der damals schon seit mehr als einem Jahrzehnt als Schwiegersohn des Kaisers von Brasilien dessen Admiral war. Jetzt kann Ferdinand seine Zeit zwischen wissenschaftliche Exkursionen und glänzende Empfänge teilen, die ihm, dem Zeugen einer vergangenen Zeit, das Brasilien von heute bereitet. Staatspräsidenten und Botschafter drängen sich um ihn; in bedeutsamen Gesprächen kann er manchen wichtigen Einblick gewinnen. Er erscheint der Gesellschaft des neuen Lateinamerika, die wenig mehr als Legenden von den Ereignissen des Vorkriegs-Balkan kennt, durch seine wissenschaftlichen Kenntnisse, durch seine Vitalität, seinen Charme als ein besonders bemerkenswerter Vertreter der aussterbenden Rasse der Könige. Weiß geworden, imposant, ungebeugt steht er inmitten der glanzvollen brasilianischen Gesellschaft. Man vergißt seinen Kopf nicht.

Andere Reisen führen ihn nach Ostafrika, in den Sudan, an die Nilquellen, nach Aegypten. Dieses Land ist ihm immer teuer gewesen. Als Junge durfte er einmal zu einer Galaaufführung der „Aida" in der Wiener Hofoper gehen. Verdi selbst war der Dirigent, und in den Logen saßen Könige und Fürsten. Schönheit, Harmonie und Farbenfreudigkeit der Aufführung machten auf den kleinen Jungen einen nachhaltigen Eindruck. Hier erwuchs seine große Liebe für Aegypten. Als der kleine Junge später König der Bulgaren wurde, baute er in der Hauptstadt Sofia ein prachtvolles Theater und versuchte, seine „Aida" von einst zur würdigen Vorstellung zu bringen. Aegypten übte einen derartigen Anreiz auf Ferdinand aus, daß er, der in Bulgarien die herrlichsten Parks und Gärten geschaffen hatte, teilweise mit unendlicher Mühe, in Vrana, nahe bei Sofia, Lotosblumen pflanzen ließ. Der Lauf eines Flusses mußte verändert werden, um ihnen die gleichen Entwicklungsmöglichkeiten zu geben wie in der Heimat. Den Park von Euxinograd hatte Ferdinand übrigens in einem ständigen Kampf gegen die Elemente angelegt. Die verschiedensten Baumarten wurden angepflanzt, die kleinen Gewächse mit Matten gegen den Sturm und den rauhen Winter geschützt, unendlich viel ging zugrunde, bis schließlich der Park erwuchs, der Euxinograd berühmt machte. Endlich gediehen auch die Lotosblumen. Ferdinand, der Bulgarien zehn Jahre lang nicht sah, kann nach Aegypten gehen und sie dort bewundern.

ZWÖLFTES KAPITEL

Als Bulgarien 1928 die Tausendjahrfeier der ruhmreichen Epoche Symeons des Großen beging, die mit der Fünfzigjahrfeier des neuen Bulgarien zusammenfiel, mußte Ferdinand fern im Exil von Coburg weilen. Er schrieb zu dieser Zeit die folgenden Sätze:

„Ich hatte nur den einen Wunsch, nur den einen Traum, nur das eine Ziel, das ich selbstlos verfolgte, nämlich ein Bulgarien zu sehen, das seine nationalen Ideen verwirklichte, das in gleicher Reihe mit den europäischen Kulturstaaten stand und das in friedlicher Arbeit an seinem geistigen und wirtschaftlichen Fortschritt baute. In diesem meinem heißen Streben, das mit dem des bulgarischen Volkes vollkommen übereinstimmte, hat mich das Schicksal nicht unterstützt. Die unglaublichen Anstrengungen und die ungeheuren Opfer des bulgarischen Volkes wurden nicht mit dem erwünschten Erfolg gekrönt; die Taten aber des tapferen bulgarischen Volkes werden eines der leuchtendsten Blätter in der bulgarischen Geschichte sein, und sie werden, der Nachahmung würdig, den kommenden Geschlechtern als Vorbild dienen. Diese Taten, welche die ganze Welt in Erstaunen versetzt haben, müssen auch in jedem Bulgaren den Glauben und die Hoffnung auf eine bessere Zukunft entfachen, die das bulgarische Volk mit Recht erwarten kann, weil es in seinem edlen Streben dieses Schicksal nicht verdient hat. —

Ermattet in dem ungleichen und langen Kampf, überwunden, nicht geschlagen, hat das bulgarische Volk seine Waffen niedergelegt, sein trauriges Geschick auf sich genommen und sich von neuem friedlichen Beschäftigungen hingegeben.

In der Arbeitsamkeit und dem Eifer des bulgarischen Volkes erblicke ich das Pfand für eine hellere Zukunft. Möge es in seiner friedlichen, schöpferischen Tätigkeit Trost für die Leiden finden, die es jetzt aussteht. —

Die Fünfzigjahrfeier des neuen Bulgariens fällt zusammen mit dem zehnten Jahrestag meiner Abreise in die Verbannung. Ich wollte nur das Wohl des bulgarischen Volkes, und mir scheint, daß ich dieses Schicksal nicht verdient habe, weil ich, als Leiter des Staatswesens, es zweimal auf den Weg zur Verwirklichung der bulgarischen Ideale geführt habe; aber Uebeltäter oder feindliche Gewalten zerstörten den Weg und verhinderten auf diese Weise die Einigung des bulgarischen Volkes, von der ich geträumt und für die ich mich schließlich geopfert habe!

Wenn das bulgarische Volk seine Fünfzigjahrfeier begeht, dann möge es wissen, daß auch entfernt von ihm eine schmerzerfüllte, leidende Seele bewegt ist von innigsten Wünschen für seine gute und helle Zukunft!"

Fünfzig Jahre waren vergangen seit der Befreiung des bulgarischen Volkes von der Türkenherrschaft. Was hatte die Welt damals von Bulgarien gewußt? In den Zeiten nach der Berliner Konferenz hatte man in Paris ein Spiel gespielt: „Cherchez les Bulgares!" Kein Mensch hatte von der Existenz des kräftigen Balkanvolkes eine Ahnung. Ferdinand hat in dreißig Jahren unendlich viel für Bulgarien gewirkt. Vielleicht hätte ein anderer an seiner Stelle das Gleiche getan, da sich die Wiedergeburt des Landes so kräftig manifestierte. Die Frage ist unnütz. Niemand hatte sich damals gefunden, der den Mut Ferdinands, sein Vertrauen zu der Zukunft Bulgariens besaß. Nach Jahren der bittersten Not und ungerechtester Verurteilung Ferdinands kommt allmählich wieder eine bessere Zeit für Bulgarien, und mit ihr ist eine allgemeine Revision des Urteils über den ehemaligen Staatschef festzustellen. Man läßt seiner historischen Rolle Gerechtigkeit werden. Die demokratische Regierung Liaptschew verkennt seine großen Verdienste um Bulgarien nicht. Liaptschew erklärt in Gegenwart Malinows vor der Sobranje, Ferdinands Abdankung sei eine durchaus freiwillige gewesen.

Der Herbst 1930 bringt für Bulgarien ein glückliches Ereignis. König Boris heiratet die Tochter des Königs von Italien, die Prinzessin Giovanna. Die Feierlichkeiten finden in der alten Stadt Assisi statt. Ferdinand führt die Königin von Italien in dem feierlichen Zuge, dem er voranschreitet. Das Interesse der Welt wendet sich wieder demjenigen zu, von dem man ein Jahrzehnt lang nichts gehört hat, und dessen scharfgeschnittenes Gesicht bedeutsam unter den Hochzeitsgästen hervorleuchtet. Wenn das Bild des Königspaares auf den Filmstreifen der kinematographischen Theater in den kleinsten Flecken des Landes erschien, fand es lebhaften Beifall. Und der Applaus wiederholte sich, wenn Ferdinand erschien, unstreitig die bedeutendste Figur in dem illustren Hochzeitszug.

Zu einem der Besucher, die den König während dieser Zeit in seiner Coburger Zurückgezogenheit aufsuchten, sagte Ferdinand: „Seit dreizehn Jahren kenne ich nur eine Pflicht: Daß mein Schatten nicht auf Bulgarien fällt; daß die Arbeit meines Sohnes da unten nicht gestört wird."

Amerikanische Verleger haben dem König riesige Summen geboten, damit er ihnen seine Memoiren überließe. Ferdinand hat sich geweigert. Man bot ihm sogar an, seine Erinnerungen erst nach seinem Tode zu veröffentlichen. Aber er will nichts von solchen Publikationen wissen.

Am 26. Februar 1931 beging Ferdinand seinen siebzigsten Geburtstag. Sein altes Gichtleiden zwang ihn, den Tag fern von den nördlichen Sphären zu verbringen. Er geht nach Aegypten. Die Presse der Welt beschäftigt sich an diesem Tage mit ihm. Endlich scheint die Zeit für ein gerechtes Urteil reif. Tatsächlich vereinigen sich die Stimmen der verschiedensten Parteien in der Anerkennung seiner staatsmännischen Fähigkeiten, in der loyalen Abwägung von Glück und Unglück seiner Regierungszeit. — — —

Kaum ein Leben unserer Zeit zeigt in einem so dichten Nebeneinander Glück und Unglück, wie das Ferdinands von Coburg. Nur wenige Wochen, nachdem man leidenschaftslos das Bild des großen, nur für Bulgarien arbeitenden Diplomaten, das des bedeutenden Menschen gezeichnet hatte, ward er Gegenstand maßloser Angriffe und zahlloser, heftiger, häufig von der Unkenntnis der Dokumente diktierter Beschuldigungen. Ohne in diesen Kampf einzugreifen, wird eine Hinweisung auf die Dokumente gestattet sein. Sie sprechen zu seinen Gunsten.

STAMMTAFEL / ANHANG / ANMERKUNGEN
LITERATURVERZEICHNIS / REGISTER

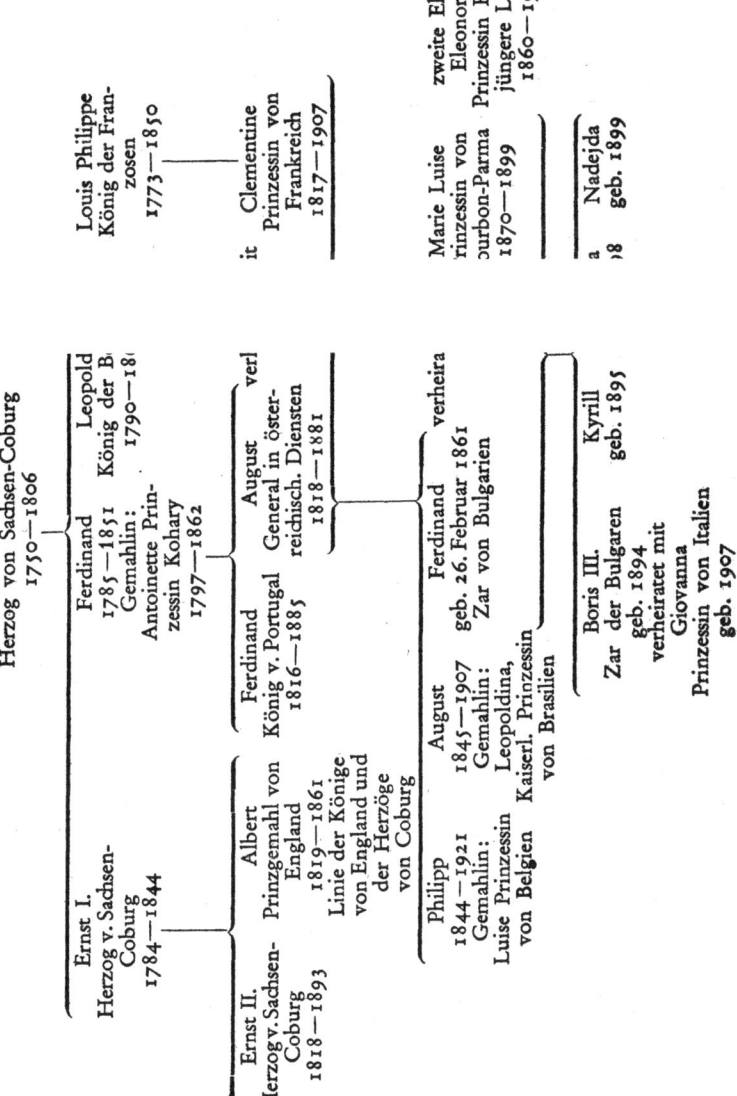

18 Madol I

ANHANG

VERTRAG VON SAN STEFANO VOM 3. MÄRZ 1878.

§ 6. Bulgarien wird zum autonomen, tributpflichtigen Fürstentum gemacht mit christlicher Regierung und nationaler Miliz. Die Ausdehnung Bulgariens ist folgende: Die neue serbische Grenze verlassend, wird die Linie den westlichen Grenzen des Caza von Viania bis zur Kette von Karadogh folgen. Sich nach Osten wendend, wird die Linie den östlichen Grenzen der Cazas von Kumanowo, Kotchana, Kalkandelen bis zum Berge Korab folgen; von dort durch den Fluß Veleschitza bis zu seiner Vereinigung mit der schwarzen Drima. Nach Süden sich wendend, durch die Drima und hinter den westlichen Grenzen des Caza von Ochrida nach dem Berg Limas, wird die Linie den westlichen Grenzen der Cazas von Gortha und Starovo bis zum Berge Grammos folgen. Endlich durch den See von Kastoria wird die Grenzlinie den Fluß Moglenitza erreichen, seinem Lauf folgen, im Süden von Yanitza (Vardar-Yenidje) vorbeigehen und sich durch die Mündung des Vardar und durch den Galliko nach den Ortschaften Parga und Surai-Keni wenden. Von dort durch die Mitte des Sees Bechjkguel zur Mündung der Flüsse Struma und Karasson und von der See-Seite bis Buru-Guel; weiter in nordöstlicher Richtung zum Berg Tschatépé, durch die Rhodope-Kette bis zum Berg Krouschowo, durch den Schwarzen Balkan, durch die Berge Eschek-Koulatschi, Tchépelion, Karakolas und Iskikilar bis zum

Fluß Ardu. Von dort wird die Grenzlinie in der Richtung der Stadt Tchirmen gezogen, die Stadt Adrianopel im Süden gelassen durch die Ortschaften Sugutlion, Kara Hamza, Arnaoutkeni, Atkadji und Enidjé bis zum Fluß Tekederessi. Dem Lauf des Tekederessi folgend bis Lüle-Burgas und durch den Fluß Soudjakdéré bis zur Ortschaft Seryenu wird die Grenze über die Höhen direkt nach Hakim-Tabiassi gehen, wo sie am Schwarzen Meer endet. Sie wird das See-Ufer nahe bei Mangalia verlassen und längs der südlichen Grenzen des Sandjak von Touldja verlaufen und an der Donau über Rassowa enden.

§ 7. Der Fürst von Bulgarien wird vom Volk frei erwählt und von der Hohen Pforte mit der Zustimmung der Mächte bestätigt. Kein Mitglied der regierenden Dynastien der europäischen Großmächte kann zum Fürsten von Bulgarien gewählt werden.

§ 8. Die türkische Armee wird sich aus Bulgarien zurückziehen.

FRIEDE VON BERLIN. 13. JULI 1887

Die vertragschließenden Mächte — in der Absicht zum Besten der europäischen Ordnung und um in Gemäßheit der Bestimmungen des Pariser Vertrages vom 30. März 1856 die im Orient durch die Ereignisse der letzten Jahre und durch den Krieg, der zu dem Vertrage von San Stefano geführt hat, entstandenen Fragen zu lösen — sind übereingekommen wie folgt:

Art. 1. Bulgarien wird als autonomes und tributäres Fürstentum errichtet, unter der Oberlehnsherrschaft Sr.

Majestät des Sultans. Es erhält eine christliche Regierung und eine nationale Miliz.

Art. 2. Das bulgarische Fürstentum wird im Süden durch die Balkankette begrenzt.

Art. 3. Der Fürst von Bulgarien wird frei durch die Bevölkerung gewählt und durch die Hohe Pforte bestätigt, mit Zustimmung der Mächte. Kein Mitglied der regierenden Häuser der europäischen Großmächte soll zum Fürsten von Bulgarien gewählt werden. Falls die fürstliche Würde erledigt wird, wird die Wahl des neuen Fürsten unter denselben Bedingungen und Formen vorgenommen.

Art. 4. Eine nach Tirnovo berufene Versammlung der Notabeln Bulgariens soll vor der Wahl des Fürsten den Plan der Regierung des Fürstentums vorbereiten. In den Ortschaften, wo die Einwohnerschaft außer Bulgaren auch Türken, Rumänen, Griechen u. a. einschließt, soll den Rechten und Interessen dieser Klassen der Bevölkerung in allem, was sich auf die Wahlen und den Regierungsplan bezieht, Rechnung getragen werden.

Art. 5. Unterschied des religiösen Glaubens oder Bekenntnisses soll gegen niemanden als Ausschließungs- oder Unfähigkeitsgrund gelten in allen Dingen, die den Genuß bürgerlicher und politischer Rechte, die Zulassung zu öffentlichen Anstellungen, Aemtern und Würden oder die Ausübung der verschiedenen Berufe oder Gewerbe betreffen, wo es auch sein möge. Die Freiheit der öffentlichen Ausübung aller Glaubensbekenntnisse wird sowohl der gegenwärtigen und noch zurückkehrenden Bevölkerung von Bulgarien wie den Fremden gewährleistet, und der hierarchischen Einrichtung der verschiedenen Religionsgenossenschaften oder ihren Beziehungen mit ihren geistlichen Oberhäuptern wird keine Schranke entgegengestellt.

Art. 6. Die vorläufige Organisation Bulgariens wird

bis zur Fertigstellung des Regierungsplanes durch einen kaiserlich russischen Kommissär geleitet. Ein kaiserlich türkischer Kommissär so wie die von den Mächten, welche den gegenwärtigen Vertrag unterzeichnen, ad hoc entsandten Konsuln werden ihm an die Seite gestellt, um den Gang dieser vorläufigen Verwaltung zu kontrollieren. Im Falle einer Meinungsverschiedenheit zwischen den delegierten Konsuln entscheidet die Mehrheit, und im Falle einer Meinungsverschiedenheit zwischen jener Mehrheit und dem kaiserlich russischen oder dem kaiserlich türkischen Kommissär entscheiden die zu einer Konferenz zusammentretenden Vertreter der unterzeichnenden Mächte in Konstantinopel.

Art. 7. Die provisorische Regierung kann nicht auf mehr als neun Monate von dem Datum der Unterzeichnung des gegenwärtigen Vertrages an verlängert werden. Wenn die organische Regierung vollständig eingerichtet ist, hat die Wahl des Fürsten von Bulgarien unverzüglich zu erfolgen. Sobald der Fürst eingesetzt ist, tritt die neue Organisation in dem Fürstentum in Kraft und es selbst in vollen Besitz seiner Autonomie.

Art. 8. Die zwischen fremden Mächten und der Hohen Pforte abgeschlossenen und gegenwärtig in Kraft stehenden Handels- und Schiffahrtsverträge, Konventionen und Abkommen bleiben in dem Fürstentum Bulgarien bestehen, und es kann keine Veränderung in denselben einer fremden Macht gegenüber getroffen werden, wenn diese nicht ihre Zustimmung dazu gibt. Kein Durchgangszoll auf Waren, welche durch das Fürstentum passieren, darf in Bulgarien erhoben werden. Die Angehörigen und der Handel aller Mächte sollen auf den Fuß vollständiger Gleichheit gestellt werden. Die Freiheiten und Rechte fremder Unterthanen, die durch Kapitulationen und Herkommen bestehenden Rechte der Gerichtsbarkeit und des konsularischen Schutzes bleiben in voller Kraft bestehen, soweit sie nicht mit Zustimmung der beteiligten Parteien abgeändert werden.

Art. 9. Der Betrag des von dem Fürstentum Bulgarien dem suzeränen Hofe, durch Hinterlegung in einer von der Hohen Pforte demnächst zu bestimmenden Bank, zu zahlenden jährlichen Tributs wird durch ein Abkommen zwischen den Mächten, welche den gegenwärtigen Vertrag unterzeichnen, zu Ende des ersten Amtsjahres der neuen Organisation festgesetzt. Dieser Tribut wird nach den durchschnittlichen Einkünften des Gebietes des Fürstentums berechnet. Bulgarien hat einen Teil der öffentlichen Schuld des Reiches zu tragen. Wenn die Mächte über den Tribut beschlossen haben, werden sie den Teil dieser Schuld, welcher auf Grund eines billigen Verhältnisses auf das Fürstentum trifft, in Erwägung ziehen.

Art. 10. Bulgarien tritt an die Stelle der kaiserlich osmanischen Regierung in ihren Rechten und Verpflichtungen gegen die Rustschuck-Varnaer-Eisenbahn-Gesellschaft vom Tage der Unterzeichnung des gegenwärtigen Vertrages ein. Die Feststellung der näheren Einzelheiten bleibt einer Verständigung zwischen der Hohen Pforte, der Regierung des Fürstentums und der Eisenbahn-Gesellschaft überlassen. Das Fürstentum Bulgarien tritt in derselben Weise für die von der Hohen Pforte Oesterreich-Ungarn sowie der Gesellschaft zum Betriebe der Eisenbahnen in der europäischen Türkei gegenüber eingegangenen Verpflichtungen bezüglich der Vervollständigung und Vereinigung und des Betriebes der auf seinem Gebiete liegenden Linien ein. Die zur Lösung dieser Fragen erforderlichen Konventionen sollen zwischen Oesterreich-Ungarn, der Pforte, Serbien und dem Fürstentum Bulgarien unverzüglich nach dem Friedensschlusse abgeschlossen werden.

Art. 11. Die osmanische Armee verbleibt nicht länger in Bulgarien. Alle früheren Festungen sollen auf Kosten des Fürstentums binnen einem Jahre oder wo möglich früher geschleift werden. Die Lokalregierung hat sofort Maßregeln zur Schleifung zu ergreifen und darf keine neuen errichten. Die Hohe Pforte hat das Recht, nach Gutdünken über das Kriegsmaterial und andere der osmanischen Regierung gehörige Gegenstände, welche in den gemäß dem Waffenstillstande vom 31. Januar schon geräumten Donaufestungen noch verblieben sind, sowie über die in den Festungswerken Schumla und Varna noch vorfindlichen zu verfügen.

Art. 12. Die mohammedanischen Grundbesitzer, die aus dem Fürstentum weggezogen sind, können ihren dortigen Grundbesitz behalten, indem sie denselben verpachten oder durch dritte verwalten lassen. Eine fürstlich bulgarische Kommission bleibt zwei Jahre lang mit der Besorgung aller auf die Art der Uebertragung des Betriebes und der Regelung bezüglichen Angelegenheiten des Staatseigentums und der religiösen Stiftungen (Vakuf) auf Rechnung der Hohen Pforte und der dabei interessierten Privaten betraut. Die aus dem Fürstentum Ausgewanderten, welche in anderen Teilen des osmanischen Reiches reisen oder wohnen, stehen unter der Botmäßigkeit und den Gesetzen der Türkei.

Art. 13. Im Süden des Balkans wird eine Provinz gebildet, die den Namen Ost-Rumelien annehmen und unter der unmittelbaren militärischen und politischen Botmäßigkeit Sr. Kaiserlichen Majestät des Sultans verbleiben soll unter Bedingungen autonomer Verwaltung. Sie erhält einen christlichen General-Gouverneur.

Art. 14 bestimmt ausführlich die Grenzen Ost-Rumeliens.

Art. 15. Se. Majestät der Sultan hat das Recht, für die Verteidigung der Land- und Seegrenzen der Provinz durch Errichtung von Befestigungen an diesen Grenzen und durch Unterhaltung von Truppen daselbst zu sorgen.

Die innere Ordnung in Ost-Rumelien wird durch eine einheimische Gendarmerie, der eine Lokalmiliz zur Seite steht, aufrechterhalten. In der Zusammensetzung dieser beiden Körper, deren Offiziere von dem Sultan ernannt werden, wird, den Oertlichkeiten entsprechend, auf die Religion der Bewohner Rücksicht genommen. Se. Majestät der Sultan verpflichtet sich, keine irregulären Truppen, wie Baschibozuks und Tscherkessen, in den Garnisonen an den Grenzen zu verwenden. Die zu diesem Dienste bestimmten regulären Truppen dürfen in keinem Falle bei den Einwohnern einquartiert werden. Wenn sie durch die Provinz marschieren, sollen sie daselbst keinen Aufenthalt machen.

Art. 16. Dem General-Gouverneur steht das Recht zu, die türkischen Truppen herbeizurufen, wenn die innere oder äußere Sicherheit der Provinz bedroht sein sollte. Für solchen Fall ist die Hohe Pforte verpflichtet, ihren Entschluß und die denselben rechtfertigenden Gründe den Vertretern der Mächte in Konstantinopel anzuzeigen.

Art. 17. Der General-Gouverneur von Ost-Rumelien wird von der Hohen Pforte mit Zustimmung der Mächte auf einen Zeitraum von fünf Jahren ernannt.

Art. 18. Sofort nach der Ratifikation des gegenwärtigen Vertrages wird eine europäische Kommission eingesetzt, welche mit der Hohen Pforte die Organisation Ost-Rumeliens auszuarbeiten hat. Dieselbe hat binnen drei Monaten die Machtbefugnis und die Zuständigkeit des Gouverneurs sowie das gerichtliche, finanzielle und administrative Regime der Provinz festzusetzen, indem sie die verschiedenen Gesetze über die Vilajets und die in der achten Sitzung der Konstantinopeler Konferenz gemachten Vorschläge zum Ausgangspunkt nimmt. Die gesamten Anordnungen, welche für Ost-Rumelien getroffen werden, werden in einem von der Pforte zu promulgierenden und den Mächten mitzuteilenden großherrlichen Firman zusammengefaßt werden.

Art. 19. Bis zur Fertigstellung der neuen Organisation wird die europäische Kommission im Einverständnis mit der Hohen Pforte mit der Verwaltung der Finanzen der Provinz betraut.

Art. 20. Die Verträge, Konventionen und internationalen Abmachungen jeder Art, welche zwischen der Pforte und den fremden Mächten abgeschlossen sind oder noch abgeschlossen werden, haben in Ost-Rumelien wie im ganzen osmanischen Reich Geltung. Die Freiheiten und Rechte, die von Fremden erworben worden sind, welcher Art sie auch seien, bleiben in dieser Provinz in Kraft. Die Hohe Pforte verpflichtet sich, dafür zu sorgen, daß die auf Religionsgemeinschaften zugunsten aller Bekenntnisse bezüglichen allgemeinen Gesetze des Reiches dort beobachtet werden.

Art. 21. Die Rechte und Verpflichtungen der Hohen Pforte in bezug auf die Eisenbahnen in Ost-Rumelien bleiben in voller Ausdehnung in Kraft.

MANIFEST AN DAS BULGARISCHE VOLK

Bulgaren! In Anbetracht der eingetretenen Verhältnisse im Königreiche, die von jedem guten Bürger Opfer bis zur Selbstaufopferung für das Wohl unseres geliebten Vaterlandes verlangen, möchte ich als erster das Beispiel für diese Selbstaufopferung geben, und trotz der heiligen Bande, die mich mit diesem Lande verbinden, für dessen Aufblühen und Größe ich alles, was in meinen

Kräften lag, getan habe, entschloß ich mich, auf den Königlichen Thron der Bulgaren zugunsten meines erstgeborenen Sohnes, Seiner Königlichen Hoheit Kronprinz Boris, Fürst von Tirnovo, zu verzichten.

Indem ich diesen meinen Entschluß meinem geliebten Volke bekanntgebe, fordere ich alle treuen Untertanen und wahren Patrioten auf, sich um den Thron des Königs Boris, dessen Name mit so vielen großen Taten in der Geschichte des alten bulgarischen Königreiches verbunden ist, zu vereinigen, um das Vaterland aus dieser schweren Lage herauszuführen und Bulgarien von neuem auf die Höhe zu bringen, die ihm vom Schicksal vorbestimmt ist.

Indem ich mich in tiefer Trauer von dem geliebten Bulgarien trenne, spreche ich dem ganzen bulgarischen Volke meine Dankbarkeit aus für die Unterstützung, welche mir während meiner Regierungszeit zuteil geworden ist.

Möge der Allmächtige über das Schicksal des bulgarischen Volkes wachen und es in eine lichte und sichere Zukunft führen.

3. Oktober 1918.

Ferdinand.

ANMERKUNGEN

Erstes Buch
EINE GEFÄHRLICHE EXPEDITION

S. 19. Die Konferenz der Großmächte hatte in Konstantinopel um die Jahreswende 1876/77 die Bildung zweier autonomer bulgarischer Provinzen unter christlichen Statthaltern gefordert. Die Ablehnung dieser Forderung führte zum Krieg zwischen Rußland und der Türkei.

S. 20. Ferdinand zu H. R. M.

S. 21. Zeile 6. Alexander, Prinz von Battenberg war der Sohn des Prinzen Alexander von Hessen-Darmstadt aus dessen morganatischer Ehe mit Julie von Hauke, Hofdame bei Marie, Schwester des Prinzen Alexander von Hessen, Kaiserin von Rußland, Gattin Alexanders II.

S. 23. Zeile 2. An den europäischen Höfen gab man ihr den Beinamen „Clementine von Medici".
Zeile 20. Siehe: van der Heyde: Ferdinand de Bulgarie.

S. 24. Zeile 6. „Ich sprach slavisch und russisch". Ferdinand zu H. R. M.

S. 26. Zeile 13. Milan von Serbien: Lord Salisbury zu Hatzfeld. Akten des Auswärtigen Amtes.
Zeile 27. Ferdinand zu H. R. M.

S. 27. Zeile 10. Johann Orth erschien später noch einmal und warf sich Ferdinand, dem Fürsten von Bulgarien, zu Füßen, nachdem er Wien für immer verlassen hatte. Er bat Ferdinand um eine Offiziersstelle in der bulgarischen Armee, die ihm aber

aus Rücksicht für Franz Joseph nicht bewilligt werden konnte.
Zeile 18 und folgende. Akten d. Ausw. Amtes.
S. 28. Zeile 11. Akten des Auswärtigen Amtes.
Zeile 20. Akten des Auswärtigen Amtes.
S. 29. Zeile 8. Akten des Auswärtigen Amtes.
Zeile 23. Zar Ferdinand berichtet einen Ausspruch Kalnokys über ihn: „Man wird ja sehn, obs'n abschieß'n wer'n". Ferdinand zu H. R. M.
Zeile 25 u. f. Akten des Auswärtigen Amtes.
S. 30. Zeile 6. Später übernahm Professor Dobri Gantchew den bulgarischen Unterricht des Königs.
Zeile 9 u. f. Akten des Auswärtigen Amtes.
S. 31. Zeile 7 u. f. Akten des Auswärtigen Amtes.
Zeile 15. Burian, der spätere österreichische Minister.
S. 32. Zeile 10. Baron Wladimir Giesl erzählt, Ferdinand habe sich während der Fahrt nach Orsowa einige Zeit auf dem Toilette-Abteil verborgen gehalten, um dem eventuellen Zugriff der österreichischen Polizei zu entgehen. Eine dem vorliegenden Buch beigefügte Photographie zeigt Ferdinand in dem Kostüm, das er bei dieser Reise trug.
Zeile 23. Mit Kronprinz Rudolf verband Ferdinand eine warme Freundschaft.
Zeile 25. Siehe: Paul Lindenberg, Zar Ferdinand von Bulgarien.
S. 33. Zeile 11. Ferdinand zu H. R. M.
Zeile 19. Akten des Auswärtigen Amtes.
Zeile 26. Ferdinand zu H. R. M.
S. 36. Zeile 4. Akten des Auswärtigen Amtes.
S. 37. Zeile 12. Akten des Auswärtigen Amtes.
S. 38. Zeile 8. So wurde ein Photograph Ferdinands entführt.

S. 39. Zeile 4. Akten des Auswärtigen Amtes.
S. 40. Zeile 11. Akten des Auswärtigen Amtes.
S. 43. Zeile 8 u. f. Akten des Auswärtigen Amtes.
S. 44. Zeile 2 u. f. Akten des Auswärtigen Amtes.
S. 45. Zeile 20. Zar Ferdinand schreibt darüber auf einen Brief des Generals Gantchew an ihn vom 29. August 1929: „Ich erkläre hiermit, daß ich niemals mit der Gräfin von Flandern in Correspondenz gestanden habe; wer meinen politischen Gedankengang nur einigermaßen kennt, wird sofort erkennen, daß diese ganze Correspondenz ein klägliches Falsifikat ist! Zu bedauern sind diejenigen, die in Berlin im Herbste 1887 an die Aechtheit der Briefe glaubten." Das Auswärtige Amt besitzt eine ganze Anzahl von Aktenfaszikeln über die angebliche Korrespondenz Ferdinands, aus denen hervorgeht, daß Bismarck bereits nach der ersten Kenntnisnahme von den Schriftstücken zur Ueberzeugung kam, die Briefe seien gefälscht. Der Botschafter Reuß forderte von Ferdinand ein kategorisches Dementi, das auch sofort erschien. Leider hat sich noch in neuere Geschichtswerke von Bedeutung die irrige Auffassung eingeschlichen, als sei die Korrespondenz der Gräfin von Flandern echt. Siehe: Dimitri Jotzoff, Zar Ferdinand.
Zeile 28. Akten des Auswärtigen Amtes.
S. 47. Zeile 6. Akten des Auswärtigen Amtes.
S. 49. Zeile 2 u. f. Akten des Auswärtigen Amtes.
S. 52. Zeile 34. Akten des Auswärtigen Amtes.
S. 53. Zeile 8. Die Hirsch'schen Eisenbahnen in Bulgarien sind berüchtigt.
Zeile 14. Akten des Auswärtigen Amtes.
S. 54. Zeile 32. Erst kürzlich gingen dokumentarische Veröffentlichungen durch die bulgarische Presse, aus denen hervorgeht, daß die Ermordung des

Fürsten Ferdinand durch russische Agenten geplant war.
S. 55. Zeile 5. Die Reise war schon beschlossen, ehe von dem Prozeß Panitzas die Rede war.
S. 57. Zeile 31. Akten des Auswärtigen Amtes.
S. 57/59. Bericht Kiderlens. Akten d. Ausw. Amtes.
S. 59. Zeile 17. Bismarck, Gesammelte Werke. Panitza hatte übrigens aus den Zeiten des Kampfes um die Unabhängigkeit Bulgariens große Verdienste um sein Land.
S. 60. Zeile 6. Akten des Auswärtigen Amtes.
Zeile 18. Ebenda.
S. 62. Zeile 5 u. f. Akten des Auswärtigen Amtes.
S. 67. Zu diesem Zeitpunkt scheint die Königin Victoria durchaus nicht die Meinung von Ferdinand gehabt zu haben, von der Paléologue gelegentlich seiner Gespräche mit der Kaiserin Eugenie berichtet.
S. 68. Zeile 9. Gespräch Bismarcks mit Sydney Whiteman. Siehe: Bismarck, Gesammelte Werke. Whiteman schildert den „gesteigerten, halb geheimnisvollen, halb humoristischen Ton Bismarcks, der seine großen Augen öffnete, so weit er konnte und nachdrücklich seine Hand erhob", als ihm dieser von seiner Begegnung mit Ferdinand erzählte.
S. 69. Zeile 7. Akten des Auswärtigen Amtes.
S. 70. Zeile 12. Zar Ferdinand hält die nachstehend Genannten für schuldig: „Leiter des Ermordungsplanes der berüchtigte russische Botschaftsrat Maximow. Mörder Alexander Caridis und Merdjan." Ferdinand zu H. R. M.
S. 71. Zeile 21. Ferdinand zu H. R. M.
S. 78. Zeile 8. Akten des Auswärtigen Amtes.
Zeile 25. Ferdinand sagte zu Stambulow: „Gehen Sie ins Ausland, studieren Sie die politischen Systeme und Verhältnisse der großen europäischen

Länder. Jusqu'à maintenant vous étiez un apprenti, certes un apprenti merveilleux. Bleiben Sie einige Jahre außerhalb Bulgariens, und Sie werden als Meister zurückkehren." Stambulow antwortete: „Je ne partirai pas." Ferdinand zu H. R. M.
S. 81. Ferdinand erklärt, daß dies keineswegs der Fall gewesen sei. Ferdinand zu H. R. M.
S. 82. Zeile 27. Stoilow sagte zu Ferdinand, der Stambulow die Ausreise zu bewilligen wünschte: „Wir müssen jetzt streng nach den Gesetzen vorgehen." Ferdinand zu H. R. M.
S. 85. Zeile 5. Siehe Harold Nicolson: Arthur Nicolson First Lord Carnock, London 1930.
Zeile 9. Sir Harold Nicolson sagte zu H. R. M., er hätte in seiner Biographie Lord Carnocks nicht die Absicht gehabt, eine direkte moralische Schuld Ferdinands behaupten zu wollen.
Richard von Mach, Verfasser mehrerer bedeutender Werke über Bulgarien und Freund Stambulows, der früher auf einem ähnlichen Standpunkt über die Ermordung Stambulows gestanden hatte, wie Nicolson, hat neuerdings („Deutsche Allgemeine Zeitung", 27. Februar 1931) erklärt: „Man hat den Fürsten dafür (für die Ermordung Stambulows) verantwortlich gemacht; das ist ein Irrtum, denn — es war nicht nötig, mazedonischer Blutrache den Weg zu ebnen." Allerdings meint Richard von Mach, man hätte Ausschreitungen in Sofia dadurch vermeiden können, daß die Polizei durch reguläre Truppen ersetzt worden wäre.
„Stoilow konnte unmöglich Stambulow einen Ausreisepaß übergeben, da zu jener Zeit bereits eine parlamentarische Untersuchungskommission gegen Stambulow eingesetzt war. Noch weniger

konnte natürlich der Fürst in dieser Sache für Stambulow tun, nachdem er ihm rechtzeitig genug geraten hatte, viele Monate in das Ausland zu gehen." Rich. v. Mach an H. R. M.
Interessant und von größter Bedeutung sind hierzu die eigenen Bemerkungen Zar Ferdinands.
„Es ist lächerlich, anzunehmen, ich hätte mich freiwillig Stambulows beraubt. Er war ein wundervolles Werkzeug meines Willens. Wie oft habe ich ihm gesagt, er solle reisen." Ferdinand zu H. R. M.

S. 87. Zeile 1. Akten des Auswärtigen Amtes.
S. 88. Zeile 2. Ebenda.
S. 89. Zeile 32. Siehe D. Jotzoff, Zar Ferdinand.
S. 90. Zeile 1. Häufig wird von der Umtaufe des Prinzen Boris gesprochen. Es handelte sich jedoch nur um einen Akt der Firmung, da die orthodoxe Kirche die römisch-katholische Taufe nicht anerkennt. Ferdinand zu H. R. M.
Zeile 8. Siehe Jotzoff, 90.

Zweites Buch
DER TRAUM VON BYZANZ

S. 93. Zeile 10. Siehe: Régis Delbeuf, Les voyages de S. A. R. Le Prince Ferdinand.
S. 95. Zeile 33. Akten des Auswärtigen Amtes.
S. 96. Zeile 2. Ebenda.
S. 97. Zeile 8. Ebenda.
S. 98. Zeile 7 u. f. Ebenda.
Zeile 29. Nachdem man sich in der österreichischen Presse dazu durchgerungen hatte, Ferdinand wenigstens nicht mehr bei jeder Erwähnung seines

Namens die moralische Schuld am Tode Stambulows vorzuwerfen, würde ein neuer Vorfall benutzt, um den bulgarischen Fürsten anzugreifen. Die Ermordung der Wiener Sängerin Anna Simon durch einen Adjutanten des Fürsten hatte peinliches Aufsehen erregt. Selbstverständlich waren alle Kommentare, die die Person Ferdinands in Verbindung mit dieser Affäre brachten, erfunden. Ein Korrespondent des „Berliner Lokalanzeiger" interviewte den Minister Stoilow, der erklärte, derlei durch nichts zu entschuldigende Verbrechen könnten sich schließlich überall, nicht nur in Bulgarien ereignen, ohne daß das Staatsoberhaupt unbedingt damit in Verbindung gebracht werden müsse. Der Berichterstatter, froh darüber, eine Sensationsmeldung bringen zu können, drahtete nach Haus, Stoilow habe auf den Tod des Erzherzog-Thronfolgers Rudolf und der Marie Vetsera hingewiesen. Neue Verleumdungen und Beschimpfungen Ferdinands in der österreichischen Presse waren die Folge dieser skandalösen Veröffentlichung, und es bedurfte nachdrücklicher diplomatischer Schritte, um die Wogen der Erregung zu glätten.

S. 99. Zeile 18 u. f. Akten des Auswärtigen Amtes.
S. 100. Zeile 29. Ebenda.
S. 101. Zeile 4. Bülow, Denkwürdigkeiten.
Zeile 21. Siehe 11. Kapitel.
S. 102. Zeile 12. Man hatte nur begonnen, den Witosch aufzuforsten.
Zeile 31. S. Wladimir Giesl.
S. 104. Zeile 22 u. f. Akten des Auswärtigen Amtes.
S. 105. Zeile 3. Ebenda.
S. 106. Zeile 3. Ebenda.
S. 107. Zeile 30. Die jungtürkische Regierung tat kaum

etwas, um Verbrechen zu verhindern, wenn ihr auch wohl der Vorwurf der Anstiftung nicht gemacht werden kann.
S. 109. Zeile 3 u. f. Akten des Auswärtigen Amtes.
S. 111. Zeile 30 u. f. Akten d. österr. Außenministeriums.
S. 112. Zeile 19. Ebenda.
S. 114. Zeile 3. Ebenda.
Zeile 16. Akten des Auswärtigen Amts.
S. 116. Zeile 27. Ebenda.
S. 120. Zeile 16. Es wird behauptet, Ferdinand habe die versammelten Fürsten eine Viertelstunde auf sich warten lassen.
Zeile 18. Akten des Auswärtigen Amtes.
S. 121. Zeile 5. Es ist nicht klar, ob der bulgarische Vertreter in Wien Politik auf eigene Faust machen wollte. Nach Aufklärung des Mißverständnisses deutete das Wiener Außenministerium an, daß es die Versetzung des bulgarischen Vertreters wünsche. Es kam jedoch nicht zu dieser Maßregelung des bulgarischen Bevollmächtigten, weswegen man glaubte, er habe seinerzeit nicht ohne Auftrag gehandelt.
S. 122. Zeile 16. Akten des österr. Außenministeriums.
S. 123. Zeile 15. Ebenda.
S. 126. Zeile 4. B. v. Siebert, Diplomatische Aktenstücke.
Zeile 18. Akten des österr. Außenministeriums.
S. 127. Zeile 23 u. f. Ebenda.
S. 129. Zeile 30. B. v. Siebert.
S. 131. Zeile 14. Akten des österr. Außenministeriums.
S. 133. Zeile 2 u. f. Ebenda.
S. 137. Zeile 4. Siebert.
S. 140. Zeile 8. Akten des Auswärtigen Amtes.
S. 141. Zeile 14. Siebert.
S. 143. Zeile 12. Akten des Auswärtigen Amtes.
S. 144. Zeile 7 u. f. Ebenda.

S. 145. Zeile 18. Akten des Auswärtigen Amtes.
S. 146. Zeile 18. Akten des österr. Außenministeriums.
S. 148. Zeile 4. Akten des Auswärtigen Amtes.
Zeile 9. Zar Ferdinand streitet den Inhalt dieser Meldung ab. Er wisse nichts von einer solchen Prophezeiung. Ferdinand zu H. R. M.
Zeile 10 u. f. Akten des Auswärtigen Amtes.
S. 150. Zeile 15. Ebenda.
S. 151. Zeile 34. B. v. Siebert.
S. 152. Zeile 32. Bei solchen Anlässen diktierte der Nationalismus immer das gleiche Wort: „Er ist ein Fremder". Diese bittere Erfahrung, der sich Ferdinand mitunter beugen mußte, wurde nicht nur von ihm gemacht. Auch die anderen Balkankönige aus deutschen Häusern, Konstantin von Griechenland, Karol von Rumänien, kannten solche schweren Augenblicke.
S. 153. Zeile 14. „Es war unmöglich, in einem Augenblick an den Einzug in Konstantinopel zu denken, wo es täglich viele tausend Cholerafälle in der Armee gab. Außerdem dachte ich an den Satz: ‚Qui mange du Pape en meurt'." Ferd. zu H. R. M.
Zeile 33 u. f. Akten des Auswärtigen Amtes.
S. 154. Zeile 14. Akten des österr. Außenministeriums.
S. 157. Zeile 18. Ebenda.
S. 158. Zeile 6 u. f. Ebenda.
S. 161. Zeile 31. B. v. Siebert.

Drittes Buch
SCHICKSALSSCHLÄGE

S. 167. Zeile 17. „L'Alliance Balcanique".
S. 169. Zeile 22. Akten des österr. Außenministeriums.
S. 171. Zeile 4. Ebenda.

S. 174. Zeile 3. Ebenda.
S. 176. Zeile 30. Ebenda.
S. 177. Zeile 28. Russische Beauftragte in Wien hatten nicht verfehlt, auf die gegen Oesterreich gerichtete Spitze des Balkanbundes hinzuweisen. Ferdinand wollte dieses Faktum nicht abstreiten, jedoch die daran geknüpften unwahren Kommentare nicht zulassen.
S. 179. Zeile 24. „Niemals habe ich dergleichen gesagt. Es ist doch kaum denkbar, daß ich mich so über eine Kirche geäußert haben soll, der mein eigener Sohn angehört und die die Religion von über hundert Millionen Gläubigen ist. Niemals ist von ‚Zerschmetterung' die Rede gewesen." Ferdinand zu H. R. M.
S. 183. Zeile 27. Dokumente, die über die Höhe der Beträge und die Namen der bei Bestechungen Beteiligten Auskunft und Einzelheiten geben, scheinen von persönlicher Feindschaft diktiert und sind deswegen hier nicht aufgeführt worden.
S. 184. u. f. Radoslawow, Bulgarien und die Weltkrise.
S. 184. Zeile 21. Akten des österr. Außenministeriums.
S. 195. Zeile 13. Die in der Loge des Festspielhauses versammelten Gäste Ferdinands, die vergeblich auf den König warteten, erfuhren hier die Nachricht des Kriegsausbruches. Ferdinand zu H. R. M.
S. 197. Zeile 8. B. v. Siebert.
S. 199. Zeile 2. Der englische Gesandte Ironside in Sofia war der Meinung, daß englischerseits durch das Eingreifen Bulgariens an der Seite der Entente eine Verschärfung der Besitzprobleme hinsichtlich Konstantinopels eintreten würde. Bisher war die Orientpolitik Rußlands und Englands bereits ein heikler Punkt in den Beziehungen zwischen den Bundesgenossen gewesen. Kamen nun noch die

Interessen bulgarischer Verbündeter dazu, so war das Problem immer schwieriger zu lösen.

Als die Entente ein Ultimatum an Bulgarien stellte, erschien Ironside bei Radoslawow, um ihn zu warnen. Er solle sich nicht mit dem Entschluß übereilen, Bulgarien sei abgekämpft, kein Mensch könne den weiteren Verlauf des Krieges voraussagen. Radoslawow konnte sich das plötzliche Interesse Englands für die bulgarischen Interessen nicht erklären. Außerdem gab es andere Mittel, um auf den Anschluß Bulgariens an die Entente zu wirken, nämlich die Zusage der sofortigen Besitzergreifung serbischer Gebiete. Radoslawow sprach mit den Führern der Opposition über den Besuch des Engländers. Diese mobilisierten die Vertreter Frankreichs und Rußlands, die gegen Ironside protestierten und erreichten, daß er desavouiert und abberufen wurde. Trotzdem schien die Idee einer möglichen bulgarisch-russischen Eroberung von Konstantinopel Anlaß zu einiger amtlicher Ermächtigung für Ironside gewesen sein. General Gantchew zu H. R. M.

S. 201. Zeile 4. Siehe: Paléologue: La Russie des Tsars.
Zeile 21. Siehe: Sultane Pétroff. Trente ans à la cour de Bulgarie.

S. 206. Zeile 32. Tagebuch, Mai 1931. Schmiergelder für Bulgarien, von Kurt Kersten.

S. 207. Zeile 2. Nekljudow, der russische Diplomat, bestätigt übrigens in seinen in der ‚Revue de Paris' nach dem Kriege erschienenen Erinnerungen an Ferdinand, daß dieser in den großen bulgarischen Finanztransaktionen nie an sein persönliches Interesse gedacht hat. Dimitri Jotzow zu H. R. M.
Zeile 9/14. General Gantchew zu H. R. M.

S. 208. Zeile 19 u. f. General Gantchew zu H. R. M.

S. 210. Zeile 19 u. f. S. Paul Gentizon u. Marcel Dunan.
S. 213. Zeile 2. Im „Tagebuch", Mai 1931.
S. 213. Zeile 11. General Gantchew zu H. R. M.
S. 215/8. Teilweise Benutzung der Akten des Geheimen Zivilkabinetts des ehemaligen Kaisers.
S. 221. Zeile 24. General Gantchew zu H. R. M.
S. 224. Zeile 16. Der Eindruck in Bulgarien war katastrophal, und die Unstimmigkeiten zwischen dem deutschen Kaiser, den Militär- und Zivilbehörden gaben Anlaß zu der Meinung, man wisse in Deutschland nicht, was man wolle.
Zeile 17. General Gantchew zu H. R. M.
S. 225. General Gantchew zu H. R. M.
S. 226. Zeile 1. Der Bericht Czernins war Erzberger bekannt geworden und wurde von diesem an die Oeffentlichkeit gebracht.
Zeile 9. Trotz seiner Verwandtschaft mit den Herrschern Oesterreichs und Bulgariens, die beide Schwestern von ihm zur Frau hatten, und trotz des Umstandes, daß die Familie Parma in Oesterreich angesiedelt war, mußte sich Sixtus, als belgischer Offizier, als „Feind" betrachten. Seine mit den besten Absichten unternommene Mission hat er in einer Publikation von 1920 geschildert. Zehn Jahre später, in den Zeiten deutsch-französischer Annäherung, wünschte er die „Sixtus-Affäre" vergessen zu sehen. Prinz Sixtus von Parma zu H. R. M.
Zeile 30 u. f. General Gantchew zu H. R. M.
S. 228. Zeile 21. Akten des Geheimen Zivilkabinetts. Preußisches Geheimes Staatsarchiv.
S. 229. Zeile 5 u. f. Radoslawow, Bulgarien und die Weltkrise.
S. 231. Zeile 31. Rizow, der sicherlich das Beste für Bulgarien wünschte und der ohne formelle Aufträge

gehandelt hatte, nahm sich das Scheitern seiner Bemühungen sehr zu Herzen und starb bald.
S. 236. Zeile 29. Ferdinand zu H. R. M.
S. 237. Zeile 6. Schließlich war die Kriegsbeihilfe durch den Minister Tontchew in eine Anleihe umgewandelt worden, ein Akt, der in späteren Zeiten einer außerordentlich scharfen Kritik unterzogen wurde. Die Entente wurde nach dem Vertrag von Neuilly Bulgariens Gläubiger für diese Anleihe.
Es wurde behauptet, die Kriegslieferungen an Bulgarien hätten den tatsächlichen Bedarf um ein Vielfaches überschritten. Der Verpflichtung der Mittelmächte hinsichtlich der zwölf Hilfsdivisionen wurde die Auslegung gegeben, es habe sich bei dieser Unterstützung nur um den ersten serbischen Feldzug gehandelt. Von beiden Seiten kam es zu mancherlei tendenziösen Entstellungen. Gantchew verhandelte mit Hindenburg über diese Frage. Der Feldmarschall wies auf den Wortlaut der Vereinbarung hin, während Gantchew erklärte, die Bulgaren hätten gegen die immer zahlreicheren Feinde 15 statt 5 Divisionen aufgebracht. Ein Viertel der bulgarischen Bevölkerung stehe unter Waffen. General Gantchew zu H. R. M.
S. 238. Zeile 4. General Gantchew zu H. R. M.
Zeile 10. „Stambuliski, der aus dem Gefängnis kam, sagte zu mir, er habe nicht mich, sondern meine Politik bekämpft." Ferdinand zu H. R. M. General Gantchew, der der denkwürdigen Begegnung im Nebenzimmer beiwohnte und durch die halbgeöffnete Tür das Gespräch mitanhörte, wiederholt Stambuliskis Aeußerung zu Ferdinand: „Sie sind der Bannerträger Bulgariens. Aber Sie sehen, daß die Politik Eurer Majestät zur Kata-

strophe geführt hat." General Gantchew zu H. R. M.
Zeile 19. „Stambuliski telegraphierte mir aus Radomir: ‚Sie sind abgesetzt. Ich bin Präsident der Republik'." Ferdinand zu H. R. M.
S. 238—241. Ferdinand zu H. R. M.
S. 239. Zeile 23. General Gantchew zu H. R. M.

Viertes Buch
IM EXIL

S. 245—248. Ferdinand zu H. R. M.
S. 245. Zeile 3. „Malinow war leichenblaß, und die Schweißtropfen traten ihm auf die Stirn." Ferdinand zu H. R. M.
Zeile 19. General Gantchew zu H. R. M.
S. 247. Zeile 23. „Berchtold hat nach dem Krieg einen Bericht über diese Entrevue veröffentlicht, in dem er sich selbst über das seidene Hemd, das ich trug, lustig gemacht hat." Ferdinand zu H. R. M.
S. 248. Zeile 2. Er fand hier auch noch Zeit, dem „Berliner Tageblatt" ein Interview zu geben, das aufklärend wirken sollte, da über seine Abdankung nur nebelhafte Gerüchte nach Deutschland gedrungen waren, und da dort auch in gewissen Kreisen von Verrat gesprochen wurde. Er betonte seine Bundestreue, als deren Opfer er ja ging. „Ich habe für meine Person die Konsequenzen aus der veränderten Lage gezogen. Es ist nicht die Zeit, große Worte zu machen, die Geschichte wird einst sprechen."
S. 250. Zeile 7. Ferdinand zu H. R. M.
S. 251. Zeile 20. Uebersetzung von Frhr. v. Werkmann.

S. 253. Zeile 19 u. f. „Niemals hat im Palais von Sofia ein solches Bild gehangen, und niemals habe ich Paléologue die Geschichte aus der Hagia Sophia erzählt, die er der Kaiserin Eugenie berichtet. Ich war allerdings in der Kirche, aber nie allein; als ich von dieser Porphyrplatte erfuhr, war ich mit Mitgliedern der russischen archäologischen Gesellschaft zusammen, die mir diese Platte unter anderen Merkwürdigkeiten zeigten.
Ich weiß, daß Paléologue eine heftige Abneigung gegen Oesterreich hat und mich stets für einen österreichischen Protégé hielt. Sein Vater hat, glaube ich, bei dem österreichischen Botschafter in Paris, dem Grafen Rudolf Apponyi, gearbeitet, und es gab irgend welche Differenzen, über die interessante Enthüllungen gemacht worden sind. Ich bewunderte Paléologue sehr, konnte ihn stundenlang sprechen hören. Mit seinem klassischen Französisch verdient er den Sitz in der Académie Française. Er sollte auch einmal nach Wien als Botschafter kommen. Doch Aehrenthal ließ sich die Akten vorlegen und sagte: ‚Das ist unmöglich‘."

S. 256—257. Adolf Schumann, König Ferdinand als Naturforscher. 1931.

S. 257. Zeile 21. Ferdinand zu H. R. M.
Zeile 26. Luise von Coburg, Throne, die ich stürzen sah.

S. 259. Zeile 8. Ferdinand zu H. R. M.

S. 260. Zeile 6. „Ich setzte dann fünf Jahre keinen Fuß nach Bayern." Ferdinand zu H. R. M.

S. 263/266. Roselius, Der König reist.

S. 267. Zeile 6. Jubiläumsalmanach.

S. 269. Zeile 25. Ferdinand zu H. R. M.

LITERATURVERZEICHNIS

Antonoff, V. Bulgarien vom Beginn seines staatlichen Bestehens bis auf unsere Tage. Berlin (1917).
Author of the Real Kaiser, The. Ferdinand of Bulgaria. The amazing career of a shoddy Czar. London, 1916.
Balcanicus. La Bulgarie, ses ambitions, sa trahison. Paris, 1915.
Bismarck, Otto Fürst von. Gesammelte Werke. 13 Bände. Berlin o. J. (1924).
Boetticher, Dr. H. v. Bericht über die ornithologischen Beobachtungen auf der Reise des Königs Ferdinand von Bulgarien durch die Kenya-Kolonie. Journal für Ornithologie, 1930.
Bresnitz von Sydacoff. Bulgarien und der bulgarische Fürstenhof. Berlin und Leipzig, 1896.
Bulgarien. Was es ist und was es wird. Herausg. vom kgl. bulg. Konsulat in Berlin (1915).
Bulgarisches Orangebuch. 2 Bände. Sofia, 1920. Bulgarisch.
Bülow, Bernhard, Fürst von. Denkwürdigkeiten. Berlin, 1930/31.
Christoff, Theodor. Das heutige Bulgarien. Berlin, 1930.
Coburg, Prinzessin Luise von. Throne, die ich stürzen sah. Zürich (1926).
Corti, Egon Cäsar. Alexander von Battenberg. Sein Kampf mit dem Zaren und Bismarck. Wien, 1920.
Cramon, A. v. General. Erinnerungen aus meiner vierjährigen Tätigkeit beim k. und k. Armee-Oberkommando. Berlin, 1920.
Daudet, Ernest. Ferdinand I. Tsar de Bulgarie. Paris (1917).
(Delbeuf, Régis). Le Prince Ferdinand Ier de Bulgarie en Europe. (Constantinople, 1896).
Desbons, Georges. La Bulgarie après le traité de Neuilly. Paris, 1930.
Drandar, A. G. La Bulgarie sous le Prince Ferdinand. Bruxelles, 1909.
— Actualités Balcaniques. Bruxelles, 1912.
Dunan, Marcel. L'Eté Bulgare. Paris, 1917.
Entomologisches Wochenblatt. 1907. Schaufuß, Fürst Ferdinand von Bulgarien als Entomologe.

Erzberger, Matthias. Erlebnisse im Weltkrieg. Stuttgart und Berlin, 1920.
Falkenhayn, Erich v. Die oberste Heeresleitung. 1914—1916. Berlin, 1920.
Fleischmann, P. v. Ferdinand I. König der Bulgaren. Leipzig, 1916.
Gentizon, Paul. Le Drame Bulgare. Paris, 1924.
Gheorgow, Dr. J. Die bulgarische Nation und der Weltkrieg. Mit einem Vorwort von Stresemann. Berlin, 1918.
Giesl, Wladimir. Zwei Jahrzehnte im nahen Orient. Berlin, 1927.
Große Politik der europäischen Kabinette, Die. Sammlung der diplomatischen Akten des Auswärtigen Amtes. 40 (54) Bände. Berlin, 1926/27.
Hanotaux, Gabriel. La guerre des Balkans. Paris, 1914.
Guéchoff, Iv. E. L'Alliance Balcanique. Paris, 1915.
Hepp, Alexandre. Ferdinand de Bulgarie Intime. Paris (1910).
Heyde, Fernand van der. Le Tzar des Bulgares. Extrait de la Revue „Le Flambeau". Bruxelles, 1924.
Hindenburg, Paul von. Aus meinem Leben. Leipzig, 1927.
Jotzoff, Dimitri. Zar Ferdinand von Bulgarien. Berlin, 1927.
Itinera Principum S. Coburgi.
Jubiläumsalmanach. Königreich Bulgarien. Herausg. von Dr. Iwan Parapanoff. Leipzig und Sofia, 1928.
Ivanoff, J. Les Bulgares devant le Congrès de la Paix. Berne, 1919.
K. und K. Ministerium des Aeußeren. Diplomatische Aktenstücke betr. die Ereignisse am Balkan 1912/13. Wien, 1914.
Kautsky und Montgelas. Die deutschen Dokumente zum Kriegsausbruch. 4 Bände. Berlin, 1927.
Lindenberg, Paul. Ferdinand I. König der Bulgaren. Berlin, 1911.
— König Ferdinand von Bulgarien. Berlin, 1917.
Ludendorff, Erich. Kriegserinnerungen 1914—1918.
Ludwig, Emil. Der Kampf auf dem Balkan. Berlin, 1916.
Macdonald, John. Czar Ferdinand and his people. London (1913).
Mach, Richard von. Aus bewegter Balkanzeit. 1879—1918. Berlin, 1928.
Ministère des Affaires Etrangères, La Question Bulgare et Les Etats Balcaniques. Exposé et Documents. Sofia, 1919.
Nekljudow, Souvenirs.
Nicolson, Sir Harold. Sir Arthur Nicolson, Bart. First Lord Carnock. A Study in the old Diplomacy. London, 1930.
Nojkow, Oberst. Warum haben wir nicht gesiegt? Bulgarisch.
Nowak, K. Fr. Der Sturz der Mittelmächte. München, 1921.
Oesterreich-Ungarns Außenpolitik. 9 Bände. Wien und Leipzig, 1930.

Paléologue, Maurice. La Russie des Tsars pendant la grande Guerre. Paris, 1921.
— Vertrauliche Gespräche mit der Kaiserin Eugenie. Uebertr. von Frhr. v. Werkmann. Dresden, 1928.
Pétroff, Sultane. Trente ans à la cour de Bulgarie. 1887—1918. Paris, 1927.
Pimodan. Simples souvenirs. Paris.
Poincaré, Raymond. Au Service de France. Paris, 1926 f.
Queillé, E. Les Commencements de l'Indépendance Bulgare. Paris, 1910.
Radoslawow, Basil. Bulgarien und die Weltkrise. Berlin, 1923.
René, Carl. Ferdinand I. König der Bulgaren und sein Land. 1887—1909. Berlin (1909).
Rizow, Dimiter. Bulgarien und Rußland. Berlin, 1917.
Roselius, Ernst. Der König reist. Tagebuch von der Südamerikafahrt des Zaren Ferdinand von Bulgarien. 1927/28. München, 1928.
Savadjian, Léon. Je dénonce!.. Genève, 1918.
— La Bulgarie en guerre. Genève, 1917.
Schumann, Adolf. König Ferdinand von Bulgarien als Naturforscher und Naturfreund. Mitt. a. d. kgl. naturwiss. Instituten. Sofia, 1931.
Siebert, B. von. Diplomatische Aktenstücke zur Geschichte der Ententepolitik der Vorkriegsjahre. Berlin und Leipzig, 1921.
Tanew, Alexander. Bulgar. Generalleutnant. Ein Verteidiger Deutschlands vor dem bulgarischen Staatsgericht, 1923. Uebersetzt und herausgegeben von Rich. v. Mach. Berlin, 1924.
Zaunkönig von Bulgarien, Der. Ein Beitrag zur Frage der Anerkennung des Fürsten Ferdinand I. Leipzig (1895).

REGISTER

Abdul Hamid II. Türkischer Sultan. Geboren 1842. Des Thrones entsetzt 1909. Gestorben 1918. S. 37, 39, 47, 52, 56/58, 63, 70, 71, 93, 94, 99, 107, 110, 113, 140, 253, 254.
Aehrenthal, Aloys Frhr. Lexa v. Oesterreichischer Außenminister. S. 109, 111, 115, 116, 118, 121, 123, 126, 129.
Albert, Prinzgemahl von England. 1819—1861. S. 23, 66.
Alexander, Prinz von Battenberg, Fürst von Bulgarien. 1857 bis 1893. S. 19, 21, 22, 24, 25, 27, 31, 32, 35, 41, 42, 43, 44, 46, 61, 73, 75, 80/82, 118. Anmerkung zu S. 21.
Alexander II. Zar von Rußland. S. 19, 32, 107.
Alexander III. Zar von Rußland. S. 19/22, 24, 25, 27/30, 40, 45, 54, 56, 57, 67, 69, 75, 81, 86.
Alexander, Großfürst von Rußland. S. 105.
Alexander, König von Serbien. Sohn Milans. Ermordet 1903. S. 95.
Alvear, Marcel de. Präsident von Argentinien. S. 264.
Anthim, Exarch. S. 33.
August, Prinz von Sachsen-Coburg-Kohary. Vater des Zaren Ferdinand. S. 23, 265.
August Wilhelm, Prinz von Preußen, Sohn Wilhelms II. S. 106.
Aumale, Henri Eugène Philippe Louis, Herzog von. Sohn König Louis Philippes von Frankreich. Mitglied der Académie Française. S. 27, 70.
Beltchew. Bulgarischer Finanzminister. S. 61, 62.
Benedikt XV. Papst. 1854—1914—1922. S. 90.
Berchtold, Graf Leopold. Geboren 1863. Oesterreichischer Außenminister. Sein Ultimatum an Serbien gab den letzten Anstoß zum Weltkrieg. Trat Januar 1915 zurück, Oberstkämmerer Kaiser Karls. S. 132/35, 157, 176/81, 247/248. Anm. zu S. 179, 247.
Bernhard, Prinz von Sachsen-Weimar. S. 26.
Bethmann-Hollweg, Theobald v. Deutscher Reichskanzler von 1909 bis 1917. Geboren 1856, gestorben 1921. S. 145, 228.
Bismarck, Herbert, Graf, später Fürst. 1849—1904. Staatssekretär im Auswärtigen Amt von 1886 an. S. 47, 48, 50, 51.
Bismarck, Otto, Fürst. Der Kanzler. 21, 22, 28, 30, 36, 37, 39, 40, 42/46, 48, 49, 50, 53, 58, 59, 64, 67, 68, 72, 199, 255.

Boris III. Zar der Bulgaren. S. 75, 87/89, 93, 98, 101, 130, 131, 133, 182, 211, 238, 239, 240, 245, 246, 262, 269. Anm. zu S. 90.
Boulanger, Georges. Französischer General und Politiker. S. 39.
Bourboulon, Comte de. Zeremonienmeister Ferdinands. S. 52.
Braun, Dr. Otto. Preußischer Ministerpräsident. S. 8.
Breitscheid, Dr. Rudolf, M. d. R. S. 8.
Brockdorff-Rantzau, Ulrich, Graf v. Generalkonsul in Budapest. Außenminister der Republik. Botschafter in Moskau. 1869 bis 1928. S. 110.
Bülow, Bernhard Fürst von. 1849—1929. Seit 1888 Gesandter in Bukarest. 1893 Botschafter in Rom. 1897 Staatssekretär. 1900/09 Reichskanzler. S. 101, 106, 114, 118, 255.
Burian, Stephan, Graf von. 1851—1922. Seit 1886 Generalkonsul in Sofia. 1915 österreichischer Außenminister. S. 31, 45, 65, 248.
Calice, Heinrich Freiherr von. Oesterreichischer Botschafter in Konstantinopel. S. 99.
Calmette, Gaston. Redakteur des „Figaro". 1859—1914 (ermordet von Mme. Caillaux). S. 66.
Cambon, Paul. 1843—1924. Französischer Botschafter in Konstantinopel. S. 88.
Carnock, Arthur Nicolson, Lord. Gesandter in Sofia. Unterstaatssekretär im Foreign Office. S. 85, 143. Anm. zu S. 85.
Caprivi, Leo, Graf. Seit 1890 Reichskanzler. 1831—1899. S. 57, 67, 72.
Carnot, Sadi. Präsident von Frankreich. 1894 ermordet. S. 107.
Carl, Prinz von Schweden. S. 26.
Carlos, König von Portugal. S. 263.
Clara, Prinzessin von Bayern. S. 67.
Clement, Erzbischof von Sofia. S. 33, 54, 61, 79.
Clementine, Mutter Ferdinands. S. 21, 23, 27, 39, 41, 45, 46, 53, 64, 67, 75, 88, 89, 101, 106. Anm. zu S. 23.
Creuzot. S. 194.
Conrad von Hoetzendorff, Franz Graf. 1852—1925. Oesterreichischer Generalstabschef. S. 175, 208, 219.
Cramon, General von. Deutscher Militärbevollmächtigter im österreichischen Hauptquartier. S. 208.
Crispi, Francesco. Italienischer Ministerpräsident. 1819 bis 1901. S. 37.
Czernin, Ottokar, Graf. Diplomat in Sofia, Gesandter in Bukarest. 1916 Nachfolger Burians als österreichischer Außenminister. S. 112, 226, 233, 234. Anm. zu S. 226.
Danew, Stojan. 1901 bulgarischer Außenminister. 1902/03 Ministerpräsident. Geboren 1858. S. 105, 165, 168, 210.
Deines, Major. S. 42.
Delcassé, Théophile. Französischer Außenminister. 1852—1923. S. 206.
Dietrichstein, Fürst. S. 106.

Dimitriew, Radko. Bulgarischer General und Gesandter in Petersburg, später in russischen Diensten. S. 197/98.
Dobner, Major von. S. 52.
Dobrovitch, Chef des Geheimkabinetts Ferdinands. S. 158, 159, 160, 188, 224, 245.
Doumergue. S. 187.
Eduard VII. König von England. 1841—1910. S. 81, 110, 111, 125, 252.
Eleonore. Zweite Gattin Ferdinands. S. 85, 106, 107, 108, 133/35, 170, 218, 228.
Elisabeth, Kaiserin von Oesterreich. S. 107.
Ernroth, Russischer General und Regentschaftsprätendent für Bulgarien. S. 33, 41/43.
Ernst II. Herzog von Sachsen-Coburg-Gotha. 1818—1893. S. 28.
Erzberger, Matthias. Deutscher Staatsmann. 1875—1921 (ermordet). S. 220, 221, 223, 228, 255. Anm. zu S. 226.
Esterhazy, Graf Paul. Oesterreichischer Sektionschef. S. 126. 127.
Eudoxia, Prinzessin v. Bulgarien, Tochter Ferdinands. S. 102, 247.
Eugenie, Kaiserin der Franzosen. 1826—1920. S. 65, 251—254. Anm. zu S. 67, 253.
Eulenburg, Philipp, Fürst. Seit 1894 Botschafter in Wien. 1847 bis 1921. S. 87, 96, 100, 104, 105.
Falkenhayn, Erich von. Chef des deutschen Generalstabs im Weltkrieg. S. 208, 209, 217/219, 222.
Faure, Felix. Präsident von Frankreich. 1841—1899. S. 94.
Ferdinand, König von Portugal. S. 23, 263.
Ferdinand, Thronfolger, später König von Rumänien. 1865 bis 1914—1927. S. 122, 234, 264.
Fethi Bey. Türkischer Gesandter in Sofia. S. 201.
Flandern, Maria, Gräfin von. Mutter König Alberts von Belgien. S. 45. Anm. zu S. 45.
Foras, Graf. Oberhofmeister Ferdinands. S. 52.
Franchet d'Esperey. Französischer General. Marschall. S. 235, 238, 239.
Franz Ferdinand, Erzherzog. 1863—1914. S. 180.
Franz Joseph, Kaiser von Oesterreich. 1830—1916. S. 27, 31, 33, 42, 50, 51, 60, 62, 69, 72, 80, 84, 87, 88, 95/98, 100/101, 106, 108, 110, 111, 115, 121, 129, 133, 168, 174, 176, 180, 181, 182, 217, 218, 226. Anm. zu S. 27.
Franz Joseph, Prinz von Battenberg. Bruder Alexanders. S. 80.
Friedrich III. Deutscher Kaiser. S. 22, 47.
Friedrich August, König von Sachsen. S. 233.
Gallardo, Argentinischer Außenminister. S. 265.
Gantchew, Peter. Bulgarischer General. S. 207/209, 217, 221, 224, 225/227, 238, 239, 240, 245, 247, 248. Anm. zu S. 45, 207, 208, 213, 221, 224-226, 238, 239, 245.
Gautier, Théophile. S. 93.

Georg V., König von England. S. 122, 145/146, 161.
Georgiew, General. S. 262.
Geschow. Bulgarischer Ministerpräsident. S. 128, 129, 130, 135, 136, 157, 159, 165, 167, 210.
Ghenadiew, Chef der Stambulowisten. S. 166, 189.
Giesl, Baron Wladimir. Militärattaché in Sofia. Anm. zu S. 32.
Giers, Nikolai. Russischer Außenminister. 1820—1895. S. 29, 43, 45, 47, 48, 55, 59, 61.
Giovanna von Italien. Königin von Bulgarien. S. 269.
Giskra. Oesterreichischer Bevollmächtigter in Sofia. S. 127.
Goltz, Oberst v. d. S. 44.
Goluchowski, Graf Agenor v. 1895—1906 Oesterreichischer Außenminister. 1844—1921. S. 96, 97/99, 105.
Gorki, Maxim. S. 231, 232.
Grekow. Bulgarischer Staatsmann. S. 26, 82, 103.
Grenaud, Graf. Hofmarschall Ferdinands. S. 35.
Grey, Sir Edward. Englischer Außenminister seit 1906. S. 141, 142, 162, 200.
Guise, Jean de. Herzog von Orléans. Thronprätendent. S. 251.
Gulkewitsch. Russischer Gesandter in Christiania. S. 229/231.
Hardinge, Charles. Unterstaatssekretär im Foreign Office. Geboren 1858. S. 111.
Hartenau, Alexander. Siehe Battenberg.
Hatzfeld, Paul, Graf. Deutscher Botschafter in London. 1831 bis 1901. S. 29, 31, 56. Anm. zu S. 26.
Heinrich IV. König von Frankreich. S. 265.
Heinrich, Prinz von Preußen. Bruder Wilhelms II. S. 145, 146.
Heyde, van der. Belgischer Gesandter in Sofia. S. 255.
Heynen, Walter. S. 9.
Hindenburg, Paul von. Generalfeldmarschall. S. 219, 237.
Hirsch, Baron, Bankier. S. 53. Anm. zu S. 53.
Hohenlohe, Chlodwig, Fürst. Reichskanzler von 1894—1900. Geboren 1819, gestorben 1901. S. 96, 97, 98, 104.
Hohenlohe, Fürst. S. 207.
Ibañez. Präsident von Chile. S. 264.
Ignatiew. Russischer Minister. S. 105.
Ironside. Englischer Gesandter in Sofia. S. 199. Anm. zu S. 199.
Iswolsky, Alexander. Russischer Außenminister von 1906—10. Botschafter in Paris von 1910—1917. S. 115, 137, 183, 206.
Ivantchew. Bulgarischer Minister. S. 103, 105.
Jagow, Herr von. S. 155.
Jekow. Bulgarischer Generalissimus. S. 220.
Johann, Erzherzog von Oesterreich (Johann Orth). S. 26, 27. Anmerkung zu S. 27.
Johann Albrecht, Herzog von Mecklenburg. S. 207.
Jostow. Chef des bulgarischen Generalstabs. S. 220.
Jotzow, Dimitri. S. 9. Anm. zu S. 45, 207.

Kaltchew. Bulgarischer Minister. S. 26, 27.
Kalnoky, Gustav Graf. Oesterreichischer Außenminister von 1882 bis 1896. S. 27, 29, 37, 44, 45, 48, 49, 53, 54, 62, 69, 76, 96.
Kaempfe, Dr. S. 9.
Kapnist, Graf. Russischer Botschafter in Wien. S. 96.
Karageorgewitsch, Peter. Siehe Peter I.
Karawelow, Petko. Bulgarischer Staatsmann. 1840—1903. S. 105.
Karl X., König von Frankreich. S. 75.
Karl, Kaiser von Oesterreich. 1887—1922. S. 225/227, 233, 247, 248, 249, 263.
Karl Albrecht, Erzherzog von Oesterreich. S. 132.
Karol von Hohenzollern, König von Rumänien. 1839—1914. S. 29, 47, 49, 81, 87, 114, 115, 165—170, 173, 178, 179, 182, 198, 200. Anm. zu S. 152.
Kaulbars, Nikolaus Wassiljewitsch, Baron. Russischer General. Wurde 1886 nach Bulgarien gesandt, um den russischen Einfluß wiederherzustellen. S. 26.
Kemal Pascha. Der türkische Staatsmann. 1913 Militärattaché in Sofia. S. 201.
Khiamil. Türkischer Großwesir. 1832—1913. S. 144, 145, 147.
Kiderlen-Wächter, Alfred von. Gesandter in Bukarest. Vortragender Rat im Auswärtigen Amt von 1888—1894. S. 57-59. Anmerkg. zu S. 57/59.
Kitantchew. Bulgarischer Redner. S. 84.
Konstantin, König von Griechenland, Schwager Wilhelms II. S. 155, 216. Anm. zu S. 152.
Krupp, Industrieller. S. 72, 194.
Kühlmann, Richard von. Deutscher Geschäftsträger in London, Staatssekretär im Auswärtigen Amt. S. 9, 140, 141, 233, 234.
Kuropatkin, Alexander Nikolajewitsch. General und Minister. 1845—1925. S. 105.
Kyrill, Prinz von Bulgarien, Sohn Ferdinands. S. 89, 90, 131, 133, 211, 240, 245.
Laaba, Major von. S. 26.
Laaba, Geheimrat von. S. 52.
Launay. Botschafter. S. 30.
Lenin. S. 232, 261.
Leo XIII. Papst. S. 87—90.
Leopold I., König von Belgien. 1790—1865. S. 23, 104.
Leopold II., König von Belgien. 1835—1909. S. 23, 81, 104, 257.
Lersner, Baron v. Vertreter des Auswärtigen Amtes im Großen Hauptquartier. S. 224.
Liaptsche. Bulgarischer Staatsmann. S. 236—239, 269.
Liebknecht, Karl. 1871—1919 (ermordet). S. 214.
Lindenberg, Paul, Geheimrat. S. 9.
Lobanow, Fürst A. Russischer Botschafter in Wien von 1882 bis 1895. Außenminister von 1895—96. S. 28, 54, 99, 100.

Louis Philipp, König der Franzosen. S. 23, 64, 75, 201.
Lucius, Hellmuth, Baron. Deutscher Geschäftsträger in Petersburg. S. 139.
Ludendorff, Erich. Generalquartiermeister. S. 224, 225.
Ludwig, König von Bayern. S. 233, 236.
Ludwig, Emil. S. 255.
Luise von Belgien, Prinzessin von Coburg. S. 257.
Lynar, Prinz. S. 131.
Mach, Richard von. S. 9. Anm. zu S. 85.
Mackensen, Generalfeldmarschall von. S. 209, 216, 220, 222.
Madjarow. Bulgarischer Gesandter in London. S. 142.
Majorescu. Rumänischer Minister. S. 161.
Malinow, Alexander. Bulgarischer Staatsmann. Geboren 1867. S. 106, 189, 223, 235—241, 245/46, 250, 269. Anm. zu S. 245.
Marcks, Erich, Historiker. S. 72.
Margerie, Bruno Jacquin de. Direktor im französischen Außenministerium von 1912—1919. Botschafter in Berlin. S. 190, 192, 193.
Maria Theresia, Kaiserin von Oesterreich. S. 133, 265.
Marie Amalie, Königin von Frankreich. S. 23.
Marie Luise, Fürstin von Bulgarien, Gattin Ferdinands. S. 70, 71, 73, 75, 76, 87-90, 101, 102, 103, 107.
Markow, Major. S. 52.
Marschall, Adolf, Freiherr von. Staatssekretär im Auswärtigen Amt. S. 63, 87.
Massow, Major, später General von. Deutscher Militärbevollmächtigter in Sofia. S. 154, 155.
Memminger, Anton. S. 59.
Mensdorff-Pouilly, Albert, Graf. Oesterreichischer Botschafter in London. Geboren 1861. S. 111, 122-125, 143, 145, 160, 161.
Metternich, Graf Paul Wolff. Deutscher Botschafter in London. S. 67, 125.
Metternich, Pauline, Fürstin. 1836—1921. S. 64.
Michaelis, Reichskanzler. S. 228.
Michaeles. Deutscher Gesandter in Sofia. S. 184, 185, 209.
Milan, König von Serbien. 1854—1901. Schloß sich an Oesterreich an, das ihn im Krieg gegen den Battenberger vor der völligen Unterwerfung durch die Bulgaren rettete. S. 26, 29, 48, 49, 51, 65.
Milarow. Bulgarischer Schriftsteller. S. 84.
Mingrelien, Nikolaus Dadian, Fürst von. Russischer Thronprätendent für Bulgarien. 1846—1903. S. 27.
Miquel. Erster Sekretär der deutschen Botschaft in Petersburg von 1905—1908. S. 114.
Mittag, Freiherr von. Oesterreichischer Gesandter in Sofia. S. 126, 127, 132, 133.
Münster, Fürst. 1820—1902. Botschafter in Paris von 1885 bis 1900. S. 53.
Murany, Graf. Incognito Ferdinands. S. 65.

Murawiew, Michael, Graf. Russischer Außenminister. 1897 bis 1900. S. 58, 59.
Napier, Henry D. Englischer Militärattaché in Sofia. S. 119.
Nadejda, Prinzessin von Bulgarien, Tochter Ferdinands. S. 103, 247.
Napoleon III. Kaiser der Franzosen. 1808—1873. S. 149, 251.
Nekljudow. Russischer Gesandter in Sofia, später Stockholm. S. 229—231. Anm. zu S. 207.
Nelidow. Russischer Botschafter in Konstantinopel von 1897 bis 1903. S. 60.
Nicolson, Sir Arthur; siehe Lord Carnock.
Nicolson, Sir Harold. S. 85. Anm. zu S. 85.
Nikita, Fürst, später König von Montenegro. 1841—1921. S. 59, 115, 139.
Nikolai Nikolajewitsch. Großfürst von Rußland. S. 105.
Nikolaus, Kaiser von Rußland. 1868—1918. S. 75, 81, 83, 90, 94, 100, 106, 114, 116, 120, 145, 146, 161, 198, 246.
Pallavicini, Markgraf. Oesterreichischer Botschafter in Konstantinopel. S. 172.
Paar, Graf, General. Generaladjutant Franz Josephs. S. 101.
Paléologue, Maurice. Französischer Gesandter in Sofia. Botschafter in Petersburg. Historiker. Mitglied der Académie Française. S. 119, 138, 251—255. Anm. zu S. 67, 253.
Panafieu. Französischer Gesandter in Sofia. S. 212.
Panitza, Major. Um die Vereinigung Ost-Rumeliens mit Bulgarien verdient. Wegen seiner Verschwörung gegen Ferdinands Regierung erschossen. S. 55, 59, 61, 83. Anm. zu S. 59.
Parma, Robert, Herzog von. S. 69, 70, 75.
Pasic, Nikola. Serbischer Staatsmann. 1846—1926. S. 174.
Peladan, Sar. Französischer Schriftsteller. S. 257.
Périer, Bankier. S. 193, 194.
Peter I., König von Serbien. 1844—1903—1921. S. 59, 123, 167, 217.
Petkow, Dimitri. Besitzer der „Swoboda". Bürgermeister von Sofia, Ministerpräsident. S. 83, 106.
Petrow. Bulgarischer General und Minister. S. 75, 201.
Petrow, Sultane. Gattin des vorigen. S. 201.
Philipp, Herzog von Orléans, „Philippe Egalité". S. 265.
Philipp, Prinz von Coburg, Bruder Ferdinands. S. 123, 248, 257.
Pichon, Stephen. Französischer Außenminister seit 1907. S. 115.
Poincaré, Raymond. Der französische Staatsmann. S. 130, 137, 145, 148, 166.
Popow, Methodi, Professor und bulgarischer Gesandter in Berlin. S. 8.
Protogerow, Chef der mazedonischen Bewegung. S. 209.
Pourtalès, Friedrich, Graf. Deutscher Botschafter in Petersburg. 1853—1928. S. 116, 148.

Radoslawow, Wasil. Bulgarischer Ministerpräsident. 1854 bis 1929. 1923 in contumaciam zu lebenslänglichem Kerker verurteilt. S. 103, 105, 169, 171, 183, 185, 187, 191, 200, 202, 209, 211, 217, 221, 224, 234, 235, 236, 240. Anm. zu S. 199.
Radowitz, Joseph Maria von. Deutscher Botschafter in Konstantinopel. 1839—1912. S. 44, 47, 56.
Reschid Bey. Türkischer Bevollmächtigter in Sofia. S. 60.
Reuß, Heinrich VII., Prinz. 1825—1906. Deutscher Botschafter in Wien von 1878—1894. S. 27, 29—31, 45, 53, 60, 62, 63.
Reuß, Elisabeth, Prinzessin, Schwester der Königin Eleonore von Bulgarien. S. 131/132.
Rizow. Bulgarischer Gesandter in Berlin. S. 229—232. Anm. zu S. 231.
Roda Roda. S. 259.
Romberg. Deutscher Generalkonsul in Sofia. S. 109, 116.
Rosenberg. Vortragender Rat im Auswärtigen Amt. S. 207.
Roselius, Ludwig. S. 263.
Rottenburg, Franz Johann von. Vertrauensmann Bismarcks im Auswärtigen Amt. 1845—1907. S. 39, 40.
Rudolf, Kronprinz von Oesterreich. 1858—1889. S. 32, 36. Anm. zu S. 98.
Salisbury, Robert, Marquis. Englischer Staatsmann. 1830—1903. S. 29, 30, 37, 54, 56, 57, 63, 66, 67. Anm. zu S. 26.
Sarrail, Maurice. Französischer General. 1856—1929. S. 216, 225, 228.
Sasonow, Sergei. Russischer Außenminister von 1910—1916. 1860 bis 1927. S. 129, 132, 148, 161, 169, 183, 197, 198, 206.
Savinski. Russischer Gesandter in Sofia. S. 183, 186—189, 206.
Sawow. Bulgarischer Kriegsminister. S. 165, 166, 238, 246.
Schoen, Wilhelm, Freiherr von. Deutscher Botschafter in Paris. S. 148.
Schubert. Staatsarchivrat. S. 9.
Schuwalow, Paul A., Graf. Russischer Botschafter in Berlin. 1830—1908. S. 33, 50, 59.
Schweinitz, Hans Lothar von. Deutscher Botschafter in Petersburg. 1822—1901. S. 29, 55.
Seeckt, General von. S. 217.
Simon, Anna. Sängerin. Anm. zu S. 98.
Sixtus, Prinz von Bourbon-Parma. Geboren 1886. S. 226, 227. Anmerkung zu S. 226.
Solms, Gräfin. S. 263.
Sonnino, Sydney, Baron. Italienischer Staatsmann. 1847—1922. S. 230.
Sophie, Königin von Griechenland, Schwester Wilhelms II. S. 160.
Sophie, Prinzessin von Bayern. S. 67.
Spalaikowitsch. Serbischer Gesandter in Sofia. S. 130.
Stambuliski, Alexander. Führer der Bauernpartei. 1878—1923

(ermordet). S. 194, 210, 211, 214, 217, 229, 233, 238, 249-251, 260 bis 262. Anmerkung zu S. 238.
S t a m b u l o w, Stefan. Der bulgarische Staatsmann. 1855—1895. (ermordet). S. 25, 33, 38, 43, 51, 54, 55-57, 61, 63, 65, 68, 69, 70-87, 95, 98, 106, 194, 250. Anm. zu S. 78, 85.
S t a n c i o w, Dimiter. Sekretär Ferdinands, Gesandter in Paris, Außenminister. S. 30, 52.
S t e r n h e i m, Carl. S. 259.
S t i r b e y, Fürst. S. 234.
S t o i l o w, Konstantin. Bulgarischer Ministerpräsident. 1852—1901. S. 26, 77, 79, 80, 82, 85, 86, 103. Anm. zu S. 82, 85, 98.
S t o l b e r g, Prinz. S. 131.
S t r e s e m a n n, Gustav. Der deutsche Staatsmann. S. 223, 255.
S y m e o n, Zar von Bulgarien. 893—927. S. 24, 267.
S z e c h e n y (S z o e g e n y), Ladislaus, Graf. Oesterreichischer Botschafter in Berlin von 1892—1914. S. 37, 114, 154.
T a r n o w s k i, Graf. Oesterreichischer Gesandter in Sofia. S. 138, 173, 176, 184, 185, 186.
T e w f i k P a s c h a. Türkischer Außenminister. Geb. 1845. S. 108.
T h è b e s, Madame de. Berühmte Wahrsagerin. S. 257.
T h u r n, Graf Duglas. Oesterreichischer Bevollmächtigter in Sofia von 1905—1909. Botschafter in Petersburg von 1911—1913. S. 110, 119, 121, 169.
T o d o r o w. Bulgarischer Finanzminister. S. 186, 240.
T o n t s c h e w. Bulgarischer Minister. S. 187, 240. Anm. zu S. 237.
T o t s c h k o w, Führer der Mazedonier. S. 209.
T r o t z k i. S. 261.
T s c h a r y k o w. Russischer Botschafter in Konstantinopel. Direktor im Außenministerium. S. 114.
T s c h i r s c h k y, Heinrich von. Deutscher Staatssekretär im Auswärtigen Amt von 1906—1907. Botschafter in Wien von 1907 bis 1916. S. 109.
T u f e k t c h i e w, Brüder. S. 83, 84, 86.
U g r o n, Stephan von. Oesterreichischer Gesandter in Belgrad, vorher Sekretär in Bukarest.
V e n i z e l o s. Der griechische Staatsmann. S. 151, 158.
V e r d i. S. 266.
V i c t o r E m a n u e l, König von Italien. S. 259.
V i c t o r i a, Königin von England. 1819—1901. S. 22, 66, 67, 84, 252. Anm. zu S. 67.
V i c t o r i a, Kaiserin Friedrich. S. 22, 67.
V i c t o r i a, Prinzessin von Preußen. S. 22.
V o i g t s - R h e t z. Deutscher Generalkonsul in Sofia. S. 78.
V u l k o w i t s c h. Bulgarischer Agent in Konstantinopel. S. 70.
W a g n e r, Richard. S. 257.
W a g n e r, Cosima. S. 257.
W a l d e m a r, Prinz von Dänemark. S. 26.

Walker. Amerikanischer Diplomat in Sofia. S. 239.
Wangenheim, Hans Freiherr von. Deutscher Generalkonsul in Sofia. S. 56, 60, 63, 144, 145.
Wied, Prinz Wilhelm Fürst von Albanien. S. 174.
Whiteman, Sydney. Anm. zu S. 68.
Wilhelm I. Deutscher Kaiser. 1797—1888. S. 31, 46, 57.
Wilhelm II. Deutscher Kaiser, geboren 1859. S. 47-49, 57, 63, 67, 81, 93, 94, 96-98, 100, 105, 106, 109-111, 114, 115, 116, 120, 121, 123-126, 139, 140, 143-147, 150, 151, 154-157, 160, 161, 171, 172, 174, 182, 184, 199, 217, 224-227, 233, 248, 249, 259.
Wilson, Woodrow. Präsident von Amerika. 1856—1924. S. 236.
Wladimir, Großfürst von Rußland. S. 28, 106, 120.
Zankow, Alexander. Bulgarischer Staatsmann. Geb. 1879. S. 262.
Zimmermann. Deutscher Staatssekretär im Auswärtigen Amt. S. 224.
Zita von Bourbon-Parma, Kaiserin von Oesterreich, geboren 1892. S. 226.